Johannes Bastian

Einführung in die Unterrichtsentwicklung

Beltz Verlag · Weinheim und Basel

Prof. Dr. *Johannes Bastian* ist Hochschullehrer am Fachbereich
Erziehungswissenschaft der Universität Hamburg.
Arbeitsschwerpunkte: Schulentwicklungsforschung und Lehrerbildung.

Lektorat: Katrin Sauer

© 2007 Beltz Verlag · Weinheim und Basel
www.beltz.de
Herstellung: Lore Amann
Satz: Druckhaus »Thomas Müntzer«, Bad Langensalza
Druck: Druck Partner Rübelmann, Hemsbach
Umschlaggestaltung: glas ag, Seeheim-Jugenheim
Umschlagabbildung: PantherMedia GmbH, München
Printed in Germany

ISBN 978-3-407-25443-6

Inhaltsverzeichnis

Vorwort

Dieses Buch wendet sich an alle, die an Unterrichtsreform interessiert sind und den Übergang zur Unterrichtsentwicklung verstehen und mitgestalten wollen. Dies gilt für Studierende im Hauptstudium genauso wie für Lehrerinnen und Lehrer, die Unterrichtsentwicklung an ihrer Schule planen, durchführen oder darüber nachdenken wollen, was sie bislang erreicht haben.

Unterricht gestalten und verändern ist ein bedeutsames Motiv fast aller, die Lehrerin oder Lehrer werden wollen. In gewandelter Form bleibt dies ein zentrales Motiv der meisten, die in der Schule arbeiten – ob als Berufsanfänger oder als routinierter Profi. Gleichzeitig ist Veränderung von Unterricht aber auch mit dem Bohren dicker Bretter verglichen worden.

Lange wurden Veränderungen von Unterricht und Schule mit Konzepten zur Unterrichts- und Schulreform beschrieben. Viele waren daran beteiligt, haben Erfolge und Niederlagen erfahren und wissen, dass Unterricht heute ein anderer ist als noch vor Jahren. Gleichzeitig ist bekannt, dass der Entwicklungsstand des deutschen Unterrichtsskripts nicht befriedigend ist.

Seit einigen Jahren wird nun von Unterrichtsentwicklung und Schulentwicklung gesprochen. Nicht selten sind Schulentwickler den Interessierten in einer Sprache begegnet, der gerade die befremdet hat, die Schule und Unterricht vorangebracht bzw. sich dies vorgenommen haben. Dies ist vermeidbar, wenn Unterrichtsentwicklung den Anschluss an Unterrichtsreform sucht.

Das vorliegende Konzept knüpft deshalb an Erfahrungen der Inneren Schulreform an (Kap. 1), diskutiert die Potenziale von Unterrichtsentwicklung für Schülerinnen und Schüler und Lehrerinnen und Lehrer (Kap. 2), konkretisiert Strategien und Methoden der Unterrichtsentwicklung (Kap. 3) und integriert diese in ein Gesamtkonzept unterrichtszentrierter Schulentwicklung (Kap. 4).

Zur Einführung in **Gegenstand und Rahmen von Unterrichtsentwicklung** werden in Kapitel 1 drei Aspekte in Beziehung gebracht: Erfahrungen mit Unterrichtsreform, die aktuelle Diskussion über Unterrichtsqualität und Bildungsstandards und ein Konzept von Standards pädagogischen Handelns, das sich als Alternative zu den üblichen Standards versteht.

Damit wird sowohl Studierenden als auch Lehrenden ein Einstieg in das Thema ermöglicht. Für die einen werden Erfahrungen mit Unterrichtsreform nachvollziehbar und für die anderen werden Anschlussmöglichkeiten geboten, mit denen die aktuellen Entwicklungen kritisch diskutiert und produktiv für Unterrichtsentwicklung gewendet werden können.

Ziele des ersten Kapitels sind Einblicke in den Zusammenhang von

- Unterrichtsentwicklung und Entwicklungstraditionen
- Unterrichtsentwicklung und Unterrichtsqualität
- Unterrichtsentwicklung und Diskussionen über Standards.

Bei der Einführung in die **Potenziale von Unterrichtsentwicklung** für Schülerinnen und Schüler und Lehrerinnen und Lehrer in Kapitel 2 wird deutlich, dass dieses Konzept von Schulentwicklung einen klaren Bezugspunkt im Unterricht hat; zum einen im Lernen der Schülerinnen und Schüler und zum anderen in der Professionalisierung von Lehrerinnen und Lehrern.

Dabei konzentrieren sich die Überlegungen in diesem Abschnitt auf Begründungen und Konkretisierungen dessen, wovon in nahezu allen Diskussionen über Unterrichtsentwicklung die Rede ist: von den Idealbildern des sogenannten »eigenverantwortlich arbeitenden Schülers« und von lernenden Lehrerinnen und Lehrern in »professioneller Kooperation«.

Ziele des zweiten Kapitels sind Einblicke in den Zusammenhang von

- Veränderungsinteressen und Unterrichtsentwicklung
- Lehrerarbeit und Unterrichtsentwicklung
- Selbstregulation, Feedbackarbeit und Unterrichtsentwicklung.

Bei der Einführung in **Strategien und Methoden von Unterrichts-entwicklung** in Kapitel 3 werden Arbeitsformen und Vorgehensweisen soweit konkretisiert und systematisiert, dass drei Zugangsweisen erkennbar werden. Die Beispiele skizzieren ein Spektrum von Entwicklungsmöglichkeiten bis hin zur Gestaltung eines regionalen Netzwerks.

Dabei wird vorgeschlagen, ein schulinternes Methodencurriculum mit der Entwicklung des fachlichen Lernens zu verbinden, Schülerrückmeldungen zur Entwicklung des Lernens einzusetzen sowie Unterrichtsentwicklung in ein regionales Netzwerk zu integrieren.

Ziele des dritten Kapitels sind Einblicke in die Umsetzungsmöglichkeiten von

- schulinternen Methodencurricula und Fachgruppenarbeit
- Schülerrückmeldung als Instrument der Unterrichtsentwicklung
- Unterrichtsentwicklung in regionalen Netzwerken.

Bei der Einführung in ein **Gesamtkonzept unterrichtszentrierter Schulentwicklung** in Kapitel 4 geht es um das Zusammenspiel von Gelingensbedingungen, Umsetzungen und Wirkungen. Dafür werden die Überlegungen der voranstehenden Kapitel in ein Prozessmodell integriert, an dem sich die Planungen und Reflexionen der eigenen Praxis orientieren können.

Dabei greifen wir auf die Erfahrungen und die Evaluation eines Modellprojekts zurück, in dem die voranstehenden Konzeptelemente erprobt worden sind: das Projekt »Schule & Co.«, das auch an anderer Stelle immer wieder als Bezugspunkt einer unterrichtszentrierten Schulentwicklung herangezogen wird.

Ziele des vierten Kapitels sind Einblicke in ein Gesamtkonzept von

- Entwicklungsinteressen und Gelingensbedingungen
- Veränderungen der Lehrerarbeit und Möglichkeiten der Professionalisierung
- Erfolgen systematischer Lernkultur- und Fachkulturentwicklung
- Unterrichtsentwicklung und Leistungsentwicklung.

Diese Einführung in Unterrichtsentwicklung ist nicht am grünen Tisch entstanden. Empirischer Hintergrund sind die Experimente und Erfahrungen von vielen Lehrerinnen und Lehrern, die wir bei ihren Versuchen der Unterrichtsentwicklung seit Beginn der 1990er Jahre begleiten konnten. Dafür gilt ihnen Dank.

Dieses Buch ist auch nicht das Werk eines Einzelnen. Dahinter stehen mehrere Forschungsprojekte und damit eine ganze Gruppe von Mitarbeiterinnen und Mitarbeitern, ohne die diese Projekte nicht möglich gewesen wären.

Wichtig für dieses Buch sind auch die Erfahrungen des Projekts »Schule & Co.«. Dank gebührt dem Projektleiter Wilfried Lohre, den Kolleginnen und Kollegen in den Schulen und Hans-Günter Rolff, mit dem ich bei der Evaluation des Projekts viel gelernt habe.

Ein ganz besonderer Dank gilt meinem Hamburger Kollegen Arno Combe, mit dem ich seit Mitte der 1990er Jahre alle Projekte zur Schulentwicklungsforschung gemeinsam durchgeführt habe. Er ist gedanklich nahezu an jedem Satz dieses Buches beteiligt.

Johannes Bastian

1. Begriff und Rahmen von Unterrichtsentwicklung

Zur Einführung in Fragen der Unterrichtsentwicklung sollen zunächst einmal zentrale Fragen skizziert werden, die im Zusammenhang mit dem Begriff Unterrichtsentwicklung in der aktuellen Diskussion aufgeworfen werden.

Unbestritten ist, dass das, was heute pauschal das deutsche Unterrichtsskript genannt wird, überarbeitet werden muss. Diese Erkenntnis ist nicht neu. Neu ist aber, dass wir heute durch nationale und internationale Vergleichsstudien mehr über die Problematik bestimmter »Skripte«, das heißt über typische Muster von Unterricht wissen. Auch deshalb sind die Forderungen einer derzeit sehr facettenreichen Bildungsdiskussion sehr deutlich auf eine Verbesserung des Unterrichts im Rahmen der Verbesserung von Schule gerichtet.

Auch wenn die Notwendigkeit von Unterrichtsentwicklung grundsätzlich nicht bestritten wird, so ist damit noch nicht geklärt, wie eine Überarbeitung des deutschen Unterrichtsskripts zu gestalten ist und welche Bedingungen für das Gelingen einer solchen Entwicklung des Unterrichts geeignet sein könnten. Antworten auf diese Fragen lassen sich aus den bislang vorliegenden Forschungsarbeiten nicht einfach ablesen.

Bezogen auf Entwicklungsbedingungen und Entwicklungsrichtungen von Unterricht gibt es also Interpretations- und Diskussionsbedarf.

Die Forderungen nach einer Reform des Unterrichts und der daraus resultierende Veränderungsdruck sind an den Schulen von zwei Seiten spürbar; als Reaktion auf konkrete Schwierigkeiten im Inneren der Schulen und als von außen vermittelte Anforderungen über Politik, Medien aber auch über Eltern.

Das eigenständige Interesse an Unterrichtsentwicklung ist u.a. erkennbar an der Resonanz auf Tagungs- und Fortbildungsangebote. Es verweist darauf, dass auch »in der Praxis« Veränderungen des Unterrichts für notwendig gehalten werden, weil die Schwierigkeiten mit herkömmlichem Unterricht nicht mehr zu übersehen sind. Gleichzeitig bergen die Erwartungen an Unterrichtsentwicklung aber auch Gefahren. Die Vielfalt der damit verbundenen Vorstellungen kann Verständigung erschweren. Interessen und Erwartungen sollten deshalb zunächst genauer analysiert und dann für Anschlussmöglichkeiten genutzt werden.

Bezogen auf Bedeutung und Potenziale von eigenverantwortlicher Unterrichtsentwicklung gibt es deshalb Präzisierungsbedarf.

Als gegenläufig zu einer eigenverantwortlichen Unterrichtsentwicklung an der eigenen Schule werden in vielen Fällen die vielfältigen Anforderungen und zentralen Vorgaben der Bildungspolitik wahrgenommen. Kontrovers diskutiert werden in diesem Zusammenhang die Einführung zentraler Prüfungen, verbindlicher Leistungsstandards und externer Leistungskontrollen.

Bezogen auf das Verhältnis zwischen eigenverantwortlicher Unterrichtsentwicklung und zentralen Steuerungsinstrumenten gibt es deshalb Klärungsbedarf.

Versucht man die hier aufgeworfenen Fragen zu bündeln, dann lassen sich drei inhaltliche Dimensionen ausmachen, in denen diese Fragen diskutiert und geklärt werden können:

Zu diskutieren und zu klären wären

- Tradition, Bedeutung und Begriff von Unterrichtsentwicklung
- Kriterien von gutem Unterricht und die Richtung von Unterrichtsentwicklung
- das Verhältnis von eigenverantwortlicher Unterrichtsentwicklung und zentraler Steuerung.

Mit der Skizzierung dieser drei Dimensionen eines Rahmens von Unterrichtsentwicklung sind die zentralen Ziele des ersten Kapitels dieses Buches genannt.

- Die Leserinnen und Leser sollen über ein Verstehen der Tradition von Unterrichtsentwicklung an die Bedeutung und an ein erfahrungsbezogenes Verständnis von Unterrichtsentwicklung herangeführt werden.
- Die Leserinnen und Leser sollen vor diesem Hintergrund in die Lage versetzt werden, Kriterien von gutem Unterricht zu diskutieren und auf die Entwicklung des Unterrichts zu übertragen.
- Die Leserinnen und Leser sollen das Spannungsfeld von eigenverantwortlicher Unterrichtsentwicklung und zentraler Steuerung kennen lernen und daraus Konsequenzen für Unterrichtsentwicklung ziehen.

Quer zu diesen Zielperspektiven verläuft eine weitere Dimension, die in die Diskussion einbezogen werden soll. Gefragt wird, auf welche Erfahrungen und Erwartungen Unterrichtsentwicklung bei den Akteuren trifft und in welchen Spannungsfeldern sich Unterrichtsentwicklung bewegt.

Diese quer zu den drei Inhaltsdimensionen liegenden Fragen unterstellen, dass Erfahrungswissen, Erwartungen und Interessen der Akteure im Rahmen von Unterrichtsentwicklung eine starke Bedeutung haben. Dies bedeutet, dass die Gestaltung von Prozessen der Unterrichtsentwicklung versuchen sollte, wissenschaftliches Wissen und Erfahrungswissen zu integrieren. Auf den Erfahrungshintergrund von Lehrerinnen und Lehrern geht der folgende Abschnitt ein. Veränderungsinteressen von Lehrern und Schülern werden ausführlich in Kapitel 2 diskutiert.

1.1 Unterrichtsreform und Unterrichtsentwicklung

Reflexion

Bevor Sie sich in den folgenden Abschnitt vertiefen, eine Anregung zur Reflexion der eigenen Reformbiografie:
Jeder Pädagoge und jede Pädagogin hat etwas, was man die eigene Reformbiografie nennen kann und diese ist im Zusammenhang mit Unterrichtsentwicklung bedeutsam. Die jeweilige Reformbiografie ist – nach Alter und Zielgruppe – unterschiedlich. Wer dreißig Jahre unterrichtet hat, der kann seine Biografie in drei größere Phasen unterteilen. Wer erst drei Jahre unterrichtet, der wird vermutlich auch Phasen unterscheiden können. Wer im Hauptstudium ist, der weiß, dass er zu Beginn des Studiums andere Reformvorstellungen oder Vorstellungen von Unterricht hatte als heute.
Meine Anregung: Versuchen Sie einmal, Ihre Kurz-Reformbiografie zu schreiben; wenn möglich, unterteilt in verschiedene Phasen, bevor Sie den nächsten Abschnitt lesen.

1.1.1 Zur Bedeutung von Reformbiografien

Wer Veränderungen des Unterrichts initiieren, gestalten oder verstehen will, der sollte beachten, dass Unterrichtsentwicklung für die allermeisten Lehrerinnen und Lehrer in der Kontinuität von Unterrichtsreform steht, der sollte also die Erfahrungen derjenigen kennen, die in *Unterrichtsreform aktiv waren* und sind und nun in *Unterrichtsentwicklung tätig werden* sollen.

Die Kenntnis von Denk- und Handlungstraditionen ist besonders für jüngere Schulleitungen oder Moderatoren wichtig, die Entwicklungsprozesse initiieren und begleiten wollen, selbst aber nicht – wie ein großer Teil von Kollegien – die Tradition schulischen Denkens und Handelns etwa der letzten dreißig Jahre mitbringen. Genauso wichtig ist die Kenntnis dieser Hintergründe aber auch für Studierende und junge Lehrerinnen und Lehrer, wenn sie die Entwicklungsprozesse und die sie begleitenden Diskussionen verstehen wollen.

Erfahrungen mit der Moderation von Schulentwicklungsprozessen haben immer wieder gezeigt, dass kaum etwas das Verhältnis zu Veränderungen so prägt, wie das berufsbiografische Gedächtnis der Akteure, vor allem ihre Erfolge und/oder Misserfolge in Reformarbeiten und Reformprojekten. Bedeutsam in diesem Zusammenhang sind sowohl individuelle Erfahrungen, als auch das »Gedächtnis« bzw. die Kultur der Einzelschule (zur Bedeutung berufsbiografischer Erfahrungen vgl. Gudjons u.a. 2003; zu biografischen Erfahrungen im Rahmen von Unterrichtsentwicklung vgl. Herzmann 2001).

Zum Einstieg in das Nachdenken über Unterrichtsentwicklung sollen deshalb Traditionen und Erfahrungen mit Veränderungen des Unterrichts in Erinnerung gerufen werden. Dabei sollen sowohl Erfahrungen mit der Gestaltung von Prozessen im Kontext der sogenannten Inneren Schulreform in den 1970er und 1980er Jahren als auch Erfahrungen mit Diskussionen um Autonomie und Schulentwicklung in den 1990er Jahren rekonstruiert werden. Ausgeklammert werden an dieser Stelle Erfahrungen mit Versuchen einer Veränderung der Schulstruktur – also die Tradition der sogenannten Äußeren Schulreform.

Besonderes Augenmerk soll dabei auf die möglichen Wirkungen von zwei Spannungsfeldern gerichtet werden: Analysiert werden sollen zum einen die Spannungen innerhalb von Kollegien zwischen Reformern, Reformskeptikern und Reformgegnern sowie zum anderen der Spannung zwischen pädagogischer Verantwortung des Einzelnen und der Steuerung durch die Bildungspolitik. Denn Erfahrungen mit Widersprüchen dieser Art sind ein nicht unbedeutender Hintergrund von Reformarbeiten.

Ein Indikator für die Lebendigkeit des zweiten Spannungsfeldes ist die Auseinandersetzung zwischen eigenverantwortlichem pädagogischen Handel und einer bildungspolitischen Steuerung mit Hilfe von Standards (vgl. dazu das Themenheft der Zeitschrift PÄDAGOGIK 9/2005 »Standards für pädagogisches Handeln«, insbesondere Horstkemper 2005; v.d. Groeben 2005). Ein Widerspruch, der nicht zuletzt die Frage der Professionalität des Lehrerberufs berührt. Darauf werden wir auch in den Kapiteln 1.3 und 2 zurückkommen.

1.1.2 Zur Tradition der Inneren Schulreform

Sind »Schulen wie Finanzämter?«, fragt der inzwischen emeritierte Schulkritiker *Horst Rumpf* Ende 1988 in seinem gleichnamigen PÄDAGOGIK-Beitrag, in dem er über den Nutzen der Arbeit an einem Schulprofil nachdenkt.

Sein Fazit lautet: Schulen, die sich nicht um ein eigenes Profil bemühen, sind Lehr-Lern-Behörden, die Zeugnisse produzieren wie Steuerbescheide. Schulen aber, die sich als Kulturinstitutionen verstehen, brauchen – wenn sie nicht ersticken wollen – Handlungsspielräume, in denen sie ihr eigenes Profil entwickeln.

In der von Horst Rumpf formulierten Utopie müsste über dem Programm einer Schule stehen:

> *»Wir sind … eine Stätte kulturellen Lebens. Wir wollen das auch den politisch Mächtigen, die sich nur eine homogen durchbürokratisierte Schule vorstellen zu können scheinen, vor Augen halten und vor allem: Wir wollen diese Idee durchsetzen!«*

Aber: Seine Skepsis ist groß, denn eine solche Schule ist für ihn Ende der 1980er Jahre »am weitesten von allen denkbaren Wirklichkeiten entfernt« (Rumpf 1988).

Was Horst Rumpf nicht wissen konnte: Genau ein Jahr später – im Dezember '89 – skizziert Sybille Volkholz – die erste grüne Kultusministerin und heutige Vorsitzende der Heinrich Böll Stiftung – die Grundlinien ihrer Berliner Schulpolitik: »Gestalten statt Verwalten« ist ihr Leitsatz, den sie in ihrem gleichnamigen PÄDAGOGIK-Beitrag Anfang 1990 entfaltet (Volkholz 1990). Hier werden erstmals Perspektiven vorgestellt, die die bildungspolitische Diskussion der 1990er Jahre unter dem Stichwort »Autonomie« und später dann unter dem Stichwort »Schulentwicklung« bestimmen sollen, auch wenn diese Begriffe zu diesem Zeitpunkt noch nicht fallen.

Programmatische Perspektiven dieser Skizze einer neuen Bildungspolitik sind strukturelle Demokratisierungsbemühungen: Erweitert werden sollen die schulischen Entscheidungsrechte aller Beteiligten bei der Unterrichtsorganisation, der Leistungsbeurteilung und der Verwendung von Sach- und Personalmitteln; angekündigt wird die Zurücknahme staatlicher Schulaufsicht zugunsten von Beratung sowie eine Reform des Schulverfassungsgesetzes.

Die Programmatik von Sybille Volkholz ist 1990 von der Erkenntnis bestimmt, dass

- Schulreform nur zusammen mit den Beteiligten gelingen kann
- »Schule allein von oben reformieren zu wollen, von vornherein zum Scheitern verurteilt« ist
- es darum geht, die Erfahrungen derer zu stützen, die reformpädagogische bzw. bildungsreformerische Ansätze an ihren Schulen erprobt haben.

Beide Impulse – der kämpferische und gleichzeitig skeptische von Horst Rumpf und der bildungspolitisch visionäre von Sybille Volkholz – thematisieren Anfang der 1990er Jahre die Frage nach einem neuen Verhältnis von Einzelschule und Bildungspolitik. Dabei akzentuieren sie allerdings unterschiedliche Haltungen und Perspektiven.

Rumpf steht für eine Haltung, die Eigenverantwortung und Handlungsspielräume für eine veränderte Gestaltung von Unterricht und Schulleben gegen die Verwaltung von Schule durch die Kultusbürokratie durchsetzen will.

Die bildungspolitische Vision von Volkholz ist Vorbote einer Diskussion, in der die Eigenständigkeit der Einzelschule zum politischen Programm wird. Sie wird zwischen 1991 und 1995 vor allem von sozialdemokratischen Kultusministerien, aber auch durch Gutachten von Reformkommissionen z.B. in NRW unter dem Stichwort »Autonomie« vorangetrieben (vgl. dazu Holzapfel 1993; Bonz/Ilsemann/Klaffki u.a. 1993; Fleischer-Bickmann 1993 und Bildungskommission NRW 1995).

Was steht hinter diesem Anfang einer Diskussion über die Entwicklung einer eigenständigen Einzelschule in den 1990er Jahren? Hinter beiden Impulsen stehen Erfahrungen, die einzelne Lehrerinnen und Lehrer, aber auch Reformgruppen spätestens seit Mitte der 1970er Jahre bei der Veränderung des Unterrichts, des Lehrer-Schüler-Verhältnisses und des Schullebens machen. Sie hatten bei ihrer Arbeit dauerhaft mit Widerständen zu kämpfen: mit kontrollierendem Misstrauen der Schulaufsicht, mit Einengungen von Stundentakt und Lehrplänen, mit einem System, dessen Handlungsspielräume immer wieder neu ausgelotet und mühsam erweitert werden mussten.

Trotz der Widerstände zeichnen sich in den 1980er Jahren erste Erfolge ab: Anfang der 1980er Jahre bilden sich im Rahmen von Grundschulen Freinet-Gruppen; dort werden Konzepte eines Offenen Unterrichts erprobt. Für Veränderungen in den Sekundarstufen steht eine Renaissance des Projektunterrichts (vgl. z.B. Bastian/Gudjons 1985). In mehreren Bundesländern bildet sich beispielsweise in Veranstaltungsreihen der GEW unter dem Titel »Alternativen in der Regelschule« ein neues Selbstbewusstsein heraus, das die Entwicklung des Unterrichts in die eigenen Hände nimmt und dabei die Lehrpläne bewusst weit interpretiert. Basis sind praktische Erfahrungen mit Unterrichtsreform und Bezugspunkt ist die Prämisse eines lernenden Subjekts, das zu selbstverantwortlichem und kritischem Denken und Handeln befähigt werden soll.

Zur Frage nach der Tradition von Unterrichtsentwicklung kann hier festgehalten werden: Bevor die Formel von der »Autonomie der Schulen« zur Zauberformel einer neuen bildungspolitischen Steuerung wird, haben Lehrerinnen und Lehrer die Eigen-Gesetzlichkeit – die Autonomie reformpädagogischen Handelns entdeckt.

Die *erste Regel* eines solchen Verständnisses von eigenverantwortlicher Unterrichtsreform lautet: Ich schaue mir zunächst meine Schülerinnen und Schüler an, dann erst die Lehrpläne, die Stundentafeln und andere Vorschriften.

Die *zweite Regel* lautet: Was guter Unterricht und gute Schule ist, das wissen wir selbst am besten, das probieren wir aus, das setzen wir gemeinsam in Gesprächen mit Kollegen, Eltern, Schülern und Schulleitung durch – wenn nötig, gegen bestehende Regelungen.

Diese Skizze eines Wandels in Eigenregie gilt zunächst für eine engagierte Minderheit von Lehrerinnen und Lehrern und Schulen, ist aber seit Anfang der 1980er Jahre ein nicht mehr umkehrbarer Prozess.

Treffend skizziert die Bildungskommission NRW den *Entwicklungsstand der Schulreform Mitte der 1990er* Jahre als Paradoxie:

»*Viele Veränderungen im Verhältnis zu den zentralen Vorgaben der Stundentafeln und der Lehrpläne spielen sich auf einer Ebene ab, die unterhalb der durch die Rechtsvorschriften geschaffenen Strukturen liegt, sodass sich die paradoxe Situation eines Wandels der einzelnen Schule bei relativ großer Stabilität der zentralen Vorgaben insgesamt ergibt*« (Bildungskommission 1995, S. 143).

Diese Erfahrung des Widerspruchs von zentralen Vorgaben für alle Schulen und der Eigendynamik und Individualität von Entwicklungsprozessen an Einzelschulen wird unterstützt durch Studien, die auf die Grenzen von bildungspolitischen »Gesamtsystem-Strategien« hinweisen (vgl. zuerst Rolff 1995, S. 37f. und Rolff 1995, S. 105ff.). So wird schließlich die »Freigabe« von Gestaltungsspielräumen für die Einzelschule Programm für die Neugestaltung des Verhältnisses zwischen Einzelschule und Bildungspolitik. Dadurch aber geraten die freigegebenen Räume und die daran anschließenden Konzepte der Entwicklung von Schule auch in den Geruch verordneter »Eigen«-Verantwortung (zur Entwicklung der Schulentwicklung vgl. auch die Phasen von Herbert Altrichter in Kap. 1.3).

Ein Fazit zu Tradition und Bedeutung von Unterrichtsreform bzw. Unterrichtsentwicklung bis Mitte der 1990er Jahre lässt sich in drei Punkten fassen:

1. Seit Mitte der 1970er Jahre sind Ideen und Praxis der Inneren Schulreform Motor von Unterrichtsreform. Die damit verbundenen Veränderungen der Lernkultur sind in Eigenregie von Lehrerinnen und Lehrern meist gegen oder in Auseinandersetzung mit Schuladministration und -aufsicht durchgesetzt worden.
2. Innere Schulreform als Motor der Unterrichtsreform lässt sich mit den folgenden Merkmalen beschreiben:
   - Innere Schulreform denkt und handelt zuallererst schülerzentriert und orientiert sich an der Bildung eines eigenständig und kritisch denkenden und handelnden Subjekts.
   - Innere Schulreform ist konzentriert auf die Entwicklung einer diesem Anspruch entsprechenden Lernkultur in der eigenen Klasse bzw. in Jahrgangsteams und in wenigen Fällen auch in ganzen Schulen.

- Innere Schulreform ist daran interessiert, möglichst viele Kolleginnen und Kollegen in die Veränderungsarbeit einzubeziehen; gerade dort aber setzen die Fraktionierungen zwischen Reformbefürwortern und -gegnern nicht selten Grenzen.
- Innere Schulreform arbeitet auch an der Veränderung der Einzelschule. Seit Ende der 1980er Jahre stehen dafür Konzepte schulinterner Lehrerfortbildung und Pädagogische Konferenzen als Orte des Austauschs und des gemeinsamen Lernens.

3. Das Verständnis von Unterrichtsreform im Rahmen Innerer Schulreform ist für viele Lehrerinnen und Lehrer Mitte der 1990er Jahre nicht anschlussfähig an Konzepte der Schulentwicklung. Dies zum einen, weil zunächst mehr von Organisationsentwicklung und weniger von Unterrichtsentwicklung die Rede ist. Aber auch, weil die Erweiterung der schulischen Handlungsspielräume nun von der gleichen Administration vertreten wird, die auf die Aktivitäten der Inneren Schulreform über zwanzig Jahre nicht oder mit Misstrauen und Blockaden reagiert hat.

Reflexion

Anregungen zu einer zusammenfassenden Reflexion:

Die Bildungskommission NRW spricht in ihrem Gutachten 1995 von der »paradoxen Situation eines Wandels der einzelnen Schule bei relativer Stabilität der zentralen Vorgaben«.

- Versuchen Sie, kurz zusammenzufassen, wie sich dieser Widerspruch im Rückblick auf die 1980er und 1990er Jahre konkretisieren lässt.
- Versuchen Sie herauszufinden, ob es in Ihrer eigenen Erfahrung einen solchen Widerspruch zwischen Reformpraxis und den zentralen Vorgaben gegeben hat und wie dieser konkret erfahrbar war.

Für Studierende wäre es an dieser Stelle interessant, sich Beobachtungen solcher Widersprüche vor Augen zu führen – entweder Beobachtungen, die Sie als Schüler(in) gemacht haben, oder Beobachtungen aus Praktika.

1.1.3 Auseinandersetzung und Annäherung

Reflexion

Eine Anregung zur Reflexion bzw. Erinnerung, bevor Sie sich in den folgenden Abschnitt vertiefen:

Beginnend mit 1997 gab es eine Auseinandersetzung um die Frage, was als Zentrum von Schulentwicklung konzipiert werden soll. Die Pole der Kontroverse waren: Unterrichtsentwicklung als Zentrum Pädagogischer Schulentwicklung auf der einen Seite oder Organisationsentwicklung als Königsweg der Schulentwicklung auf der anderen Seite.

- Welchen Einstieg haben Sie gewählt?
- Welche Erfahrungen haben Sie mit Ihrem Einstieg gemacht?
- Welcher Position neigen Sie zu und warum?

Für Studierende, die hier keinen Erfahrungshintergrund haben, wäre ggf. eine Internetrecherche zu den beiden Stichworten eine interessante Alternative, um sich vorab und vorläufig zu positionieren.

Wenn wir heute davon ausgehen, dass Unterrichtsentwicklung im Rahmen und in der Regel auch als Zentrum von Schulentwicklung konzeptioniert und praktiziert wird, dann ist diese Legierung Ergebnis eines zeitweise konflikthaften Entwicklungsprozesses. So ist es vor allem die Auseinandersetzung zwischen Konzepten und Strategien einer Unterrichtsentwicklung in der Tradition Innerer Schulreform – also der Pädagogischen Schulentwicklung und Konzepten und Strategien einer Entwicklung der Einzelschule als Institution bzw. Organisation – also der Organisationsentwicklung.

Prominente Vertreter der beginnenden Schulentwicklungsdiskussion haben sich bis Mitte der 1990er Jahre zunächst parallel zur Diskussion der Unterrichtsreform und ohne Bezug darauf mit Konzepten zu Wort gemeldet, die auf Überlegungen der Organisationsentwicklung basieren (Dalin/Rolff/Buchen 1995, zuerst 1990).

Seit 1997 werden Anregungen zur Schulentwicklung, die auf Konzepten der Organisationsentwicklung basieren und Erfahrungen mit der Veränderung der Schule als Organisationen einbringen können konfrontiert mit Konzepten einer Pädagogischen Schulentwicklung, die in der Tradition der Inneren Schulreform stehen und vor allem Erfahrungen mit der Veränderung von Unterricht einbringen.

Die Auseinandersetzung dieser Konzepte soll hier nicht ausführlich referiert werden. Strittig ist in dieser Kontroverse vor allem, mit welchem Ansatz in der Normalschule gezielt und systematisch eine Veränderung des Unterrichts zu erreichen sei. Kritik an den Konzepten, die primär auf den Weg der Organisationsentwicklung setzten, ist nachzulesen bei Bastian 1997; Bastian/Combe 1998; Klippert 1997 und Meyer 1997. Eine Darstellung der Organisationsentwicklung als Königsweg der Schulentwicklung findet sich vor allem bei Rolff/Buhren/Lindau-Bank 1998 und als Abgrenzung zur Pädagogischen Schulentwicklung bei Rolff 1999.

Bei dieser Auseinandersetzung geht es im Kern um die Frage, auf welchem Weg der Unterricht als Kernaufgabe der Lehrerarbeit besser erreicht werden kann. Die Pädagogische Schulentwicklung versucht kurz gefasst, die Veränderung des Unterrichts über systematische Unterstützung der Lehrerinnen und Lehrer bei Veränderungsprozessen zu befördern; die Organisationsentwicklung versucht den Unterricht über den Weg der systematischen Bestandsaufnahmen und einen Entwicklungsprozess zu erreichen, der Schule zu einer Organisation werden lässt, die ihre Probleme eigenständig bearbeitet und so auch den Unterricht verändert – so die Hoffnung.

In der Frage nach dem Zugang zum Unterricht im Rahmen von Schulentwicklung sind die Positionen heute nicht mehr weit auseinander. Beide Seiten haben voneinander gelernt:

- Die zunächst fast ausschließlich auf Organisationsentwicklung setzende Schulentwicklung hat, wie H.-G. Rolff heute sagt, »anfangs allerdings unterschätzt, wie wichtig Unterrichtsentwicklung für Schulentwicklung ist« (2006).
- Die Pädagogische Schulentwicklung hat bei ihrer Konzentration auf Unterrichtsentwicklung anfangs vor allem unterschätzt, wie wichtig Schulmanagement zur Unterstützung von Unterrichtsentwicklung ist (zur Verbindung von Unterrichtsentwicklung und Entwicklungsmanagement vgl. u.a. diese Einführung).

Insofern haben sich im Verhältnis von Unterrichtsentwicklung und Organisationsentwicklung, bzw. – wie es heute meistens heißt – dem Entwicklungsmanagement Einsichten eingestellt, die ich schon 1997 als Fazit meiner ersten Auseinandersetzung kritisch sowohl gegenüber dem Konzept des Institutionellen Schulentwicklungsprozesses (Dalin/Rolff/Buchen 1995) als auch kritisch dem eigenen Ansatz gegenüber in drei Thesen formuliert habe (hier leicht gekürzt; vgl. ausführlich Bastian 1997):

1. *Schulentwicklung braucht Kontakt zum Unterrichtsalltag der Normalschule.*
   Für Lehrerinnen und Lehrer steht der Unterricht im Zentrum des Berufsalltags; hier liegt die sachliche und pädagogische Herausforderung, hier entsteht das Gefühl von Erfolg oder Misserfolg und hier liegt auch das Zentrum alltäglicher Belastung (zu Belastung vgl. Combe/Buchen 1996). Lehrerinnen und Lehrer fragen deshalb, was es für die tägliche Unterrichtsarbeit »bringt«, wenn man sich für die Entwicklung der eigenen Schule engagiert.

2. *Schulentwicklung braucht eine Verbindung zur Unterrichtsentwicklung.*
   Erfahrungen der 1980er und 1990er Jahre verweisen darauf, dass Veränderungen von Schulen ihren Ausgangspunkt meist in Bemühungen um Unterrichtsreform haben. Nicht zu übersehen ist aber auch, dass Unterrichtsreform an Grenzen stößt, wenn sie auf individuelle Initiativen beschränkt bleibt, wenn die Perspektive des »Ich und meine Klasse« nicht um ein »Wir und unsere Schule« ergänzt wird.

3. *Unterrichtsentwicklung braucht Schulentwicklung.*
   Die individuelle Erprobung neuer Lernformen kann sehr befriedigend sein, wenn Erfolge in der eigenen Klasse sichtbar werden – sie stößt aber auch an Grenzen: an Grenzen des Stundenplans, des Zeittakts, der Kooperationsbereitschaft, der Fähigkeiten der Schüler und der eigenen Fähigkeiten – an individuelle und institutionelle Grenzen. Unterrichtsreform braucht

deshalb Rückhalt in der Zusammenarbeit mit anderen, Reflexion der Lernprozesse im Team, entschiedene Unterstützung durch Schulleitung und Schulaufsicht bei der Veränderung der Rahmenbedingungen und in der Regel auch gezielte schulinterne Fortbildung – sie braucht Pädagogische Schulentwicklung.

Meine Zusammenfassung dieser drei Thesen lautet deshalb 1997:
Interesse an Schulentwicklung kann sich in der »Normalschule« insbesondere dann entfalten, wenn sie klein anfängt, wenn sie Hilfen zur Bewältigung der Alltagsprobleme anbietet, wenn sie bei den Interessen an Unterrichtsreform ansetzt – kurz: wenn sie sich in die lebendige Tradition Innerer Schulreform einreiht und diese mit Blick auf die ganze Schule systematisch weiterführt (Bastian 1997).
Diese Bestimmung des Ansatzpunktes von Schulentwicklung hat heute immer noch ihre Gültigkeit. Das lässt sich sowohl in Gesprächen mit Schulentwicklungsmoderatoren aber auch mit Leitungen von Fortbildungseinrichtungen bestätigen, wenn diese ihre Erfahrungen der letzten zehn Jahre bilanzieren.
So spitzte die Leiterin der Abteilung Fortbildung des Landesinstituts für Schulentwicklung in Hamburg Ende 2006 in einem Gespräch die Erfahrungsbilanz wie folgt zu: Der Kernbedarf von Schulentwicklung ist auch heute ohne Zweifel noch die Entwicklung von Kompetenzen für einen besseren Unterricht. Und je länger wir daran arbeiten, umso deutlicher wird, wie basal die Entwicklungsaufgaben der Unterrichtsentwicklung ansetzten müssen. Es geht nach unseren Beobachtungen im Kern um die Entwicklung in sechs fachunabhängigen Kompetenzfeldern, die auf jeden Fachunterricht übertragbar sind, um die Entwicklung von Fähigkeiten zur:

- Teamarbeit
- Gesprächsführung
- Feedbackarbeit
- Präsentation
- Konfliktmoderation.

Soweit eine Konkretisierung dieser ersten und immer noch aktuellen Bestimmung von Unterrichtsentwicklung als Zentrum von

Schulentwicklung. Was dieser ersten Bestimmung im Rahmen von Schulentwicklung heute hinzugefügt werden muss, soll im Vergleich mit einer neueren und empirisch fundierten Bestimmung von Unterrichtsentwicklung kenntlich gemacht werden:

Deutlich macht dies eine Bestimmung von Unterrichtsentwicklung aus dem Jahre 2002. Dieses Verständnis von Unterrichtsentwicklung und die dazu gehörige Praxis haben wir in einem großen Schulentwicklungsprojekt beobachten können, das zwischen 1997 und 2002 unter dem Titel »Schule & Co.« in zwei Regionen in NRW erprobt und von Hans-Günter Rolff und Johannes Bastian gemeinsam evaluiert wurde (vgl. dazu ausführlich Abschnitt 2.1.3).

Die Evaluation von Konzept und Ergebnis dieses Schulentwicklungsprojekts zusammenfassend heißt es in der Abschlussevaluation:

»›Schule & Co.‹ hat konsequent und systematisch zur Unterrichtsverbesserung beigetragen, indem es Unterrichtsentwicklung mit Schulentwicklungsmanagement verbunden hat« (vgl. Bastian/ Rolff 2002, S. 62).

Wir werden auf Konzept und Ergebnisse dieses Projektes in Kap. 2.1.3 und Kap. 3 noch ausführlich eingehen. Interessant ist hier der empirisch feststellbare Erfolg einer systematischen Verbindung von Unterrichtsentwicklung und Entwicklungsmanagement.

Der Unterrichtsforscher Andreas Helmke verweist im Anschluss an diese Erfahrungen dezidiert auf den besonderen Stellenwert von Unterrichtsentwicklung (2004, Abs. 1.2). Dabei grenzt er sich zum einen gegen die von Horster und Rolff (2001) vertretene Position ab, »Unterrichtsentwicklung sei eine der Organisations- und Personalentwicklung (höchstens) gleichgestellte Aufgabe der Schule« (ebd. S. 3). Andererseits sieht er aber auch gewisse Einseitigkeiten in der von Klippert (2000) vertretenen Position, »wonach sich die Lehrkräfte primär auf die reale Verbesserung ihres eigenen Unterrichts konzentrieren sollten« (ebd. S. 3).

Seine eigene Einschätzung sieht er »in der Mitte zwischen diesen Polen« (ebd. S. 4). Zum einen stimmt er denen zu, die in Unterrichtsentwicklung das Zentrum der Entwicklungsarbeit sehen, zum anderen bezieht er sich auf die Erfahrungen des Projekts »Schule &

Co.«, wo – wie oben bereits kurz skizziert – »Unterrichtsentwicklung Hand in Hand mit Schulentwicklungsmanagement sowie der Entwicklung regionaler Bezüge« konzeptioniert und erfolgreich erprobt wurde.

Das Fazit von Helmke lautet schließlich, dass es im Kern auf Unterricht und Erziehung ankomme und Organisations- und Personalentwicklung eine dienende Funktion habe (ebd. S. 5).

▶ **Fazit:** Auf dieser Grundlage und im Sinne der vorher rekonstruierten Bedeutung Innerer Schulreform für Unterrichtsentwicklung soll nun ein anschlussfähiges Grundverständnis von Unterrichtsentwicklung formuliert werden, das durch drei aufeinander bezogene Merkmale gekennzeichnet werden kann.

1. Unserem Konzept der Unterrichtsentwicklung liegt ein Verständnis von Lernen zugrunde, das die Arbeit der Schülerinnen und Schüler unter die Prämisse eines vor allem selbstregulierten individuellen und teamorientierten Lernens stellt. Dieses Verständnis bedeutet für Unterrichtsentwicklung, dass das Erarbeiten der für Selbstregulation und Teamarbeit notwendigen sozialen und arbeitsmethodischen Kompetenzen genauso zu ermöglichen ist, wie das Erarbeiten von fachlich-inhaltlichen Kompetenzen.

2. Unserem Konzept der Unterrichtsentwicklung liegt ein Verständnis von Lehren zugrunde, das die integrierte Entwicklung inhaltlicher, arbeitsmethodischer und sozialer Kompetenzen ermöglicht. Lehren ermöglicht die Erarbeitung dieser Kompetenzen in einer geplanten Balance von moderierenden und instruierenden Anteilen. Dies beinhaltet, dass die Potenziale der Heterogenität in individualisierenden und teamorientierten Lernformen genutzt werden.

3. Unserem Konzept der Unterrichtsentwicklung liegt ein Verständnis von Entwicklungsarbeit zugrunde, das Arbeit am Unterricht als gemeinsame Entwicklungsaufgabe aller Beteiligten sieht; dieses Verständnis beinhaltet, dass die unterrichtsbezogenen Entwicklungsprozesse innerhalb der Schule systematisch koordiniert und unterstützt werden. Eine solche Veränderung

des Unterrichts wird durch schulinterne Fortbildung sowie ein qualifiziertes Schulentwicklungsmanagement unterstützt.

Auf dieser Basis lässt sich eine erste Annäherung an eine Bestimmung von Unterrichtsentwicklung in Form eines siebenteiligen Merkmalskatalogs erreichen. Merkmale eines Konzepts von Unterrichtsentwicklung sind demnach:

1. Gezielte Qualifizierung aller Beteiligten durch schulinterne Fortbildung
2. Konsequentes Arbeiten in Teams bei Lehrerinnen und Lehrern und Schülerinnen und Schülern
3. Fortlaufendes Trainieren und »Pflegen« der notwendigen Fähigkeiten
4. Verknüpfung einer grundständigen Lernkultur mit spezifischer Lernkultur im Fach
5. Entwicklung schulinterner Curricula bezogen auf alle Dimensionen eines erweiterten Lernbegriffs
6. Regelmäßige Überprüfung der Ziele und Wirkungen der Unterrichtsarbeit
7. Unterstützung aller Entwicklungen durch geschultes Entwicklungsmanagement.

Ein solches Verständnis von Unterrichtsentwicklung kann – wie die Evaluation von »Schule & Co.« zeigt und wie in Kapitel 4 noch ausführlich dargestellt wird – im Zusammenspiel der verschiedenen Aspekte eine erfolgreiche Entwicklung von Unterricht befördern (vgl. dazu Bastian/Rolff 2002; Holtappels/Leffelsend 2002; Bastian 2004).

Damit lässt sich Unterrichtsentwicklung als Entwicklungsprozess an der Einzelschule mit einer einfachen begrifflichen Bestimmung fassen.

Definition: Unter Unterrichtsentwicklung verstehen wir alle systematischen und gemeinsamen Anstrengungen der an Unterricht Beteiligten, die zur Verbesserung des Lehrens und Lernens und seiner schulinternen Bedingungen beitragen.

Definitionen dienen der begrifflichen Fassung eines Sachverhalts. Dass damit nicht die oft widersprüchliche, nicht leicht durchschaubare und kreativ-erfinderische Prozessdynamik von Unterrichtsentwicklung beschrieben wird, soll an dieser Stelle ausdrücklich betont werden. An anderen Stellen des Buches wird deutlich, dass Unterrichtsentwicklung auch als ein ständiger und kontinuierlicher Erfindungsprozess, als Experiment von Lehrerinnen und Lehrern beschrieben werden kann, dessen systematische Anteile oft erst in der Rückschau erkennbar sind.

Reflexion

Anregung zur zusammenfassenden Reflexion von Kap. 1.1.3:

Die Tradition der Inneren Schulreform und der Beginn der Diskussion über Schulentwicklung als Organisationsentwicklung ist als nicht anschlussfähig dargestellt worden. Welche Gründe werden dafür angeführt?

Anregung zur Bilanzierung und Konkretisierung:

Zur Bestimmung von Unterrichtsentwicklung werden sieben Merkmale genannt, die im Laufe der folgenden Kapitel konkretisiert werden. Versuchen Sie einmal vorab, jedes der Kriterien mit drei Sätzen zu konkretisieren. Sie können Ihre Ausführungen im Laufe der Lektüre des Buches dann überprüfen und ggf. korrigieren.

Anregungen zur Reflexion der Definition:

Prüfen Sie auf der Basis des bisher Ausgeführten die begriffliche Bestimmung von Unterrichtsentwicklung auf Vollständigkeit.

- Ist ein wesentliches Bestimmungsmerkmal nicht abgebildet? Was würden Sie ergänzen?
- Ist ein Bestimmungsmerkmal überflüssig? Was würden Sie weglassen?

1.2   Unterrichtsqualität und Unterrichtsentwicklung

Reflexion

Anregung zum Einstieg in diesen Abschnitt:

Unterrichtsentwicklung braucht eine Vorstellung von gutem Unterricht. Diese Vorstellung hat meist verschiedene Quellen. Bevor Sie sich diesem Abschnitt zuwenden eine Anregung: Überlegen und notieren Sie vor der Lektüre dieses Kapitels doch einmal, welche Vorstellung von gutem Unterricht Sie haben und worauf diese basieren.

Das aktuelle und gesicherte Wissen über Unterricht und Unterrichtsqualität liegt in gut aufbereiteter Form vor. Wir werden in diesem Kapitel auch darauf eingehen. Vorweg aber eine Bemerkung zum Verhältnis von Wissen und Normen bei der Diskussion über guten Unterricht.

Wer beispielsweise den Band von Andreas Helmke zu »Unterrichtsqualität« (2004) oder den Band von Hilbert Meyer zur Frage »Was ist guter Unterricht?« (2004) bearbeitet, der hat zum einen die Möglichkeit, sich mit dem aktuellen Stand des Wissens über Lehren, Lernen, Unterricht und Unterrichtsqualität auseinanderzusetzen. Er hat aber auch erfahren, dass es unterschiedliche Grundpositionen zu der Frage geben kann, was der Kern von Unterrichtsqualität ist. Und er hat erfahren, dass allein auf der Basis der Ergebnisse von Unterrichtsforschung und Lernpsychologie nicht bestimmt werden kann, was guter Unterricht ist. Bei allen Diskussionen über Unterrichtsentwicklung ist also die Prämisse zu beachten, dass es den guten Unterricht als abstrakte allein empirisch bestimmbare Größe nicht gibt. Als Ergänzung muss in jedem Fall eine normative Dimension hinzukommen – also eine Zieldiskussion von Lehrerinnen und Lehrern sowie der Schulgemeinde über das, was mit Unterricht erreicht werden soll.

1.2.1 Verständnis von Unterrichtsqualität

Wenn die Frage nach Unterrichtsqualität im Rahmen von Unterrichtsentwicklung also nicht allein auf der Basis von Forschungsergebnissen geklärt werden kann, dann erfordern Diskussionen darüber offensichtlich einen erweiterten Zugang. Diese Annahme wird gestützt durch einen Blick in die Praxis von Unterrichtsentwicklung. Mir ist kein Fall von Unterrichtsentwicklung bekannt, in dem die Arbeit an der Veränderung von Unterricht als eine systematische Umsetzung von Ergebnissen der Unterrichtsforschung oder der Lernpsychologie konzipiert worden wäre.

In der Regel basieren Überlegungen zur Unterrichtsentwicklung immer auf einer Mischung aus unterschiedlichen Wissenselementen, unterschiedlichen Erfahrungen und unterschiedlichen Zielperspektiven. Das ist eine Chance, gleichzeitig aber auch eine Gefahr; denn schon jeder Student weiß auf Grund seiner Erfahrungen in Praktika, dass Diskussionen über Unterricht in Kollegien selten konstruktiv verlaufen. Kontroversen und Fraktionierungen sind an der Tagesordnung und deshalb lautet eine der häufigsten Fragen an Konzepte der Unterrichtsentwicklung:

Wie sollen wir uns in unserem Kollegium bei Fragen des Lernens, des Lehrens und des guten Unterrichts verständigen?

Im Folgenden sollen drei Hinweise zum Umgang mit der Frage nach einer wünschenswerten Perspektive von Unterrichtsentwicklung gegeben werden. Erstens ein Hinweis auf eine typische Sackgasse, zweitens ein Hinweis auf eine weitgehend akzeptierte Tendenz und drittens ein Hinweis auf den Umgang mit Kontroversen.

Eine *typische Sackgasse* bei der Suche nach einem Zugang zu Fragen der Unterrichtsentwicklung ist die langwierige und intensive Diskussion von *Scheinkontroversen*. Typisch dafür ist das gegeneinander Ausspielen verschiedener Unterrichtsformen, als handle es sich in dem jeweils einen Fall um »guten« und im jeweils anderen Fall um »schlechten« Unterricht.

Die eine Seite argumentiert beispielsweise für Formen der systematischen Vermittlung von Fakten und Zusammenhängen in lehrergesteuerten Einheiten. Andere plädieren dagegen für die Eigenständigkeit des Schülers und ein Arbeiten in problem- und handlungsorientierten Einheiten. Solche Kontroversen – beispielsweise Lehrgang gegen Projektunterricht – können mit Blick auf das Wissen über Unterricht als Scheinkontroversen identifiziert werden.

Scheinkontroversen dieser Art können Entwicklungsprozesse langfristig blockieren. Deshalb ist die Überwindung solcher Auseinandersetzungen über »Schülerorientierung« auf der einen und »Fach- oder Wissensorientierung« auf der anderen Seite eine zentrale Voraussetzung für eine systematische und gemeinsame Entwicklung des Unterrichts.

Um diese falschen Gegensätze zu entkräften, können die Ergebnisse der Unterrichtsforschung und der Lernpsychologie genutzt werden. Sie zeigen, dass eine wichtige Voraussetzung für Unterrichtsqualität in der intelligenten Verzahnung von Instruktion und Lernberatung bzw. in einer Balance zwischen lehrergesteuerten und schülergesteuerten Lehr-Lern-Prozessen zu sehen ist.

In diesem Sinne argumentiert auch Herbert Gudjons (2003) für ein integriertes Konzept von systematischem Lernen im Lehrgang und problemorientiertem Lernen im Projekt. Dies setzt allerdings eine Neudefinition des Lehrgangs bzw. des sog. Frontalunterrichts voraus. Gudjons weist der systematischen Vermittlung in seinem integrierten Konzept die Funktion zu, offene und problemorientierte Unterrichtsformen durch die lehrergesteuerte Form der systematischen Instruktion zu ergänzen.

Mit einer solchen Neubestimmung wird für die Seite des Frontalunterrichts ausdifferenziert, was schon in den ersten Konzepten des Projektunterrichts zur Bestimmung dieser besonderen Unterrichtsform gesagt wurde: Dass nämlich das Erfahrungslernen den Bezug zum Lehrgang brauche, dass also eine Ergänzung durch den Lehrgang grundsätzlich notwendig sei, um die eigenen Erfahrungen in systematische Zusammenhänge einzuordnen und so auch den Anschluss an den Kanon von Fachinhalten zu sichern (so bei Gudjons im 10. Merkmal zum Projektunterricht 1986, S. 25f.).

Ist diese *Scheinkontroverse überwunden,* dann kann ein zweiter
Hinweis auf neuere Entwicklungen der allgemeinen Didaktiken
und der Fachdidaktiken, sowie auf Konsequenzen aus nationalen
und internationalen Großstudien bei der Orientierung helfen. Dies
ist der Hinweis auf »*aktiv konstruierendes Lernen als Zentrum didaktischen Denkens und Handelns*«.

In nahezu allen Diskussionen wird die Bedeutung von Konzepten des Lehrens und Lernens betont, die dem Schüler Raum für
eigenständiges und aktiv konstruierendes Lernen geben. Auch dies
verweist darauf, dass die oben genannten Diskussionen nach dem
»Entweder-Oder«-Muster von Unterrichtsformen oder Methoden
nicht angemessen sind; denn sowohl die lehrergesteuerten als
auch die selbstregulierten Formen des Lernens können – wie das
Konzept von Gudjons zeigt – unter dieser Prämisse des eigenständigen und aktiv konstruierenden Lernens weiterentwickelt
werden.

Trotz aller Übereinstimmung in der Tendenz gibt es gerade innerhalb dieser groben Orientierung unterschiedliche Akzentuie-
rungen. So gibt es Autoren, die sich innerhalb des Spannungsfeldes
von lehrergesteuertem und selbstreguliertem Lernen jeweils unterschiedlich positionieren. Die einen sehen in der Forschungslage
Gründe für eine deutliche Ausweitung der Selbstregulation im Verhältnis zur Fremdregulation. Die anderen führen begründete Argumente für eine nur moderate Ausweitung der Selbstregulation im
Verhältnis zur Fremdregulation.

Wie diese Positionen jeweils begründet werden, ist im Rahmen
dieses Hinweises nicht so entscheidend (vgl. dazu Helmke 2004 und
Terhardt 1999). Wichtig für die Frage nach dem Umgang mit solchen Differenzen in der wissenschaftlichen Bewertung von For-
schungsbefunden ist vielmehr die Frage, wie damit in der Praxis
der Unterrichtsentwicklung – also in der Diskussion über Unterrichtsqualität und Lernkultur umgegangen werden sollte.

Die Einsicht in die Legitimität differenter und dennoch begründeter Positionen in der Wissenschaft kann dazu beitragen, dass
auch in der Praxis der Unterrichtsentwicklung darauf geachtet
wird, nicht dogmatisch unter Hinzuziehung ausgewählter Forschungsergebnisse zu argumentieren, sondern in der Gemeinschaft

der Professionellen produktiv und offen mit unterschiedlichen, wohl aber begründeten Akzentsetzungen innerhalb von Übereinstimmungen umzugehen.

Die Hinweise zum Umgang mit Fragen nach der angestrebten Unterrichtsqualität vor dem Hintergrund vielfältiger Positionen im Kollegium können in drei Punkten zusammengefasst werden:

1. Scheinkontroversen zu Fragen der Lehrersteuerung auf der einen und der Selbstregulation durch die Schüler auf der anderen Seite können erkannt und aufgelöst werden.
2. Die allgemeine Tendenz der didaktischen Diskussion und der Lehr-Lern-Forschung zu Formen des aktiv konstruierenden Lernens kann als Orientierung für Unterrichtsentwicklung angenommen werden.
3. Die Einsicht in die Legitimität begründeter Differenzen kann dazu beitragen, dass auch in der Unterrichtsentwicklung nicht dogmatisch mit ausgewählten Forschungsergebnissen gegeneinander argumentiert wird.

Reflexion

Anregung zu einer abschließenden Reflexion:

Zur Bestimmung von Unterrichtsqualität gibt es verschiedene Zugänge und unterschiedliche Informationen. Differenzen über Vorstellungen führen nicht selten zu Auseinandersetzungen.

- Welche Erfahrungen haben Sie mit Auseinandersetzungen dieser Art gemacht?
- Sehen Sie Möglichkeiten eines konstruktiven Umgangs mit diesen Kontroversen?
- Welcher Umgang mit diesen Differenzen wird für Unterrichtsentwicklungsarbeit empfohlen?

1.2.2 Unterricht und Unterrichtsformen

Der Frage nach gutem Unterricht sollen aus systematischen Gründen zwei Fragen vorangestellt werden. In einem ersten Schritt wird bestimmt, was wir unter Unterricht verstehen: es geht also um eine *Begriffsbestimmung*. In einem zweiten Schritt wird geklärt, von welchen Formen mit welchen Funktionen die Schulpädagogik ausgeht: es geht also um *Funktionsbestimmung*. Erst dann wird diskutiert, was guten Unterricht ausmachen kann: dabei geht es also um Qualitätsmerkmale.

Unterricht – eine Begriffsbestimmung

Bei der begrifflichen Bestimmung von Unterricht orientiere ich mich an einem Beitrag meiner Hamburger Kollegen Uwe Hericks und Meinert Meyer. Der Ansatz dieser Autoren ist als Bezugsrahmen für eine Bestimmung von Unterricht im Kontext von Unterrichtsentwicklung geeignet, weil er die Dimensionen einer unterrichtszentrierten Schulentwicklung explizit aufnimmt und dreidimensional konzipiert: Unterricht wird hier in didaktischer, professionstheoretischer und institutionstheoretischer Perspektive bestimmt (vgl. Hericks/Meyer 2004).

Ein weiterer Bezug der Hamburger Schulpädagogen zur unterrichtszentrierten Schulentwicklung ist darin begründet, dass die Autoren Vertreter der Bildungsgangdidaktik und Bildungsgangforschung sind, eines Konzepts also, das – wie Unterrichtsentwicklung – die Qualitätsentwicklung des Unterrichts zunächst vom Bildungsgang des Schülers her zu bestimmen versucht (vgl. Hericks u.a. 2001; Meyer 2005).

Aus *didaktischer Perspektive* wird Unterricht bei Hericks/Meyer bestimmt als Organisation und Gestaltung von Lehr-Lern-Prozessen. Als bestimmend für die Gestaltung von Unterricht werden vier übergreifende Merkmale genannt: Pädagogische Intentionalität, Inhaltlichkeit, sozialer Handlungsvollzug und die symbolische Vermittlung von Inhalten.

- Die **Zieldimension** wird (mit Bezug auf Klingberg 1990) gekennzeichnet als pädagogisch intendierte Vermittlung und Aneignung von gesellschaftlich relevanten Bildungsinhalten.
- Die **Inhaltsdimension** wird gekennzeichnet als Aufbauprozess mit Zukunftsorientierung.
- Der **soziale Handlungsvollzug** wird gekennzeichnet durch eine Dialektik von Lehren und Lernen, die wiederum eine Dialektik von Führung und Selbsttätigkeit impliziert.
- Die **Vermittlungsdimension** wird als symbolische gekennzeichnet, also als Prozess der Inszenierung von vor allem stellvertretender Erfahrung.

Aus *institutionstheoretischer Perspektive* wird Unterricht bestimmt als ein soziales Geschehen, das durch den Rahmen der Schule als Institution konstituiert wird. Daraus folgt, dass das Unterrichtsgeschehen nicht nur von den Intentionen der Lehrenden, sondern immer auch von deren Rolle als Vertreter einer gesellschaftlichen Institution bestimmt wird.

Aus *professionstheoretischer Perspektive* wird die gezielte Planung, Organisation, Gestaltung und Reflexion von Unterricht und seinen Wirkungen als Kernbereich der Kompetenz von Lehrerinnen und Lehrern gesehen. Diese Kernkompetenz wird mit Bezug auf Terhart (2000, S. 15; S. 48ff.) ausdifferenziert in Teilkompetenzen wie Erziehen, Diagnostizieren, Beurteilen, Evaluieren sowie die Weiterentwicklung von Schule.

Diese Bestimmung von Unterricht ist geeignet als Basis für die Diskussion einer unterrichtszentrierten Schulentwicklung, weil das Nachdenken über die didaktische Perspektive als Zentrum der Bestimmung von Unterricht explizit durch eine institutionstheoretische und eine professionstheoretische Perspektive gerahmt wird. Diese drei Perspektiven sind – so haben wir im ersten Abschnitt herausgearbeitet – bei der Entwicklung des Unterrichts in den Blick zu nehmen.

Unterrichtsformen – eine Funktionsbestimmung

Bevor wir uns der Frage nach Kriterien für guten Unterricht zuwenden, soll zunächst noch auf einen weiteren und häufig vernachlässigten Aspekt der Diskussion über Unterricht hingewiesen werden: Die Notwendigkeit der Unterscheidung von spezifischen Formen des Unterrichts. Oder anders gesagt: Die allgemeine Rede über *den* Unterricht ist ebenso gängig wie unzulässig.

Bei der Diskussion über und der Entwicklung von Unterricht ist immer zu beachten, dass die Allgemeine Didaktik zwischen unterschiedlichen Grundmustern des Unterrichts unterscheidet. In der folgenden Darstellung der Grundmuster folge ich einem von Wilfried Kossen (2006) erstellten Überblick zur aktuellen – wenn auch nicht neuen – Diskussion über die unterschiedlichen Formen von Unterricht.

Üblicherweise werden unterschiedliche Grundmuster des Unterrichts als Unterrichtsformen bezeichnet. Unterrichtsformen unterscheiden sich in ihren Lehr-Lern-Settings und diese sollen dazu dienen, jeweils unterschiedliche Modi des Lernens zu ermöglichen. Wenn wir über Unterricht oder Unterrichtsentwicklung sprechen, dann müssten wir konsequenterweise jeweils darauf verweisen, welche Unterrichtsform der jeweiligen Überlegung zugrunde liegt.

Eine solche durchgängige Differenzierung zwischen den Unterrichtsformen ist – ähnlich wie bei der Rede über »den Schüler« – aus pragmatischen Gründen nicht möglich. Insofern wähle ich hier die Kunstform, dass ich zunächst auf die gebräuchlichen Formen und ihre Funktionen verweise. Denn ein solches Bewusstsein von der Differenz der Unterrichtsformen ist eine notwendige Voraussetzung von Unterrichtsentwicklung sowie von Unterrichtsqualität.

Wie konstituieren sich Unterrichtsformen? Die Allgemeine Didaktik als Theorie des Lehrens und Lernens geht davon aus, dass Ziele, Inhalte, Methoden und Organisationsformen des Unterrichts nicht beliebig kombinierbar sind, sondern sinnvoll aufeinander abgestimmt sein müssen, um Lehr-Lern-Prozesse zu ermöglichen. Diese unterschiedliche Beziehung der Einzelelemente des Unterrichts zueinander führt dazu, dass die verschiedenen Didaktiken von unterschiedlichen Grundtypen des Unterrichts sprechen.

Vergleicht man unterschiedliche didaktische Konzepte, dann besteht zwar bezüglich der Anzahl dieser Grundtypen keine Übereinstimmung; alle relevanten Autoren aber führen die Unterrichtsformen Projekt, Training und Lehrgang auf – so beispielsweise auch Klafki (1985), Hilbert Meyer (1994) und Hiller (1991).

Die Unterrichtsformen konstituieren sich – wie oben schon angedeutet – auf der Basis unterschiedlicher Elemente. Bei Meyer werden sie beispielsweise über Sozialformen, Handlungsmuster (d.h. Arbeitsformen) und Unterrichtsschritte bestimmt (Meyer 1994, S. 236f.). Charakteristisch für eine Unterrichtsform ist, dass diese Elemente in einer bestimmten Weise aufeinander abgestimmt sind, um einen Zusammenhang bilden zu können.

Unterrichtsformen sind demnach Grundformen der Beziehung von Zielsetzung, thematischer Strukturierung und Arbeits- und Sozialformen. Das bedeutet aber auch, dass sich die genannten Elemente nur auf bestimmte Weisen miteinander in Beziehung bringen lassen. In diesen Beziehungen konstituiert sich ein sinnvoller Unterrichtszusammenhang. In einer solchen Abstimmung der Grundelemente entstehen für Klafki Strukturtypen (Klafki 1985, S. 233).

Unterrichtsformen weisen daher im Optimalfall eine charakteristische »Lehr-Lern-Struktur« auf. Gleichzeitig erlaubt jede dieser Lehr-Lern-Strukturen im Konkreten aber etliche Varianten (Klafki 1985, S. 234). Veränderungen innerhalb der Grundstruktur der Unterrichtsformen sind also nicht nur möglich, sondern sogar notwendig, um ihr Potential möglichst gut auszuschöpfen.

Für Unterrichtsentwicklung bedeutsam ist der Hinweis von Meyer auf die historische Genese der Unterrichtsformen. Damit verweist er auf eine tief sitzende Verankerung in der Institution sowie im Alltagsbewusstsein von Lehrern, Schülern und Eltern (Meyer 1994, S. 233). Folge dieser tief sitzenden Verankerung kann einerseits ein großes Trägheitsmoment gegenüber Veränderungen sein; andererseits kann dies aber auch bedeuten, dass die großen Formen den Beteiligten als handlungsleitende Muster geläufig und zwanglos verfügbar sind.

Die Grundmuster der einzelnen Unterrichtsformen lassen sich gut an der Gegenüberstellung von Lehrgang und Training darstellen.

- Der Lehrgang wird über seine Funktion der schrittweisen Vermittlung eines klar definierten Wissens- oder Kompetenzbereiches bestimmt und gleichzeitig darüber, dass er ein deutliches Kompetenzgefälle zwischen Lehrern und Schülern aufweist (Meyer 1994, S. 143).
- Das Training wird gegenüber dem Lehrgang darüber konkretisiert, dass hier Kenntnisse, Fähigkeiten und Fertigkeiten geübt werden (Meyer 1994, S. 143).

Die Abgrenzung des Trainings gegenüber dem Lehrgang wird bei Meier – ähnlich wie bei Klafki (1985, S. 234) – also durch den Verweis auf die Form der Aneignung der Unterrichtsinhalte vorgenommen. Im Umkehrschluss kann deshalb festgehalten werden, dass die Unterrichtsformen ihre Funktion darin haben, unterschiedliche Modi des Lernens zu ermöglichen. Jede Unterrichtsform muss also derart gestaltet sein, dass sie diese typischen Aneignungsformen ermöglicht und fördert.

Die Didaktik bietet mit dem Konzept der Unterrichtsformen die Möglichkeit von Analyse und Operationalisierung sowie der systematischen Beachtung von Charakteristika der verschiedenen Unterrichtsformen. Eine systematische Differenzierung der Unterrichtsformen im Hinblick auf die Art und Weise, in der sie Lernprozesse ermöglichen, ist eine wesentliche Voraussetzung für deren bewusste und effektive Nutzung – und damit für die Frage nach Ansatzpunkten der Unterrichtsentwicklung. – Soweit die Ausführungen von Wilfried Kossen (2007).

Mit dieser allgemeinen Funktionsanalyse von Unterrichtsformen als Grundformen der Beziehung von Zielsetzung, thematischer Strukturierung und Arbeits- und Sozialformen und damit von unterschiedlichen Modi des Lernens soll deutlich werden, dass die allgemeine Rede über Unterricht eine Hilfskonstruktion ist, und dass bei der Konkretisierung von Entwicklungsprozessen immer die Besonderheit nicht nur des jeweiligen Faches – also die Fachspezifik, sondern auch die jeweilige Form des Unterrichts – also die Unterrichtsformspezifik zu berücksichtigen ist.

Ist die Beachtung der verschiedenen Grundformen durch Unterscheidung gesichert, bleibt eine Frage offen, die wir im Kontext von Unterrichtsentwicklung bereits angesprochen haben: Die Frage der Gewichtung der Unterrichtsformen in der Unterrichtspraxis und die Frage des Verhältnisses der Unterrichtsformen zueinander. Dass es hierbei nicht um ein konkurrierendes Verhältnis im Sinne von »Besser-Schlechter« bzw. »Entweder-Oder« gehen darf, das haben wir bereits in Abschnitt 1.2.1 herausgearbeitet. Durch die voran stehenden Funktionsanalysen ist nun die These erhärtet worden, dass es sich beim Verhältnis der Unterrichtsformen zueinander im Idealfall um ein Zusammenspiel der verschiedenen Funktionen handelt.

Übungsaufgabe

Anregung zur bilanzierenden Reflexion:

Im Folgenden wird immer wieder auf Begriffe und Funktionen der verschiedenen Unterrichtsformen zurückgegriffen. Notieren Sie deshalb an dieser Stelle zur Vertiefung die Antworten auf folgende Fragen:

- Welche Großformen des Unterrichts werden benannt?
- Wie konstituieren sich die verschiedenen Unterrichtsformen?
- Welchen Sinn hat die Differenzierung von Unterrichtsformen?

1.2.3 Was wissen wir über guten Unterricht?

Der Umgang der Schulpädagogik als Disziplin, aber auch der Lehrerinnen und Lehrer mit der Frage nach einem guten Unterricht hat in den letzten Jahren eine grundlegende Veränderung durchgemacht.

Die 1970er und 1980er Jahre waren vor allem geprägt durch eine Wiederentdeckung und Weiterentwicklung von Unterrichtskonzepten, mit der die Subjektseite und die Selbstverantwortung der Schülerinnen und Schüler und eine eher begleitende und beratende denn belehrende Rolle des Lehrenden akzentuiert wurden. Exemplarisch dafür stehen das Projektlernen (u.a. b:e-Redaktion 1978; Bastian 1978, 1980; Frey 1982; Bastian/Gudjons 1986 und Hänsel/

Müller 1988) und speziell in der Grundschule die Varianten des Offenen Unterrichts (u.a. Wallrabenstein 1991).

Die Diskussion über Unterricht und Unterrichtsreform war zunächst eine programmatische Diskussion, ein Wettstreit der Konzeptentwicklung und der theoretischen Begründungen (z.B. zur Theorie des Projektunterrichts Bastian u.a. 1997) sowie ein Austausch vor allem über Erfahrungsberichte. Die Ausdifferenzierung von Konzepten, Methoden und Begründungen, die den Lernenden als eigenständigen Gestalter seines Lernprozesses in den Mittelpunkt stellen, geht in den 1990er Jahren weiter und ein Ende des Interesses eines bedeutenden Anteils von Lehrerinnen und Lehrern an einer Weiterentwicklung der eigenen Methodenkompetenzen und der Methodenvielfalt im Unterricht ist nicht abzusehen. Der bis heute anhaltende Erfolg der Bücher von Heinz Klippert ist ein Ausdruck dieses immer noch vorhandenen Interesses – vor allem an der diesem Konzept zugrunde liegenden Idee, die Potenziale des eigenverantwortlichen Lernens von Schülern zu stärken.

Stärke dieser Phase der Unterrichtsreform war die konzeptionelle Ausdifferenzierung und praktische Erprobung von Veränderungen des Unterrichts sowie die Entwicklung von schulinternen Fortbildungskonzepten zur Verbreiterung von neuen Unterrichtskonzepten in der Einzelschule. Schwächen dieser Phase waren eine Verinselung der Reformaktivitäten in kleinen Gruppen ohne hinreichenden Kontakt zum Gesamtkollegium sowie ein Mangel an systematischen Entwicklungsstrategien für die Einzelschule.

Nach der Veröffentlichung von PISA 2000 wird in der schulpädagogischen Diskussion über die Qualität von Unterricht verstärkt nach Ergebnissen der Unterrichtsforschung gefragt. Die Suche nach wissenschaftlich gesichertem Wissen über Merkmale der Unterrichtsqualität und die Wirkung von Unterricht ist zunächst mühsam und vor allem ist es nicht nur ungewohnt sondern auch sachlich schwierig, mit Hilfe von vorliegenden Daten der Unterrichtsforschung die Frage nach dem guten Unterricht schlüssig und vor allem praxisrelevant zu beantworten. Dies gilt bis heute und wird auch von Experten der Bildungsforschung nicht in Frage gestellt.

Zur Klärung dieser Frage wollen wir an dieser Stelle auf einen Beitrag von Andreas Helmke zurückgreifen, der den aktuellen Forschungsstand zum Thema »Was wissen wir über guten Unterricht?« im Rahmen einer Beitragsserie zu »Bildungsforschung und Schulentwicklung« für die Zeitschrift PÄDAGOGIK (ebd. 2/2006) zusammengefasst hat. Der Auftrag an die Autoren dieser Serie war, den aktuellen Stand der Forschung zu einzelnen Themenfeldern aufzubereiten und daraus Konsequenzen für die Schule und die Entwicklung von Unterricht zu formulieren.

Reflexion

Bevor Sie den folgenden Abschnitt lesen, ein Vorschlag, mit dem Sie Ihre eigenen Vorstellungen zu den Merkmalen in Beziehung bringen können, die sich aus dem Stand der Unterrichtsforschung ergeben. Eine Aufgabe, die insofern von Bedeutung ist, weil alle Unterrichtsforscher einhellig der Meinung sind, dass Merkmalskataloge nicht direkt in Unterricht umsetzbar sind, sondern u.a. mit den normativen Kriterien dessen in Bezug gebracht werden müssen, der den Unterricht gestaltet und verantwortet.

- Schreiben Sie vorweg Ihre fünf wichtigsten Merkmale für guten Unterricht auf.
- Vergleichen Sie Ihre Merkmale nach der Lektüre des folgenden Abschnitts mit den zehn Merkmalen von Andreas Helmke.
- Konstruieren Sie ein Merkmalsprofil für Ihren Unterricht, indem Sie drei Merkmalen von Ihnen drei Merkmale von Helmke hinzufügen, die besonders gut zu Ihnen passen.

Qualitätsmerkmale für guten Unterricht

Helmke skizziert zehn fachübergreifende Merkmale guten Unterrichts. Damit entwirft er Konstruktionen auf der Basis und unter Bewertung des vorliegenden Forschungsstandes zur Beschreibung guten Unterrichts. Explizit verweist er darauf, dass diese Konstruktionen nicht mit Handlungsanweisungen verwechselt werden dürfen, nach denen man unterrichten könne.

Für Unterrichtsentwicklung können diese Merkmale allerdings Orientierungen bieten, indem sie beispielsweise bei der Beratung über Bestandsaufnahmen, bei der Entwicklung von Perspektiven oder bei der Beobachtung von Entwicklungsprojekten als Referenzrahmen herangezogen werden können. Wie dies aussehen kann, darauf werden wir am Ende dieses Abschnitts noch eingehen.

Die Skizze der Merkmale wird hier wörtlich nach Helmke 2006 wiedergegeben:

Zehn fachübergreifende Merkmale für guten Unterricht

1. *Effiziente Klassenführung und Zeitnutzung:* Notwendige Voraussetzung für erfolgreiches und anspruchsvolles Unterrichten; Etablierung und Einhaltung verhaltenswirksamer Regeln; Prävention von Störungen durch Strategien der Aufmerksamkeitslenkung; im Falle von Störungen: diskret-undramatische, Zeit sparende Behebung.

2. *Lernförderliches Unterrichtsklima:* So viele nicht mit Leistungsbewertungen verbundene Lernsituationen wie möglich, so viele Leistungssituationen wie nötig; freundlicher Umgangston und wechselseitiger Respekt; Herzlichkeit und Wärme; entspannte Atmosphäre, es wird auch mal gelacht; Humor; Toleranz gegenüber Langsamkeit; angemessene Wartezeit auf Schülerantworten; konstruktiver Umgang mit Fehlern.

3. *Vielfältige Motivierung:* Thematisierung unterschiedlicher lernrelevanter Motive (intrinsische Lernmotivation: Sach- und Tätigkeitsinteresse; extrinsische Lernmotivation: Akzentuierung der Wichtigkeit und Nützlichkeit des Lernstoffs und Anknüpfung an die Lebenswelt der Schüler); Anregung des Neugier- und Leistungsmotivs; Motivierung durch Lernen am Modell: Engagement, Freude am Fach und am Unterrichten (»enthusiasm«) der Lehrkraft.

4. *Strukturiertheit und Klarheit:* Verständlichkeit: Angemessenheit der Sprache (Wortschatz, Fachsprache); Lernerleichterung durch strukturierende Hinweise (Vorschau, Zusammenfassung, »advance organizer«); fachlich-inhaltliche Korrektheit; sprachliche Prägnanz: klare Diktion, angemessene Rhetorik, korrekte Grammatik, überschaubare Sätze; akustische Verstehbarkeit: angemessene Artikulation und Modulation, Lautstärke, Dialekt.

5. *Wirkungs- und Kompetenzorientierung:* Fokus auf den Erwerb fachlicher, überfachlicher und nichtfachlicher Kompetenzen als primäres Bildungsziel; empirische Orientierung: Fokus auf nachweisliche und nachhaltige Wirkungen (künftig: Orientierung an den Bildungsstandards); Nutzung aller diagnostischen Möglichkeiten für regelmäßige Standortbestimmung.

6. *Schülerorientierung, Unterstützung:* Lehrkräfte als fachliche und persönliche Ansprechpartner; die »Kundschaft« wird ernst genommen: Sie kann in angemessenem Rahmen mitbestimmen, wird zum Unterricht befragt (»Schülerfeedback«).

7. *Förderung aktiven, selbstständigen Lernens:* »Guter Unterricht ist ein Unterricht, in dem mehr gelernt als gelehrt wird.« (Franz E. Weinert); unterrichtliche Angebote für selbstständiges, eigenverantwortliches Lernen; vielfältige Sprech- und Lerngelegenheiten für möglichst alle Schüler einer Klasse; Spielräume statt Engführung, authentische statt Pseudofragen.

8. *Angemessene Variation von Methoden und Sozialformen:* Schüler-, fach- und lernzielangemessene Variation von Unterrichtsmethoden und Sozialformen; sowohl zu geringe (»Monokultur«) als auch zu starke Variation sind problematisch.

9. *Konsolidierung, Sicherung, Intelligentes Üben:* Vielfalt an Aufgaben, die nicht bloß mechanisch, sondern »intelligent« geübt werden; Bereitstellung unterschiedlicher Transfermöglichkeiten; aber auch: Beherrschung von »basic skills«, automatisierten Fertigkeiten (Grundwortschatz, Grundrechenarten) als gedächtnispsychologische Voraussetzung für die Beschäftigung mit anspruchsvollen Aufgabenstellungen.

10. *Passung:* Variation der fachlichen und überfachlichen Inhalte, Anpassung der Schwierigkeit und des Tempos an die jeweilige Lernsituation und die Lernvoraussetzungen der Schüler(-gruppen); sensibler Umgang mit heterogenen Lernvoraussetzungen, besonders im Hinblick auf Unterschiede im sozialen, sprachlichen und kulturellen Hintergrund sowie im Leistungsniveau.

Soweit das Zitat der Merkmale für guten Unterricht, die – um es noch einmal zu wiederholen – als Reflexionsfolie Geltung haben, aber nicht mit Handlungsanweisungen zu verwechseln sind.

Zur Ergänzung der Diskussion über guten Unterricht bietet Helmke über die zehn Merkmale hinaus acht Fragen an den Kontext von Unterricht an, ohne deren Beantwortung die Qualität von Unterricht nicht diskutiert werden könne. Das bedeutet, dass eine Interpretation von Unterricht mit Hilfe der Qualitätsmerkmale nur angemessen ist, wenn die Kontextvariablen mitgedacht werden. Deshalb sollen auch diese hier (in gekürzter Form) skizziert werden:

Acht Hinweise von Andreas Helmke (2006), die beachtet werden müssen, wenn Unterrichtsqualität angemessen beurteilt werden soll.

Acht Kontextvariablen für die Beurteilung von Unterricht

1. *Berücksichtigung und Integration von drei Sichtweisen auf Unterricht*
   Die Beurteilung von Unterrichtsqualität erfordert eine Integration von drei Aspekten:
   a) den Aspekt der Lehrerqualität – also der Frage nach den professionellen Kompetenzen der Lehrperson
   b) den Aspekt der Prozessqualität – also der Frage danach, was in der Interaktion zu beobachten ist
   c) den Aspekt der Ergebnisqualität – also der Frage danach, welche Ziele in welchem Umfang erreicht wurden.

2. *Berücksichtigung der Frage, inwieweit unterschiedliche Unterrichtsmethoden eingesetzt werden*
   Eine Beurteilung von Qualität fragt danach, ob zur Erreichung unterschiedlicher Bildungsziele unterschiedliche Lehr-Lern-Arrangements eingesetzt wurden.

3. *Berücksichtigung der individuellen Eingangsvoraussetzungen*
   Eine angemessene Beurteilung der Qualität erfordert eine Berücksichtigung der sprachlichen und intellektuellen Eingangsvoraussetzungen auf Seiten der Schüler.

4. *Die Berücksichtigung der sozialen Rahmenbedingungen*
   Eine faire Beurteilung der Qualität im Sinne von Prozess und Produkt berücksichtigt die sozialen Bedingungen der Klasse und der Schule.

5. *Berücksichtigung der fachlichen und der altersspezifischen Besonderheiten*
   Aussagen zur Unterrichtsqualität gelten nur für das jeweilige Fach und nur eingeschränkt für andere Altersgruppen. Übertragungen sind unzulässig.

6. *Berücksichtigung der Lehrerkompetenzen* Siehe Pkt 1
   Unterrichtsqualität ist in hohem Maße von den Kompetenzen der Lehrperson abhängig. Dabei geht eine Wirkung meist aus von Kompetenzkombinationen.

7. *Berücksichtigung des Wahrscheinlichkeitscharakters von unterrichtlichen Wirkungen*
   Die Vorstellung, man müsse als guter Lehrer die Maximalausprägung auf allen der zehn Merkmale haben, ist weltfremd und empirisch nicht haltbar. Für die Praxis heißt das, dass erfolgreiche Lehrer sich hinsichtlich ihres Unterrichts und ihrer Kompetenzen in hohem Maße unterscheiden. Das liegt daran, dass die Wirkung von Merkmalen, wenn sie einzeln auftreten, empirisch meist niedrig ist. Es ist das jeweilige Profil von Merkmalen, das Wirkung erzeugt. Das heißt aber auch, es gibt sehr verschiedene Möglichkeiten im Sinne von profilierten Merkmalskombinationen, mit denen Unterricht erfolgreich gestaltet werden kann.

8. *Berücksichtigung der Vernetztheit der Faktoren*
   Bedingungs- und Wirkfaktoren des Unterrichts sind vielfach vernetzt. Für Unterrichtsentwicklung heißt das, dass Unterricht durch die Beeinflussung nur eines Merkmals kaum beeinflussbar ist.

Um noch einmal die Eingebundenheit von Faktoren der Unterrichtsqualität in ein umfassenderes Modell der Wirkungsweise und der Zielkriterien des Unterrichts zu integrieren, soll abschließend das Angebots-Nutzungs-Modell des Unterrichts von Helmke (2006) vorgestellt werden. Dieses Modell ist Ausdruck des gegenwärtigen Wissens und soll noch einmal darauf verweisen, dass das Thema »guter Unterricht« nicht kurzschlüssig auf nur wenige Elemente im gesamten Wirkungsprozess beschränkt werden darf. Es geht von der Grundüberlegung aus, Unterricht als Angebot zu betrachten. Ob dies gelingt, hängt von der Nutzung ab.

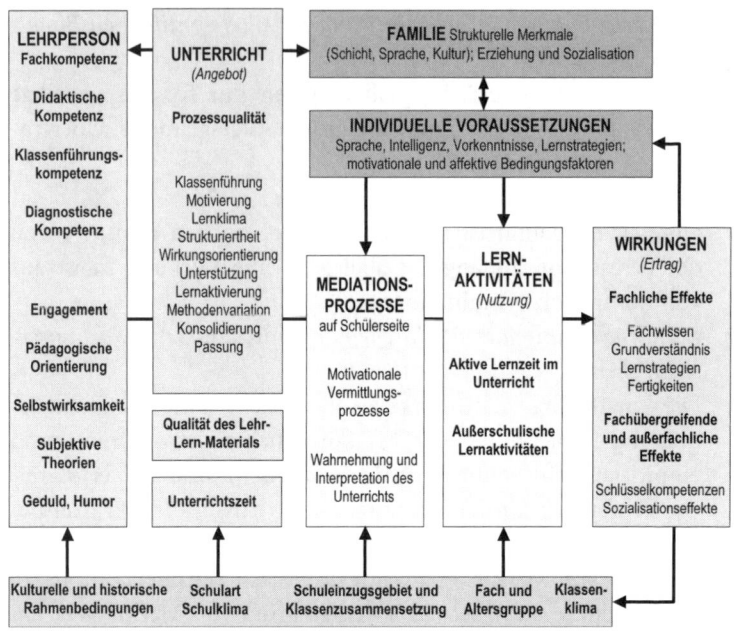

Abb. 1: Ein Angebots-Nutzungs-Modell des Unterrichts (Helmke 2006)

Qualitätsmerkmale und Unterrichtsentwicklung

Reflexion

Ein Reflexionsvorschlag vorab:

Die von Helmke formulierten Qualitätsmerkmale scheinen auf den ersten Blick mehr über Lehrersteuerung als über die Selbststeuerung des Lernprozesses zu sagen. Auf diesen Eindruck wollen wir in diesem Abschnitt eingehen. Versuchen Sie vorher einmal eine eigene Positionierung zu der folgenden Frage: Wie verhalten sich die Qualitätskriterien von Helmke zu einer möglichen Perspektive des Selbstregulierten Lernens?
Sie können diese Positionierung vornehmen, indem Sie jedes Merkmal unter dem Aspekt kommentieren, ob und ggf. welchen Zusammenhang Sie zu Selbstreguliertem Lernen sehen.

Der Oldenburger Schulpädagoge Hilbert Meyer hat – ähnlich wie Andreas Helmke – eine Metaanalyse der vorliegenden Forschungsergebnisse zur Frage nach gutem Unterricht unternommen und ebenfalls zehn Merkmale konstruiert, die sich nach eigenen Angaben weitgehend mit den Merkmalen von Helmke decken (Meyer 2004, S. 158).

In einem Resümee seiner Studie fasst er vier Auffälligkeiten zusammen (ebd., S. 8), die ihn bezüglich seiner Vorstellung von Unterrichtsentwicklung nachdenklich gestimmt haben, weil sich die aussagekräftigen Indikatoren wie ein Abgesang auf Unterrichtsreform lesen lassen. Wir fragen deshalb, ob dies die einzige Lesart sein muss.

Abgesang auf Unterrichtsreform, oder ...

1. Einen nachweisbar starken Einfluss auf den Lernerfolg haben Merkmale wie »klare Strukturierung des Unterrichtsverlaufs«, »Quantität des Unterrichts«, »Reibungslosigkeit der Intervention« und »klare Leistungserwartungen«.
2. Einen nachweisbar geringeren Einfluss haben Klassengröße, Unterrichtsmaterial und auch der Zustand des Gebäudes.
3. Über positive Effekte von Handlungsorientierten und Offenen Unterrichtsformen sagen die Studien wenig und das was sie sagen ist nicht eindeutig.
4. Ein hohes Maß der Schülerbeteiligung am Unterricht führt nicht automatisch zu besseren Lernerfolgen. Eine klare Lehrersprache, gute Strukturierung und geschickte Steuerung des Lerntempos müssen hinzukommen.

Hilbert Meyer rahmt dieses Resümee mit der Feststellung, dass er einige lieb gewonnenen Vorurteile über die Merkmale guten Unterrichts aufgeben musste. Es scheint auf den ersten Blick so, als wäre Unterrichtsqualität vor allem durch qualifizierte Formen lehrergelenkter Instruktion zu erreichen. Auf der anderen Seite finden die Befürworter offener Formen keine klaren Belege für die Wirkung von Handlungsorientierung und Schülerbeteiligung. Auf den ersten Blick scheint dies eine ernüchternde Bilanz derer, die Unterrichtsentwicklung verbunden haben mit dem Abbau von Lehrerzentrierung und dem Aufbau von Selbststeuerung.

Ich lese die Merkmale anders und finde in diesem Resümee sowie in den Merkmalen eine These bestätigt, die ich in allen Veröffentlichungen zum Projektlernen und anderen Varianten des selbstregulierten Unterrichts vertreten und auch theoretisch begründet habe. Denn nach meiner Lesart lassen sich die Merkmale auch verstehen als...

... Bestätigung der These von der Notwendigkeit einer profilierten Rolle des Lehrenden in selbstregulierten Lernprozessen

Knapper formuliert ist das die These von der Verantwortung des Lehrenden für die Selbstverantwortung der Lernenden. Gegen diese These steht die Idee einer Gruppe von Reformprogrammatikern und Praktikern, dass das Gelingen von Selbstverantwortung vor allem den Rückzug des Lehrenden und Freiraum für die Entfaltung der Schülerinnen und Schüler brauche und weniger oder gar nicht eine Sache des Lehrenden sei. Diese dagegen stehende These von der Verantwortung des Lehrenden für die Selbstverantwortung der Lernenden soll im Folgenden begründet werden (vgl. dazu Bastian 1990 und Bastian/Combe 1997).

Mit der These von der Verantwortung des Lehrenden für die Selbstverantwortung der Lernenden habe ich immer wieder und nicht selten gegen Widerstand die besondere Verantwortung des Lehrenden für die Gestaltung von Prozessen betont, in denen die Eigenverantwortung nicht nur ermöglicht, sondern deren Entwicklung systematisch und strukturiert mit Hilfe des Lehrenden unterstützt und aufgebaut wird. Deshalb lese ich die oben genannten Ergebnisse der Unterrichtsforschung, die Qualitätsmerkmale und das Resümee von Hilbert Meyer nicht als Absage an Versuche, Unterrichtsentwicklung mit einer Entwicklung von Selbstregulation zu verbinden (zum Verständnis und zum Forschungsstand von Selbstregulation vgl. Abschnitt 2.3).

Ermutigt haben mich dazu schon in den 1980er Jahren sowohl eigene Forschungsarbeiten als auch ein Kernsatz von John Dewey (1854–1952) zur Rolle des Lehrenden in Projektlernprozessen aus dem Jahr 1938. Dewey schreibt in einem Beitrag zu »Erfahrung und Erziehung«: Der Lehrende hat im Projektunterricht »*die Pflicht einer viel intelligenteren, konsequenteren und schwierigeren Planungsarbeit… Die Planung muß geschmeidig genug sein, um noch ein freies Spiel der Individualarbeit zu ermöglichen und doch fest genug, um die Richtung auf fortgesetzte Entwicklung der Kräfte anzuregen*« (Dewey 1938, S. 87).

Damit liegt von demjenigen, der als »Vater« der Projektidee bezeichnet wird, eine Konzeptualisierung der Lehrerrolle vor, die sich von einer immer wieder vorfindlichen Praxis des Lehrerhandelns sowie von manchen Publikationen zu dieser Unterrichtsform insofern unterscheidet, als hier die Planung der Selbstplanung und damit eine deutlich strukturierende Aufgabe des Lehrenden als Gelingensbedingung für eine Unterrichtsform benannt in der ein möglichst hohes Maß an Selbstverantwortung bzw. Selbstregulation durch den Schüler angestrebt wird (Bastian/Combe 1997).

Gedankenexperiment: Prüfung des Verhältnisses von Merkmalen der Selbstregulation und Qualitätsmerkmalen für guten Unterricht

Vor diesem Hintergrund reizt mich ein Experiment auf der Basis der Merkmale von Helmke kombiniert mit der These von der Verantwortung für die Selbstverantwortung. Ich würde gerne untersuchen, ob diese Merkmale, die auf den ersten Blick auf eine Favorisierung der direkten Instruktion, also auf einen eher lehrerzentrierten, überwiegend frontal organisierten Unterricht gerichtet zu sein scheinen, auch tragfähig sind für Unterrichtsformen sowie für Unterrichtsentwicklungskonzepte, die Selbstregulation in den Mittelpunkt des Entwicklungsinteresses stellen (ausführlich zum Konzept der Selbstregulation vgl. Abschnitt 2.3).

Ein solcher Transfer der Merkmale ist im Übrigen ein nicht nur zulässiges, sondern sogar notwendiges Verfahren, weil die Merkmale explizit als allgemeine Merkmale konstruiert sind, also sowohl fachunabhängig als auch unabhängig von einer spezifischen Unterrichtsform. Daraus folgt dann aber auch, dass sie auf die Besonderheit des jeweiligen Faches und der jeweiligen Unterrichtsformen (s.o.) übertragen werden müssen.

Ich werde dieses Experiment so gestalten, dass ich aus der Perspektive der oben skizzierten Merkmale Anfragen an einen Unterricht stelle, der als Interaktion zwischen Schülern und zwischen Schülern und Lehrern mit einem hohen Maß an Selbststeuerung konzipiert ist. Die Form der Anfragen wähle ich deshalb, weil Qualitätsmerkmale in der Unterrichtsentwicklung die Funktion von Kriterien für eine Analyse des Bestehenden – also von Fragen an das Bestehende – sowie eine Funktion für die Konkretisierung von Entwicklungsaufgaben – also für Fragen an die Weiterentwicklung des Bestehenden – haben.

Zum 1. Merkmal: Effiziente Klassenführung und Zeitnutzung
- Ist die Erwartung an die Selbstregulation des Lernprozesses durch klare Regeln strukturiert, beispielsweise
  - für das Zusammenfinden von Gruppen und die Regelung des Arbeitsprozesses?
  - für die zeitliche Strukturierung des Arbeitsprozesses?
  - für den Fall, dass eigenständig recherchiert werden muss?
- Ist die Lerngruppe darin geübt,
  - eigenständig mit Störungen umzugehen, und wenn dies nicht gelingt, gibt es Vereinbarungen für den Fall, dass Hilfe von außen nötig ist?
  - diskrete Hilfe von außen anzunehmen, weil sie selbst ihre Möglichkeiten ausgelotet und ihre Grenze erkannt hat?

Zum 2. Merkmal: Lernförderliches Klima
- Ist die Erwartung an Selbstregulation des Lernprozesses eingebettet in ein vor allem über die Sache forderndes und gleichzeitig von Seiten des Lehrenden unterstützendes und respektierendes Klima?
- Gibt es klar formulierte und ausgehandelte Erwartungen – beispielsweise durch Kontrakte, in denen Kriterien für eigenständig zu erbringende Leistungen, Zeitvorgaben und Kriterien für eine Prozessdokumentation vereinbart sind?
- Gibt es Regelungen, die Verhandlungen über begründete Abweichungen vom vereinbarten Plan ermöglichen, die auf Schwierigkeiten im Prozess und unterschiedliche Tempi Rücksicht

nehmen, die einen konstruktiven Umgang mit Fehlern möglich machen?

Zum 3. Merkmal: Vielfältige Motivierung
- Sind Lerngruppe und Individuen darin geübt, beispielsweise bei der Beteiligung an der Wahl eines Themas sowohl die »Interessen« des Lehrplans und des Faches als auch die individuellen Interessen zu berücksichtigen und diese für Schule typische Spannung nicht nur auszuhalten, sondern produktiv zu nutzen?
- Sind Lerngruppe und Individuen darin geübt, eigene Interessen und Fragen innerhalb eines thematischen Rahmens zu entwickeln, in denen die Verbindung zwischen institutioneller Vorgabe und eigenen thematischen Interessen zum Ausdruck kommt?
- Sind Lerngruppe und Individuen darin geübt, die Frage nach dem Sinn dessen, was gelernt wird, konstruktiv zu bearbeiten?
- Ist der Lehrende darin geübt, sein fachliches Interesse, seinen Enthusiasmus in einer Lerngruppen so zur Geltung zu bringen, dass dies nicht Unerreichbares demonstriert, sondern Fragen aufkommen lässt, dass dies nicht Angst macht, sondern Interesse weckt?
- Ist der Lehrende darin geübt, Motivierung nicht als das Wecken von »Interesse« der Schüler für schulische Themen zu verstehen, sondern als die Fähigkeit, den Lernenden eine fragende und neugierige Haltung gegenüber der Sache zu ermöglichen?

Zum 4. Merkmal: Strukturiertheit und Klarheit
- Werden längere Phasen der Selbstregulation durch kurze Phasen der präzisen und exakt auf die anstehenden Fragen gerichtete Instruktionen ergänzt; beispielsweise um systematisch notwendige Fachanteile einzuspielen, um Erreichtes in der Fachsprache zusammenzufassen, um Strukturen für die weitere Arbeit anzubieten?
- Gilt auch in längeren Phasen der Selbstregulation der Anspruch an den Lehrenden bezüglich Strukturiertheit und Klarheit, beispielsweise sachlich prägnant und sprachlich korrekt zu informieren, wenn es von den Lernenden gewünscht oder aus Sicht des Lehrenden notwendig ist?

Zum 5. Merkmal: Wirkungs- und Kompetenzorientierung

- Gilt auch in längeren Phasen der Selbstregulation die Verantwortung des Lehrenden bezüglich der fachlichen, überfachlichen und nichtfachlichen Kompetenzen und wie kommt sie zum Tragen?
- Gilt auch für längere Phasen der Selbstregulation – insbesondere bei der gemeinsamen Planung des Lernprozesses – der Anspruch an Transparenz bezüglich der Anforderungen und der Mindeststandards?
- Können die Lehrenden die Formulierung und Operationalisierung der Anforderungen oder Standards soweit konkretisieren und ausdifferenzieren, dass sie von den Schülerinnen und Schülern verstanden und selbst kontrolliert werden können?
- Stehen den Lernenden die operationalisierten Anforderungen beispielsweise in Form von Kompetenzrastern oder anderen Selbstkontrollinstrumenten zur Verfügung, um sie bei der Selbstkontrolle ihres Arbeits- und Lernprozesses zu unterstützen?
- Gibt es Formen des Austauschs zwischen Lehrenden und Lernenden und ggf. auch den Eltern, in denen die Kompetenzentwicklung anhand von Dokumenten wie Lerntagebüchern oder Logbüchern besprochen und geprüft werden?

Zum 6. Merkmal: Schülerorientierung, Unterstützung

- Wird Schülerorientierung als eine Balance von Selbstregulation und Fremdregulation oder als Dialektik der Verantwortung des Lehrenden und der Eigenverantwortung des Lernenden verstanden oder behelfen sich die Lehrenden mit der falschen Metapher vom »Rückzug aus der Verantwortung«? (Zur Begründung der dort impliziten These vgl. Abschnitt 2.3.2.)
- Wird die Orientierung am Bildungsgang der einzelnen Schüler durch Rückmeldeinstrumente gestützt, mit denen Lehrenden und Lernenden ein wechselseitiges Verstehen der Lehr-Lern-Prozesse ermöglicht wird?

Zum 7. Merkmal: Förderung aktiven, selbstständigen Lernens

- Dieses Merkmal bestätigt zunächst einmal, dass jeder Unterricht – also auch der lehrergesteuerte – dann gut ist, wenn er selbstständiges und aktives Lernen fördert. Zu den Möglichkeiten und den Ansprüchen einer solchen Förderung siehe die Anfragen an die anderen Merkmale.

Zum 8. Merkmal: Angemessene Variation von Methoden und Sozialformen

- Wird die methodische Kompetenz der Lernenden von den Lehrenden vorausgesetzt oder durch ein systematisches und schulintern koordiniertes Training von arbeitsmethodischen und sozialen Methoden entwickelt?
- Gibt es in der Schule eine Teamstruktur der Lehrenden – sowohl auf der Ebene der Klassenteams (horizontal) als auch auf der Ebene der Fachgruppen (vertikal), die die Verantwortung für eine grundlegende und eine fachspezifische Entwicklung von Methodenkompetenz bei Schülern und Lehrern in schuleigenen Spiralcurricula übernimmt? (Vgl. dazu ausführlich Kap. 3.1.)

Zum 9. Merkmal: Konsolidierung, Sicherung, Intelligentes Üben

- Wird Selbstregulation als Kompetenz gesehen, die einer systematischen Ergänzung und Unterstützung durch das Training bedarf, um fachliche und methodische Anteile in intelligenter Form zu üben?
- Wird intelligentes Üben gepflegt als eine Form des Trainings, das vor allem dann erforderlich ist, wenn es an Defizite anknüpfen kann, die im selbstgesteuerten Arbeitsprozess selbst erkannt werden und gezielt kompensiert werden müssen? Diese Defizite können inhaltlicher und methodischer Art sein.
- Sind die Lehrenden darin geübt und darauf vorbereitet, anspruchsvolle Aufgaben oder intelligente Übungsformen anzubieten, die gezielt an den selbst definierten Bedarf einer Lerngruppe oder eines Individuums anknüpfen oder auf der mit den Lernenden abgestimmten Problemdiagnose des Lehrenden basieren?

Zum 10. Merkmal: Passung

- Ist der Lehrende darin geübt, das Konzept der Selbstregulation des Schülers mit den Konzepten der Differenzierung und Individualisierung zu verbinden und einen angemessenen Umgang mit Heterogenität zu pflegen und zu unterstützen?

- Sind die Lernenden darin geübt, mit unterschiedlichen Lernvoraussetzungen und Schülermerkmalen besonders im Hinblick auf Unterschiede im sozialen, sprachlichen und kulturellen Hintergrund sowie im Leistungsniveau umzugehen?

▶ Fazit: Eine Nutzung allgemeiner und auf dem aktuellen Stand der Forschung basierender Qualitätsmerkmale als Analyseinstrument im o.g. Sinne erweist sich nicht nur für eine kritische Reflexion von Lehrgängen als produktiv, sondern auch für eine Reflexion von Varianten des Projekts. Ein Transfer der Qualitätsmerkmale ist also gut auf einen Unterricht übertragbar, der die Selbstregulation der Schüler als Entwicklungsperspektive verfolgt.

Mit der hier vorgenommenen Prüfung wäre auch das skeptische Fazit von Hilbert Meyer entkräftet, Unterrichtsqualität im Sinne von forschungsbasierten Merkmalen sei vor allem durch Formen lehrergelenkter Instruktion zu erreichen.

Zusammenfassend kann an dieser Stelle festgehalten werden: Wendet man die Qualitätsmerkmale im Sinne von kritischen Anfragen an einen Unterricht an, der als Interaktion zwischen Schülern und Schülern sowie zwischen Schülern und Lehrern mit einem hohen Maß an Selbstregulation konzipiert ist, dann lässt sich zeigen, dass beispielsweise auch das Projektlernen die Potenziale der Lehrersteuerung bewusste reflektieren und nutzen sollte, um dem Anspruch an Qualität der Selbstregulation gerecht zu werden.

In diesem Sinne plädiere ich für eine flexible und gezielte Unterstützung der Selbstregulation – auch durch Instruktionsphasen und durch Phasen des Trainings, soweit diese die Ziele des erfahrungsbasierten und eigenverantwortlichen Lernens unterstützen und deren Qualität sichern.

> **Reflexion**
>
> *Anregung zur zusammenfassenden Reflexion:*
>
> In diesem Abschnitt sind die zentralen Qualitätsmerkmale von Unterricht mit dem Konzept der Selbstregulation kombiniert worden. Herauskristallisiert wurde das Konzept einer profilierten Rolle des Lehrenden in selbstregulierten Lernprozessen.
> Damit dieses Konzept nicht abstrakt bleibt, hier zwei Anregungen zur Konkretisierung:
>
> - Für den Fall, dass Sie diesem Konzept positiv gegenüberstehen, konkretisieren Sie drei Merkmale mit Szenen, in denen die Potenziale einer profilierten Lehrerrolle zum Tragen kommen.
> - Für den Fall, dass Sie diesem Konzept skeptisch gegenüberstehen, konkretisieren Sie drei Merkmale mit Szenen, in denen Ihre Bedenken zum Tragen kommen.

1.3 Standards und Unterrichtsentwicklung

> **Reflexion**
>
> *Vorweg eine Anregung zur eigenen Positionierung:*
>
> Standards werden im Kontext von Unterrichts- und Schulentwicklung häufig kontrovers diskutiert. Versuchen Sie deshalb vor der Lektüre dieses Kapitels, Ihre eigene Position zu diesem Thema zu formulieren. Dabei sollen die beiden folgenden Impulse helfen:
>
> - Externe Standards helfen bei der Unterrichtsentwicklung, weil…
> - Externe Standards engen die Unterrichtsentwicklung ein, weil…

Vor wenigen Jahren wäre ein Kapitel zu Standards in einem Buch zum Thema Unterrichtsentwicklung noch nicht aufgenommen worden. Hier soll deshalb in einem *ersten Schritt* diskutiert werden, wann Standards zum Thema wurden und welche Bedeutung die

Diskussion von Standards für das Thema Unterrichtsentwicklung hat (1.3.1). In einem *zweiten Schritt* wird die schulpädagogische Kontroverse über Standards skizziert und auf Unterrichtsentwicklung bezogen (1.3.2). In einem *dritten Schritt* werden Standards für pädagogisches Handeln vorgestellt; ein Konzept, das die Diskussion über Standards wieder auf die Ebene von Unterrichtsentwicklung in der Einzelschule zurückholt (1.3.3).

1.3.1 Bilanz der Schulentwicklung – Veränderung durch Standards

Um die Diskussion über Standards in die Diskussion über Schulentwicklung einzuordnen, will ich zunächst auf eine Bilanz zurückgreifen, die Herbert Altrichter kürzlich vorgelegt hat (Altrichter 2006). Altrichter skizziert im Rahmen der Diskussion über eine »Modernisierung« des deutschen Bildungswesens (vgl. Brüsemeister/Eubel 2003) drei in Phasen aufeinander folgende Entwicklungsstrategien, die hier gekürzt wiedergegeben werden und einen Einblick in die Genese der Kernthemen von Schulentwicklung geben. Dabei wird vor allem deutlich, wann der Aspekt der Steuerung durch Standards in die Diskussion eingebracht wurde und wie sich die Diskussion über Schulentwicklung dadurch verändert hat.

Phase 1: Die Ermöglichungsstrategie

Die erste Hälfte der 1990er Jahre lässt sich als eine Eröffnung von neuen Freiheiten an der Basis des Systems Schule rekonstruieren. Dabei geht es vor allem um eine Vergrößerung von Gestaltungsspielräumen, um Anregungen für die Einzelschule, sich beispielsweise ein spezifisches Profil durch schulinterne Lehrpläne zu geben. Insgesamt ist hier eine Strategie der Ermöglichung zu beobachten. Aktive Schulen nutzen sie; jene aber, die dafür keine Bereitschaft oder keine Kompetenzen haben, müssen nicht mitziehen. In dieser Strategie sind die Lehrerinnen und Lehrer Erfinder und Träger der Innovation.

Phase 2: Die Anforderungsstrategie

In der zweiten Hälfte der 1990er Jahre lässt sich beobachten, wie die Ermöglichungsstrategie einer Anforderungsstrategie weichen muss. Dabei werden Konzepte wie verpflichtende Schulprogrammarbeit (zum aktuellen Stand vgl. Grüne-Rosenbohm/Müller 2006, zu den Widersprüchen dieser Phase vgl. Bastian u.a. 2000), Selbst- und Fremdevaluation (vgl. Altrichter/Messner/Posch 2004) und die Einführung von Vergleichsarbeiten in den Vordergrund geschoben. Damit werden einerseits Instrumente für das Management der Einzelschulen, für die »innerbetriebliche Steuerung« geschaffen. Andererseits beginnt aber auch eine Suche nach »Instrumenten der Systemsteuerung«.

Phase 3: Die Steuerung der Selbststeuerung

In der dritten Phase nach 2000 lässt sich beobachten, wie die Anforderungsstrategie durch externe Steuerungselemente akzentuiert wird. Eingeleitet wird diese dritte Phase durch die TIMSS- und PISA-2000-Ergebnisse. Bildungsstandards und deren regelmäßige externe Testung (vgl. Klieme et al. 2003) sollen nun die Einzelschule auf wichtige Ziele orientieren, aber auch Daten für die Systembeobachtung liefern, durch die eine rationalere und raschere Steuerung der Entwicklung des Bildungswesens möglich werden soll.

Altrichter resümiert den aktuellen Stand dieser bilanzierenden Bewertung im Sinne eines die aktuelle Situation kennzeichnenden evaluationsbasierten Steuerungskonzepts, dem eine schillernde Doppelfunktion unterliegt, die auf die Adressaten irritierend wirken muss.

»Einerseits sollen Lehrer und Schulen zur Formulierung und Selbstevaluation ihrer Ziele angeregt werden. Dies soll Entwicklungspotenziale sichtbar machen, Gestaltungswillen stimulieren und die Informationsgrundlage für das zielorientierte Management ihrer Selbstentwicklung verbessern. Andererseits sollen externe Evaluationen, die Untersuchung von standardbezogenen Leistungen und Systemmonitoring eben diese Selbstentwicklung steu-

ern, ihre Ergebnisse kontrollierbar machen und damit übergeordneten Ebenen Daten und Zugriffsmöglichkeiten für ihre eigenen Steuerungsabsichten liefern« (Altrichter 2006, S. 8).

Die Beschreibung der aktuellen Situation von Schulentwicklung im Jahr 2006 wird nach Altrichter durch drei weitere Faktoren ergänzt:

- Wiederentdeckung der alten Steuerungsstrategien von Anordnungen ohne Abstimmung, um Implementationsprozesse zu beschleunigen.
- Wiederentdeckung der besonderen Aufmerksamkeit für Leistungen und Fachlichkeit, die – insbesondere nach TIMMS – zu standardbezogenen Entwicklungsprojekten geführt hat.
- Profilierung und ein Wettbewerb von Einzelschulen gegeneinander, aber auch eine neue Verbindung von Schulen in Schulnetzwerken.

In dieser Bilanz wird die Funktion von Standards als Instrumente einer externen Steuerung der Selbststeuerung an Einzelschulen deutlich. Dies kennzeichnet nach Altrichter eine Entwicklungstendenz, die in jedem Fall diejenigen irritieren muss, die sich bislang als Trägerinnen und Träger von Innovationen verstanden haben. Gerade in der Ermöglichungsphase – vor allem im Übergang von der Inneren Schulreform zur systematischen Unterrichtsentwicklung – aber auch noch in der zweiten Hälfte der 1990er Jahre waren die Lehrkräfte darin bestärkt worden, sich mit ihren Vorstellungen von Unterrichtsreform in einen langfristig angelegten, gemeinsamen und systematisch unterstützten Entwicklungsprozess der Einzelschule zu integrieren.

In der dritten Phase schließlich – einer Phase der dominanten externen Steuerung scheint Lehrerprofessionalität und unterrichtszentrierte Schulentwicklung in den Schraubstock von externen Leistungsstandards auf der einen und internem Leistungsmanagement auf der anderen Seite zu geraten. Eine Entwicklung, die deutlich macht, dass die Einführung von Standards mit Recht zu Kontroversen unter denen geführt hat, die die Unterrichtsentwicklung nach wie vor als permanentes Experiment, gesteuert von Lehrerinnen und Lehrern gemeinsam mit den an Schule beteiligten verstehen; als ein Experiment, das von der Professionalität ihrer Trägerinnen und Träger verantwortet wird, deren Praxis selbstverständlich gebunden ist an kontrollierte Selbstvergewisserung und Prozesse der Rechenschaft nach außen.

1.3.2 Bildungsstandards – eine Kontroverse

In diesem Abschnitt sollen zwei Dinge geleistet werden:

- Zum einen werden grundlegende Begriffe der Diskussion über Standards geklärt.
- Zum anderen werden Folgen von Standards für Unterrichtsentwicklung diskutiert.

Zur Klärung dieser Fragen folge ich dem Basisbeitrag von Hans Werner Heymann zur Einführung in einen Schwerpunkt der Zeitschrift »PÄDAGOGIK« zum Thema: Standardsicherung konkret (Heymann 2004).

Zur begrifflichen Bestimmung bezieht sich der Siegener Schulpädagoge auf die Sprachregelung, wie sie von Eckhard Klieme u.a. in der Expertise für die Kultusministerkonferenz (KMK) vorgenommen wird:

> »Bildungsstandards formulieren Anforderungen an das Lehren und Lernen in der Schule. Sie benennen Ziele für die pädagogische Arbeit, ausgedrückt als erwünschte Lernergebnisse der Schülerinnen und Schüler. Damit konkretisieren Standards den Bildungsauftrag, den allgemeinbildende Schulen zu erfüllen haben« (Klieme et al. 2003, S. 19).

Darüber hinaus werden bei Klieme u.a. Kriterien für die Formulierung von Bildungsstandards genannt (Klieme et al. S. 19 und 24ff.):

- Sie benennen Kompetenzen der Schülerinnen und Schüler, die Ergebnisse kumulativen und systematisch vernetzten Lernens

sind und über die zu bestimmten Zeitpunkten (Ende der Grund-
schulzeit, der Sekundarstufen I und II) verfügt werden soll.

- Die Kompetenzen werden so konkret beschrieben, dass sie
durch Testverfahren erfasst werden können.
- Sie sind als fachliche Standards formuliert, die sich jeweils auf
einen bestimmten Lernbereich beziehen und die allgemeine Bildungsziele aufgreifen; die Standards decken aber nicht die gesamte Breite eines Lernbereichs (Faches) ab, sondern konzentrieren sich auf verbindliche Kernbereiche, nämlich Kernideen,
grundlegende Begriffe und damit verbundene Denkoperationen
(angestrebte Fokussierung).
- Sie sind als »Mindeststandards« formuliert, die für alle Schüler
verbindlich sind (im Unterschied zu »Regelstandards«, die ein
mittleres Könnensniveau beschreiben); darüber hinaus werden
Kompetenzstufen ausgewiesen, die helfen sollen, Lernentwick-
lungen und -ergebnisse differenziert zu erfassen.
- Sie sind klar und nachvollziehbar beschrieben und mit realisti-
schem Aufwand erreichbar.

Bildungsstandards sollen Grundlage sein sowohl für die Entwicklung von Kernlehrplänen in fast allen Bundesländern als auch für
die Konstruktion von Lernstandserhebungen, mit denen das Erreichen der Bildungsstandards evaluiert werden soll. (So der Plan, der
allerdings bis heute nicht verwirklicht wurde.)

Erstmals in der Geschichte des deutschen Bildungssystems soll
also der »Output« des Unterrichts sowohl reguliert als auch konsequent kontrolliert werden. Zumindest in den Kernfächern Deutsch,
Mathematik und Englisch soll es nun Maßstäbe geben, an denen
der Unterrichtserfolg gemessen werden kann.

In einer Bilanzierung der Diskussionslage stellt Heymann gegenüber, was eher unstrittig an der Einführung von Bildungsstandards sein könnte und was eher strittig ist.

Als eher *unstrittig* identifiziert er sechs Potenziale, die mit der
Einführung von Bildungsstandards verbunden sein können:

- Die Möglichkeit, curriculare Beliebigkeit und föderale Zersplit-
terung einzudämmen.

- Die Möglichkeit, Unterricht auf das Wesentliche zu konzentrieren.
- Die Möglichkeit, sozialer Ungerechtigkeit durch Mindeststandards entgegenzutreten.
- Die Möglichkeit, Unterricht an der Entwicklung von Kompetenzen auszurichten.
- Die Möglichkeit, Unterricht an akzeptierten Bildungszielen zu orientieren.
- Die Möglichkeit, Unterricht in seinen Ergebnissen überprüfbar zu machen.

Als eher *strittig* identifiziert Heymann sechs Aspekte im Sinne von ungewollten Nebenwirkungen sowie ungelösten Probleme, die mit der Einführung von Bildungsstandards verbunden sein können:

- Die ausschließliche Erfassung von fachlichen Leistungen vernachlässigt, dass allgemeine Bildung auch soziale und personale Kompetenzen umfasst.
- Die Konzentration auf drei Hauptfächer vernachlässigt die Kritik am Zuschnitt der traditionellen Fächer und verstärkt die geringere Bedeutung der anderen Fächer.
- Der Zeitdruck bei der Erstellung der Kompetenzbeschreibungen verstärkt die Gefahr, dass traditionelle Lehrplanvorgaben als Kompetenzanforderungen ausgegeben werden.
- Die Orientierung am Output durch die punktuelle Messung von Lernergebnissen vernachlässigt die Qualität des Input – also des Unterrichtsprozesses und die Qualität der erreichten Fortschritte der Lerngruppe (vgl. Brügelmann 2004).
- Die positiven Erfahrungen der skandinavischen Länder mit Standards und Lernstandserhebungen lassen sich nicht übertragen, weil sie auf der Basis integrierter Schulsysteme gemacht wurden (vgl. Eikenbusch/Lagergren 2004).
- Die Einführung von Leistungsstandards in einem gegliederten System wird die soziale Selektivität des Bildungssystems nicht mildern, weil sie vor allem durch die Selektivität des Systems bedingt ist.

Heymann verweist abschließend darauf, dass es nicht Bildungs-standards an sich sind, die Qualität ermöglichen oder Gefahren implizieren, sondern die den Standards zugedachte Funktion, die Aufgabenqualität der Lernstandserhebungen und die Qualität der Rahmenbedingungen. Dies fasst er in vier kurze Hinweise:

1. Wir brauchen keine Kontrolle, sondern ein mit langem Atem zu entwickelndes Klima des Vertrauens zwischen Schulaufsicht und Lehrerschaft, das auf Partizipation beruht und autonomes professionell-pädagogisches Handeln vor Ort begünstigt.

2. Lernstandserhebungen machen nur Sinn, wenn sie nicht als Se-lektionsinstrument, sondern als Mittel individueller Standort-bestimmung und Förderung genutzt werden, wenn vor allem der diagnostische Aspekt gestärkt wird.

3. Aufgaben in Lernstandserhebungen und zentralen Prüfungen sollten so gestaltet werden, dass durch sie tendenziell ein inno-vativer Sog hin zu einem anregungsreichen und schülerorien-tierten Unterricht erzeugt wird, der die fachspezialistischen Be-grenztheiten herkömmlichen Fachunterrichts überwindet.

4. Die finanziellen und politischen Rahmenbedingungen für die Schulen müssen verbessert werden; ein Druck in Richtung auf mehr Effizienz bei gleichzeitiger Verschlechterung der äußeren Arbeitsbedingungen (Ausstattung, Arbeitszeit, zeitaufwändige Rechenschaftslegung) unterhöhlt die Motivation aller Beteilig-ten, ohne die keine Reform gelingen kann (Heymann 2004, S. 9).

Reflexion

Anregung zur eigenen Bilanz:

Die Bilanz von Hans-Werner Heymann skizziert Potenziale und unge-wollte Nebenwirkungen, die mit der Einführung von Bildungsstandards verbunden sein können.

- Wie fällt nach dieser Diskussion Ihre eigene Bilanz aus?
- Welche Potenziale und Gefahren würden Sie aufführen?
- Wie würden Sie die Wirkungen gewichten?
- Welche Gründe würden Sie für Ihre Bilanz anführen?

1.3.3 Standards für pädagogisches Handeln (in Anlehnung an Annemarie von der Groeben)

Reflexion

Anregungen zur Vorabreflexion:

Das folgende Kapitel wendet die Kritik an der Einseitigkeit von Leistungs- bzw. Bildungsstandards konstruktiv. Die These ist: Standards müssen mehr erfassen als die Fachleistungen in den drei Hauptfächern. Die Konsequenz ist, dass Standards überprüfbare Merkmale auf drei Ebenen benennen sollen: für pädagogisches Handeln, für schulische Rahmenbedingungen, für systemische Rahmenbedingungen.
Versuchen Sie zum Einstieg in diese Überlegungen, diese drei Ebenen mit den Merkmalen zu bestimmen, die für Unterrichtsentwicklung aus Ihrer Sicht von Bedeutung sind.

- Wesentliche und beobachtbare Merkmale für pädagogisches Handeln sind...
- Wesentliche und beobachtbare Merkmale für schulische Rahmenbedingungen sind...
- Wesentliche und beobachtbare Merkmale für systemische Rahmenbedingungen sind...

Ein zentraler Kritikpunkt in der eben bilanzierten Diskussion über Bildungsstandards ist, dass diese wegen ihrer Konzentration auf die Operationalisierung und Messung von Fachleistungen in drei Hauptfächern eher Leistungsstandards denn Bildungsstandards sind und dass diese Leistungsstandards nichts darüber sagen, welche Standards für eine Schule, für Unterricht und für pädagogisches Handeln gelten sollen, in dem diese Leistung erbracht werden soll.

Außerdem hatten wir in Abschnitt 1.2.1 festgehalten, dass konkrete Projekte zur Unterrichtsentwicklung erfahrungsgemäß weder Qualitätskriterien für guten Unterricht noch Bildungsstandards als zentrale Orientierungsgrößen heranziehen. Es sind vielmehr sehr konkrete Vorstellungen von gutem Unterricht, von wünschenswertem pädagogischem Handeln und von einer guten Schule, die in Prozessen der Unterrichtsentwicklung diskutiert werden.

Dass die Entwicklung von Konzepten eines anderen Lernens zu anerkannten Reformmodellen in Bielefeld, Kassel, Wiesbaden, Hamburg und anderswo geführt haben, das zeigt nicht nur sehr anschaulich und überzeugend der Film von Reinhard Kahl über »Treibhäuser der Zukunft« (Kahl 2004). Das zeigen inzwischen aus einer anderen Perspektive auch Leistungsstudien, die an diesen Reformschulen durchweg sehr gute und oft sogar über den Erwartungswerten liegende Ergebnisse erbracht haben, obwohl – oder gerade weil – hier Leistung nicht zuerst mit messbaren Testergebnissen gleichgesetzt werden, sondern vor allem nach der Qualität der pädagogischen Arbeit gefragt wird (zu den PISA-Ergebnissen beispielsweise der Laborschule Bielefeld vgl. Watermann/Thurn/Tillmann et al. 2005).

Eine konsequente Alternative oder Ergänzung zu den bislang vorliegenden Konzepten in Form von Qualitätsmerkmalen und Leistungsstandards wäre demnach die Entwicklung von Standards für pädagogisches Handeln. Eine solche konsequente Verbindung aus Erfahrung, Professionalität und Vision könnte in der Diskussion über Unterricht genau die Lücke füllen, die die bislang vorgestellten Konzepte hinterlassen haben: Die Grundfrage nach der Qualität pädagogischen Handelns würde wieder in die Diskussion zurückgeholt werden und die Kritik könnte konstruktiv gewendet werden.

Genau diese Aufgabe haben sich einige reformpädagogisch engagierte Schulen zur gleichen Zeit gestellt, als die Bildungsstandards im Auftrag der KMK erarbeitet wurden (Klieme 2003). Von dem vorläufigen Ergebnis dieser Initiative berichtet die didaktische Leiterin der Laborschule Bielefeld Annemarie von der Groeben 2005. Ihr Bericht liegt dem folgenden Text dieses Abschnitts zugrunde. Die Entwicklung der bislang vorliegenden Standards soll in 2006 abgeschlossen werden und dann als Endfassung auf der Homepage (www.blickueberdenzaun.de) einsehbar sein.

Als Mitglied der Arbeitsgruppe berichtet Annemarie von der Groeben über Tätigkeit und Ergebnisse der Arbeitsgruppe in einem Beitrag für die Zeitschrift PÄDAGOGIK (vgl. v. d. Groeben 2005).

Einige reformpädagogisch engagierte Schulen, die sich seit 1998 zu einem Netzwerk unter dem Namen »Blick über den Zaun« zusammengeschlossen haben (www.blickueberdenzaun.de), kritisieren an den KMK-Bildungsstandards, dass die wichtigste Frage darin ausgespart wird: die Frage, was eine gute Schule und was guter Unterricht ist und woran man das erkennen kann. Sie haben darum eine eigene Antwort entwickelt, ihr Leitbild festgelegt und andere Schulen in einem Aufruf (2003) eingeladen, sich dem Verbund anzuschließen und die Diskussion mit zu gestalten.

Der nächste Schritt war, aus diesem Leitbild Standards abzuleiten, die mittlerweile in einer Vorform publiziert sind (www.blickueberdenzaun.de). Sie sind als Diskursangebot gedacht, darum veränderbar, und sie sollen vor allem jene ausgesparte Grundfrage, von deren Beantwortung alles abhängt, in die Diskussion zurückholen.

Wie kann man aus pädagogischen Überzeugungen Standards ableiten?

Eine Schule, die nicht weiß, was sie will, kann keine gute Schule sein. Ausgehend von dieser Gewissheit haben wir zunächst vier »Grundüberzeugungen« festgelegt, auf denen unser Leitbild basiert. Sie werden hier in verkürzter Form wiedergegeben (vgl. Abb. 2).

Wie lassen sich nun aus solchen notwendigerweise sehr allgemeinen Grundüberzeugungen Standards ableiten? Wir haben dabei den Begriff »Standard«, so wie er in der gegenwärtigen bildungspolitischen Diskussion verwendet wird, ernst genommen: Standards sind als »Ist«-Beschreibungen formuliert und bezeichnen überprüfbare Merkmale.

Jeder Beobachter kann sich davon überzeugen, ob die Schülerinnen und Schüler beispielsweise am Morgen begrüßt werden, wenn sie in die Schule kommen, ob die Erwachsenen achtungsvoll und »auf Augenhöhe« mit ihnen sprechen, ob die Schülerinnen und Schüler im Klassenraum alle benötigten Materialien vorfinden, ob der Unterricht so angelegt ist, dass alle – gemessen an ihren Möglichkeiten – zu guten Leistungen gelangen können und ob sie ihre Arbeit in Ruhe und ohne Zeitdruck tun können.

Den Einzelnen gerecht werden – individuelle Förderung und Herausforderung
Die wichtigsten Vorgaben für jede Schule sind die ihr anvertrauten Kinder – so wie sie sind, und nicht so, wie wir sie uns wünschen mögen. Sie haben ein Recht darauf, dass die Schule für sie da ist und nicht umgekehrt.

»Das andere Lernen« – erziehender Unterricht, Wissensvermittlung, Bildung
Schulen haben die Aufgabe, die Heranwachsenden mit den Grundlagen unserer Kultur vertraut zu machen: Wissenschaft und Technik, Religion und Philosophie, Kunst, Musik und Literatur. Bildung heißt, sich diese Grundlagen je individuell und gemeinsam mit anderen erschließen zu können. Lernen ist umso wirksamer, je mehr es an Erfahrung, (Selbst-)Erprobung, Bewährung und Ernstfall gebunden ist. Lernen ist umso weniger wirksam, je stärker es nur rezeptiv, fremdgesteuert, einseitig kognitiv bleibt. Lernen braucht Erlebnis und Erfahrung ebenso wie Übung und Systematik; seine Qualität hängt davon ab, wie sich beide ergänzen. Neugier, »Forschergeist«, Lernfreude und Ernst sind die Voraussetzung für die aktive »Aneignung von Welt«, die den Kern von Bildung ausmacht. Die wichtigste Aufgabe der Schule ist, Lernen so anzulegen, dass daraus Bildung werden kann. Darum braucht Lernen Freiraum: die Freiheit der Schule, den Unterricht jeweils neu zu denken und auf Bildung anzulegen.

Schule als Gemeinschaft – Demokratie lernen und leben
Die Schule muss selbst ein Vorbild der Gemeinschaft sein, zu der und für die sie erzieht. Sie muss ein Ort sein, an dem Kinder und Jugendliche die Erfahrung machen, dass es auf sie ankommt, dass sie gebraucht werden und »zählen«. Die Werte, zu der die Schule erzieht, müssen mehr als »Unterrichtsstoff« sein; Selbstständigkeit und Verantwortung, Solidarität und Hilfsbereitschaft, Empathie, Zuwendung und Mitleid müssen im Alltag gelebt werden. Die Zukunft der »Bürgergesellschaft« hängt auch davon ab, ob und wie die nachwachsende Generation sich ihre kulturelle Überlieferung und ihre Werte aneignet.

Schule als lernende Institution – Reformen »von innen« und »von unten«
Die Schule muss auch darin Vorbild sein, dass sie selbst mit dem gleichen Ernst lernt und an sich arbeitet, wie sie es den Kindern und Jugendlichen vermitteln will. Dazu braucht die Schule Freiraum und übernimmt Verantwortung: für Beobachtung, Kritik, Verständigung und Umsetzung der Ergebnisse in Reformarbeit. Sie muss in der Überzeugung arbeiten können, dass eine bessere Pädagogik nicht »von außen« und »von oben« verordnet werden, sondern jeweils neu mit dem Blick auf die Kinder und Jugendlichen »von innen« und »von unten« entwickelt werden muss.

Abb. 2: Vier Grundüberzeugungen (gekürzte Fassung)

Dies sind Beispiele für Standards im hier vorgestellten Sinn: Sie drücken eine Selbstverpflichtung für das pädagogische Handeln der Erwachsenen aus, die aus den Grundüberzeugungen abgeleitet ist. Sie sind evaluierbar durch Beobachtung und Augenschein, aber nur in Ausnahmefällen durch quantitative Instrumente. Mit diesen Standards verbindet sich also zugleich der Anspruch, die Qualität von Schulen nicht mit messbaren Testergebnissen gleichzusetzen, sondern zuerst und mit geeigneten Methoden nach der Qualität der pädagogischen Arbeit zu fragen.

Somit drücken die Standards auch eine Kritik am herrschenden Trend aus. In der Einleitung heißt es: »Der gegenwärtige Trend, die Qualität von Schulen allein an den Ergebnissen zentraler fachlicher Tests zu messen, ist aus unserer Sicht pädagogisch und didaktisch kontraproduktiv. Gute Schulen lassen sich erkennen an der Art und Weise, wie dort Menschen miteinander umgehen, wie das Lernen angelegt und begleitet wird. Gute Schulen (in dem hier präzisierten Sinn) befähigen ihre Schülerinnen und Schüler auch zu guten Fachleistungen. Umgekehrt lassen gute Fachleistungen nicht unbedingt auf eine gute Schule schließen, weil sie durch Mittel erreicht werden können, die eine gute Schule nicht anwendet.«

Zugleich öffnen die Schulen des Verbunds sich solchen Formen der Evaluation, beispielsweise durch »peer reviews«, wie sie diese selbst untereinander praktizieren. Wir verstehen unsere Standards also vor allem als Mittel der Selbstvergewisserung im schulinternen Diskurs und im Gespräch mit »kritischen Freunden« von außen. Solche Formen der qualitativen Evaluation halten wir für das adäquate Mittel, die Schule an den eigenen Ansprüchen zu messen und messen zu lassen und über ihre Arbeit Rechenschaft zu geben.

Mit diesen Standards sind zugleich hohe Ansprüche benannt, die von keiner Schule immer alle erfüllt werden können, die Schulen aber an sich stellen müssen, weil Pädagogik prinzipiell an Soll-Vorgaben orientiert ist. Dass beispielsweise Konflikte vernünftig und friedlich gelöst werden oder dass die Lehrenden die individuellen Lernstände und Lernwege kennen und verstehen, kann nie als hundertprozentig gesichert, muss aber als Standard gelten.

Pädagogisches Handeln im Kontext – das Drei-Ebenen-Modell

Bei der Entwicklung der Standards haben wir zunächst aus den vier »Grundüberzeugungen« Rubriken abgeleitet und diese dann weiter operationalisiert.

Hier eine Übersicht über die vier Kapitel und die Unterrubriken:

- Dem Einzelnen gerecht werden – individuelle Förderung und Herausforderung
  - Individuelle Zuwendung, Betreuung
  - Individualisierung des Lernens
  - Förderung/Integration
  - Feedback, Lernbegleitung, Leistungsbewertung
- »Das andere Lernen« – erziehender Unterricht, Wissensvermittlung, Bildung
  - Lernen in Sinnzusammenhängen/Erfahrungsorientierung
  - Selbstverantwortetes, selbsttätiges Lernen
  - Freude am Lernen und Gestalten
  - Differenzierung
  - Qualitätskriterien für/Bewertung und Präsentation von Leistungen
- Schule als Gemeinschaft – Demokratie lernen und leben
  - Achtungsvoller Umgang/Schulklima
  - Schule als Lebens- und Erfahrungsraum
  - Schule als demokratische Gemeinschaft und Ort der Bewährung
  - Öffnung der Schule/Teilhabe an der Gesellschaft
- Schule als lernende Institution – Reformen »von innen« und »von unten«
  - Schulprofil und Schulentwicklung
  - Arbeitsklima und Organisation
  - Evaluation
  - Fortbildung

Bei der Operationalisierung sind wir so vorgegangen, dass wir zunächst nach dem Handeln der Lehrerinnen und Lehrer gefragt und die entsprechenden Erwartungen in Form von Standards formuliert haben. Da dieses Handeln aber eingebettet in den schulischen Kontext und weitgehend davon abhängig ist und die Arbeit der Schulen wiederum von systemischen Rahmenbedingungen abhängt, müssen auch diese Kontextbedingungen sichtbar gemacht werden. So ergab sich ein Drei-Ebenen-Modell miteinander verbundener und einander bedingender Standards. Das Gesamtpaket umfasst ca. 40 Seiten. Ein Ausschnitt ist in Abb. 3 abgedruckt.

Am Beispiel eines Abschnitts – Individualisierung des Lernens – möchte ich die Verschränkung der drei Ebenen darstellen.

Standards für pädagogisches Handeln
Individualisierung des Lernens heißt, den Unterricht so zu gestalten, dass jede Schülerin und jeder Schüler in jeder Stunde gut mitkommen und gute Leistungen erreichen kann. Dazu müssen die Lehrenden die individuellen Lernstände kennen, die Lernmöglichkeiten und -wege der Kinder verstehen. Eine Voraussetzung dafür sind Beratungsgespräche im Team.

Individualisierung des Lernens heißt auch, dass die Schülerinnen und Schüler ein Repertoire unterschiedlicher Methoden kennen und anwenden. Die Lehrenden müssen dazu passende unterschiedliche Lernwege ermöglichen und bedienen.

Individualisierung des Lernens heißt schließlich, dass die erforderlichen Materialien bereitgestellt werden und dass die Schülerinnen und Schüler in Ruhe und ihrem eigenen Tempo entsprechend arbeiten können.

Standards für schulische Rahmenbedingungen
Diese Standards sind alles andere als selbstverständlich, sondern vielmehr höchst voraussetzungsvoll. Auch mit noch so viel gutem Willen und Geschick können Lehrerinnen und Lehrer als »Einzelkämpfer« sie nicht annähernd verwirklichen, wenn die schulischen Rahmenbedingungen nicht dazu passen.

Eine Schule, die Individualisierung in dem hier präzisierten Sinne zu ihrem Programm macht, muss also entsprechende Rahmenbedingungen schaffen. Zunächst und vor allem muss es einen Konsens aller Lehrenden darüber geben, was unter gutem Unterricht im Sinne der Individualisierung des Lernens verstanden werden kann und soll. Wenn die oben genannten Standards ernst genommen werden, muss Unterricht generell so angelegt sein, dass alle Schülerinnen und Schüler sich ein Mindestpensum aneignen und – entsprechend ihren Möglichkeiten – gute Leistungen erreichen können. Dafür müssen die Voraussetzungen geschaffen werden: Erfüllbare Anforderungen auf unterschiedlichen Niveaus. Das Verstehen der unterschiedlichen Lernwege muss als Qualitätsmerkmal gelten und die Schule muss Zeit und Hilfsmittel zur Verfügung stellen, damit die Lehrenden ihre diagnostische Kompetenz entwickeln können. Es muss Zeit und Gelegenheit für (verpflichtende) Teamgespräche geben. Die Schule muss ein Methodencurriculum haben. Lernmaterialien, Räume und Sachmittel müssen vorhanden, zugänglich und geordnet sein. Die Schule muss durch flexible Zeitplanung auf die unterschiedlichen Bedürfnisse der Schülerinnen und Schüler antworten.

Standards für systemische Rahmenbedingungen
Auch solche schulischen Rahmenbedingungen sind alles andere als selbstverständlich, sondern vielmehr höchst voraussetzungsvoll. Auch mit noch so viel Innovationsbereitschaft und pädagogischem Engagement können Schulen als »Einzelkämpfer« sie nicht annähernd verwirklichen, wenn die systemischen Rahmenbedingungen nicht dazu passen.

Wenn es möglich sein soll, dass alle Schülerinnen und Schüler im Unterricht »mitkommen« und – nach ihren Möglichkeiten – gute Leistungen erreichen können, dann müssen fachliche Standards als Mindeststandards ausgelegt sein und Differenzierungsmöglichkeiten vorsehen. Die Schulen müssen berechtigt sein, die Lernzeit der Schülerinnen und Schüler und die Arbeitszeit der Lehrerinnen und Lehrer flexibel und den eigenen Zielen entsprechend zu planen. Und die Lehrerausbildung muss Bausteine enthalten, die das Handwerkszeug für individualisierenden Unterricht vermitteln: diagnostische Kompetenz, Methodenkompetenz, eine Didaktik des Dialogischen Lernens (nach Ruf/Gallin), die auf das Verstehen individueller Lernwege zielt.

Standards für pädagogisches Handeln	Standards für schulische Rahmenbedingungen	Standards für systemische Rahmenbedingungen
Jede Schülerin, jeder Schüler kann in jeder Unterrichtsstunde **gut »mitkommen«.**	Der Unterricht ist so angelegt, dass auch lernschwache Schülerinnen und Schüler sich ein **Mindestpensum** aneignen können.	Fachliche Standards werden als **Mindeststandards** formuliert.
Jede Schülerin, jeder Schüler kann in jeder Unterrichtsstunde **gute Leistungen** erreichen.	Der Unterricht ist auf **unterschiedliche Leistungsniveaus** angelegt.	**Fachliche Standards sind differenziert** ausgelegt.
Die Lehrenden kennen die **individuellen Lernstände.** Sie verstehen individuell **verschiedene Lernmöglichkeiten und -wege.**	Die Schule stellt den Lehrenden Zeit und Hilfsmittel zur Verfügung, ihre **diagnostische Kompetenz** weiter zu entwickeln.	**Diagnostische Kompetenz** ist Bestandteil der Lehrerausbildung.
	Der **Unterricht ist dialogisch angelegt:** Das Verstehen der Lernwege gehört ebenso zur Aufgabe der Lehrenden wie die Vermittlung des Sachwissens.	Die **Methode des Dialogischen Lernens** nach Ruf/Gallin ist Bestandteil der Lehrerausbildung.
Die Lehrerinnen und Lehrer **arbeiten in Teams** zusammen, zu deren Aufgaben pädagogische Beratungsgespräche über die Schülerinnen und Schüler gehören.	Im Zeitplan der Lehrerinnen und Lehrer ist die Gelegenheit und die Verpflichtung zu **Teamberatungen** vorgesehen.	Im Zeitbudget der Lehrerinnen und Lehrer sind **Teamberatungen** verpflichtend vorgesehen.
Die Schülerinnen und Schüler erwerben ein Repertoire unterschiedlicher **Methoden** und lernen sie sinnvoll anzuwenden.	Das Schulcurriculum weist aus, welche **Methoden** in welchem Zusammenhang gelernt werden können.	**Methodenkompetenz** gehört zur Lehrerausbildung.

Standards für pädagogisches Handeln	Standards für schulische Rahmenbedingungen	Standards für systemische Rahmenbedingungen
Die Lehrenden bedienen **individuell verschiedene Lernmöglichkeiten und -wege.** Die Schülerinnen und Schüler finden alle **Materialien** vor, die sie für ihre Arbeit brauchen.	Lernmaterial, Räume und Sachmittel sind auf **Differenzierung der Lernwege** ausgelegt. Die Schule verfügt über ein für alle Lehrenden zugängliches Archiv, wo Unterrichtsmaterial gelagert und eingesehen werden können. Die **vorbereitete Lernumgebung** ist Prinzip der Unterrichtsgestaltung.	Die Schule ist in der **Planung der Lernzeit** und der Vergabe der **Lehrer-Arbeitszeit** autonom.
Sie haben genügend **Zeit,** um ihre Arbeit in ihrem eigenen Tempo zu erledigen.	Die Schule antwortet durch **flexible Zeitplanung** auf die unterschiedlichen Bedürfnisse der Schülerinnen und Schüler (vgl. Kap. 3).	

Abb. 3: Auszug aus »Unsere Standards« – Abschnitt 1.2 »Individualisierung des Lernens«

Fazit: Unterricht und Schule verändern

Auf diese Weise ist es möglich, die drei unterschiedlichen Ebenen in ihrer Abhängigkeit voneinander sichtbar zu machen. Dabei treten zwangsläufig Überschneidungen und Wiederholungen auf, und die Systematisierung ist nicht immer trennscharf. Der Vorteil des Modells ist, dass pädagogisches Handeln in seinen komplexen Kontextbedingungen gesehen und auf diese bezogen werden kann.

Das macht es zugleich möglich, die Standards als einzulösende Ansprüche zu lesen: an die einzelne Lehrkraft und ihr pädagogisches Handeln, an die Schule, die die Rahmenbedingungen schafft, und an die staatlichen Instanzen, die die Voraussetzungen dafür schafft: Wenn Schulen in diesem Sinne gut sein sollen, müssen diese Rahmenbedingungen gewährleistet sein.

Ob Schulen in diesem Sinne gut sein sollen, ist abhängig vom politischen Willen, kann aber letztlich nur in einem gesellschaftlichen Diskurs entschieden werden. Zur Zeit wird dieser aus unserer Sicht höchst widersprüchlich geführt. Einerseits will man Individualisierung in dem hier beschriebenen Sinn und entsprechende Standards für pädagogisches Handeln, andererseits prüft man, ob alle zur gleichen Zeit das Gleiche können, was die Individualisierung faktisch konterkariert. Wie Pädagogik und öffentliche Rechenschaftslegung zusammengehen können, zeigt uns das Beispiel skandinavischer Schulen. Auch hierzulande gibt es viele Überlegungen und konkrete Beispiele dazu (vgl. Buschmann 2005 und Seydel 2005).

Dass unsere Schulen verbessert werden müssen und können, wird niemand bestreiten. Die reformpädagogisch orientierten Schulen des Arbeitskreises »Blick über den Zaun« unterstützen dieses Anliegen nachdrücklich, sind jedoch der Meinung, dass die gegenwärtige Entwicklung in die falsche Richtung geht, dass »das Pferd am Schwanz aufgezäumt« wird. Aus unserer Sicht ist das Wie des Lernens maßgeblich für dessen Qualität, nicht vorgegebene Wissensstandards. Schulen können nach diesem Verständnis nur besser werden, wenn der Blick sich auf die Prozesse in ihrer realen Komplexität richtet und die sie begleitenden und bedingenden Kontexte mit in den Blick nimmt. Dazu sollen die Standards einen konkreten Beitrag leisten.

Soweit der Bericht von Annemarie von der Groeben über die Entwicklung von Standards für pädagogisches Handeln (Groeben 2005). Die vollständige Fassung der Standards des Arbeitskreises können sie auf dem jeweils aktuellen Stand auf der Homepage (www.blickueberdenzaun.de) nachlesen.

Zusammenfassung

Mit dem Konzept der Standards für pädagogisches Handeln sind wir zwar wieder – nach einer Diskussion von Qualitätskriterien für guten Unterricht sowie Leistungs- und Bildungsstandards – relativ nah an Orientierungsmöglichkeiten für die Praxis von Unterrichtsentwicklung herangekommen. Gleichwohl bleibt aber auch am Ende dieses Abschnitts festzuhalten, was schon eingangs konstatiert wurde: In konkreten Prozessen einer unterrichtszentrierten Schulentwicklung steht am Anfang nicht die Klärung der Frage nach gutem Unterricht oder die Diskussion von Leistungsstandards. Am Anfang steht nicht selten die krisenhafte Erfahrung, die Schülerinnen und Schüler nicht mehr zu erreichen, das eher umfassende und noch nicht genau ausdifferenzierte Interesse einer größeren Gruppe des Kollegiums an einer Verbesserung der pädagogischen Arbeit, eine Idee von pädagogischer Arbeit etwa in dem Sinne, wie sie bei der Initiative »Blick über den Zaun« oder in den Beispielen der Treibhäuser von Reinhard Kahl erkennbar wird.

Gleichwohl ist es im Laufe des Prozesses wichtig, solche begrifflichen und konzeptionellen Rahmungen von Unterricht heranziehen zu können, um sich in bestimmten Prozessphasen Orientierung zu verschaffen, wenn es beispielsweise um die Konkretisierung von schulinternen Curricula geht oder um eine Bilanzierung im Sinne einer Selbstvergewisserung oder Evaluation. In solchen Zusammenhängen können beispielsweise die vier Grundüberzeugungen sowie das Drei-Ebenen-Modell helfen, die Beobachtungsperspektiven zu diskutieren und für die eigene Schule zu konkretisieren.

Übungsaufgabe

Sie haben sich in Abschnitt 1.3.3 ausführlich mit Standards für pädagogisches Handeln beschäftigt. Am Ende haben Sie die Ausdifferenzierung von Standards für eine »Individualisierung des Lernens« gelesen.
Wenn Sie sich in der Praxis von Standardformulierungen üben wollen,
dann versuchen Sie einmal, nach dem gleichen Muster Standards für
»Selbstverantwortetes, selbsttätiges Lernen« zu formulieren.
Zum Vergleich können Sie den Diskussionsstand der Initiative aufrufen
unter www.blickueberdenzaun.de/03Standards.html und dort Abschnitt
2.2. Auf dieser Homepage finden Sie auch alle anderen Dimensionen
pädagogischen Handelns nach Standards ausdifferenziert.
Anregungen zur Überprüfung Ihres Wissens im Bereich »Standards für
pädagogisches Handeln«.
Die Initiative »Blick über den Zaun« hat die Kritik an Bildungs- bzw.
Leistungsstandards konstruktiv gewendet.

• Welches sind die Hauptkritikpunkte der Initiative an herkömmlichen
  Leistungsstandards?
• Welche Ansprüche an Standards werden in diesem Konzept formu-
  liert?

2. Akteure der Unterrichtsentwicklung

Nachdem in Kapitel 1 die Bestimmung des Gegenstands im Zentrum gestanden hat, sollen in diesem Kapitel die Akteure der Unterrichtsentwicklung und ihre Lernprozesse analysiert und diskutiert werden.

Dies soll in drei Schritten geschehen.

- In einem ersten Schritt fragen wir nach dem Zusammenhang von Veränderungsinteressen und Unterrichtsentwicklung (2.1).
- In einem zweiten Schritt fragen wir nach dem Zusammenhang von Professionalisierung und Unterrichtsentwicklung (2.2).
- In einem dritten Schritt fragen wir nach dem Zusammenhang von Selbstregulation und Unterrichtsentwicklung (2.3).

In diesem Kapitel stehen also die Interessen und die Lernprozesse der Akteure von Unterrichtsentwicklung im Mittelpunkt der Diskussion. Damit sollen die im Kontext von Schulentwicklung üblichen Schlagworte vom »lernenden Lehrer« und vom »eigenverantwortlich arbeitenden Schüler« so ausdifferenziert werden, dass die Potenziale von Unterrichtsentwicklung für die Professionalisierung von Lehrerinnen und Lehrern sowie die Entwicklung von Selbstregulation bei Schülerinnen und Schülern diskutierbar werden.

2.1   Veränderungsinteressen und Unterrichtsentwicklung

Die Analyse von Veränderungsinteressen im Kontext von Schulentwicklungsarbeit ist deshalb von zentraler Bedeutung, weil darin die Antwort auf Richtung, Schwerpunkte und Unterstützungsbedarf zu finden ist. Diese Analyse erfolgt in diesem Abschnitt in drei Schritten:

- Wir fragen zunächst danach, wie Lehren, Lernen und Lehrerarbeit in Prozessen der Unterrichtsentwicklung verstanden wird.
- Wir fragen dann danach, was über Veränderungsinteressen und typische Arbeitsmuster von Lehrenden und Lernenden bekannt ist.
- Wir fragen im dritten Schritt danach, was wir aus einem einschlägigen Modellprojekt über Veränderungsinteressen lernen können.

2.1.1 Zum Verständnis von Lernen, Lehren und Lehrerarbeit

Aktuellen Diskussionen über eine Verbesserung des Unterrichts liegt ein profiliertes Verständnis von Lernen, Lehren und Lehrerarbeit zugrunde, das zunächst in drei Thesen skizziert und dann kurz ausgeführt werden soll.

1. *Der aktuellen Diskussion über eine Entwicklung von Unterricht liegt ein* **Verständnis von Lernen** *zugrunde, das die Arbeit der Schülerinnen und Schüler mit den Attributen eigenverantwortlich bzw. selbstreguliert und teamorientiert versieht; dieses Verständnis beinhaltet, dass die für dieses Lernen notwendigen arbeitsmethodischen und sozialen Kompetenzen genauso zu erlernen sind wie die fachlich-inhaltlichen Kompetenzen.*

2. *Der aktuellen Diskussion über eine Entwicklung von Unterricht liegt ein* **Verständnis von Lehren** *zugrunde, das fachlich-inhaltliche Kompetenzen sowie Kompetenzen für eigenverantwortliches bzw. selbstgesteuertes Lernen gleichberechtigt unterstützt; dieses Verständnis beinhaltet, dass die Potenziale der Heterogenität in individualisierenden und teamorientierten Lernformen genutzt werden und dass Unterricht als Gemeinschaftsleistung von Schülern und Lehrern verstanden wird.*

3. *Der aktuellen Diskussion über eine Entwicklung von Unterricht liegt ein* **Verständnis von Lehrerarbeit** *zugrunde, das Arbeit an*

*der Verbesserung des Unterrichts und dessen Bedingungen als fort-
bildungs- und steuerungsgestützte Veränderungsarbeit im Team
versteht; dieses Verständnis beinhaltet, dass curriculare und didaktische Veränderungen durch schulinterne Fortbildung begleitet
und Veränderungsprozesse durch eine geschulte Steuergruppe unterstützt werden.*

Ein solches Verständnis von Lernen, Lehren und Lehrerarbeit kann
– wie wir später am Beispiel eines Modellprojekts sehen werden –
im Zusammenspiel der verschiedenen Faktoren eine erfolgreiche
Entwicklung von Unterricht befördern.

Bei allem, was hier und im Folgenden über Unterrichtsentwicklung berichtet und erarbeitet wird, ist zu berücksichtigen, dass viele
Lehrerinnen und Lehrer noch nicht unter Bedingungen arbeiten, in
denen ein von der Mehrheit des Kollegiums gemeinsam gestalteter
und systematisch unterstützter Entwicklungsprozess der Hintergrund von Unterrichtsentwicklung wäre.

Bis ein solcher Zustand flächendeckend erreicht ist, wird es vor-
aussichtlich noch Jahre dauern. Diese Prognose muss aber die derzeit an Unterrichtsentwicklung Interessierten nicht mutlos machen;
denn aus Begleituntersuchungen von Entwicklungsprozessen wissen wir: Prozesse der Unterrichtsentwicklung beginnen in der Regel
in kleineren Experimentalgruppen von meist erfahrenen Lehrerinnen und Lehrern (vgl. Arnold/Bastian/Combe u.a. 2000).

Unterrichtsentwicklungsprozesse brauchen zunächst einmal
Initiativ- und Trägergruppen, die beispielsweise veränderte Unter-
richtskonzepte erproben, vorstellen und im Kollegium diskutieren.
Auch wenn, wie wir sehen werden, solche Anfänge weiterentwickelt
werden müssen, so sind es doch solche Situationen, von denen andere lernen können und aus denen sich weitere Entwicklungsprozesse ergeben können.

2.1.2 Zur Richtung von Unterrichtsentwicklung

Dieser Abschnitt klärt drei Grundfragen von Unterrichtsentwicklung:

1. Die Frage nach der Richtung von Unterrichtsentwicklung.
2. Die Frage nach typischen Arbeitsmustern von Lehrerinnen und Lehrern.
3. Die Frage nach typischen Arbeitsmustern von Schülerinnen und Schülern.

Sieben Indikatoren für die Richtung von Unterrichtsentwicklung

---

Reflexion

Bevor Sie in diesen Abschnitt einsteigen, wieder eine Anregung zur Klärung Ihres eigenen Vorverständnisses.
Wenn eine repräsentative Stichprobe von Lehrerinnen und Lehrern und Schülerinnen und Schülern gefragt würde, was sich am täglich erlebten Unterricht ändern sollte,

- welche Aspekte würden nach Ihrer Erfahrung Lehrerinnen und Lehrer nennen? Nennen Sie drei vermutete Favoriten.
- welche Aspekte würden nach Ihrer Erfahrung Schülerinnen und Schüler nennen? Nennen Sie drei vermutete Favoriten.

Hinweise auf die Frage nach Veränderungsrichtungen finden wir in einer Untersuchung, bei der das Bild der Schule und die Veränderungswünsche aus Sicht von über 2000 Schülerinnen und Schülern zwischen 14 und 16 Jahren und knapp 1000 Lehrerinnen und Lehrern der Sekundarstufe I erhoben wurden (Bauer/Kanders 2000).

In dieser Studie wird einerseits nach der real erlebten und andererseits nach der gewünschten Häufigkeit von Erfahrungen im Unterricht gefragt – beispielsweise nach der Häufigkeit des Vorkommens verschiedener Unterrichtsformen. Aus diesen Daten lassen sich typische Diskrepanzen zwischen dem, was ist, und dem, was sein sollte, ablesen – so z.B. bezüglich der Frage nach der beobachteten und der gewünschten Häufigkeit selbstständiger Schülerarbeit.

In diesem Fall geben beispielsweise 10% der Lehrerinnen und Lehrer an, dass diese sehr häufig stattfindet; 36% dagegen sagen, dass diese sehr häufig stattfinden sollte; bei den Schülerinnen und

Schülern sind die Angaben zu dieser Frage ähnlich: nur 6% erfahren eigenständiges Arbeiten sehr oft und 34% geben an, dass dieses sehr häufig stattfinden sollte. Erkennbar werden also Soll-Ist-Diskrepan-zen bezüglich der Unterrichtspraxis bei Schülerinnen und Schülern und bei Lehrerinnen und Lehrern.

Solche in dieser Studie feststellbaren Soll-Ist-Diskrepanzen interpretieren die Autoren als Indikatoren für relevante Aufgaben der Unterrichtsentwicklung, zumal es klare Übereinstimmungen zwischen den Veränderungsinteressen der Lehrerinnen und Lehrer und der Schülerinnen und Schüler gibt, wenn auch in unterschiedlichen Ausprägungen.

Wenn wir also danach fragen, was denn Lehrerinnen und Lehrer und Schülerinnen und Schüler am täglichen Unterricht ändern wollen, dann lassen sich sieben Indikatoren für Unterrichtsentwicklung identifizieren. Genannt werden von Schülerinnen und Schülern wie von Lehrerinnen und Lehrern:

1. Mehr gemeinsame Diskussion
2. Mehr Gruppenarbeit
3. Mehr selbstständiges Arbeiten
4. Mehr eigene Untersuchungen
5. Mehr externe Experten im Unterricht
6. Mehr Arbeit am Computer
7. Mehr Nutzung von Multimedia und Internet.

Mit dieser Entwicklungsperspektive entwerfen die Lehrerinnen und Lehrer implizit ein Berufsbild, in dem sie Experten für die Gestaltung von Lernprozessen sind und nicht in erster Linie Wissensvermittler. Gleichzeitig entwerfen die Schülerinnen und Schüler implizit ein Bild von einem Unterricht, in dem sie selbst viel stärker eigenständig Agierende sind als im täglich erfahrenen Unterricht.

Diese Tendenz der Veränderungsinteressen einschließlich der Wünsche hinsichtlich veränderter Berufsbilder bei Lehrern und Schülern wird bestätigt durch die Ergebnisse des bereits angesprochenen Modellprojekts aus NRW. Hier sind vor Beginn des Modellprojekts die Entwicklungsinteressen von über 50 Schulen abgefragt und ausgewertet worden.

Das Ergebnis: Im Zentrum des Entwicklungsbedarfs steht der Wunsch nach Verbesserung der pädagogischen Arbeit. Konkret bedeutet dies einen klar identifizierbaren Wunsch nach Überwindung der als unbefriedigend empfundenen Dominanz lehrerzentrierter Unterrichtsformen und damit verbunden der Wunsch nach Unterstützung in Veränderungsprozessen, die diesen Bereich der konkreten Unterrichtsarbeit betreffen (vgl. Bastian/Rolff 2002). Veränderungswille und Veränderungsrichtung in Bezug auf den Unterricht lassen sich also heute schon recht gut beschreiben.

Was ist typisch für die Arbeit von Lehrerinnen und Lehrern in Prozessen der Unterrichtsentwicklung?

Im Abschnitt über die Qualitätsmerkmale von Unterricht haben wir erfahren, dass damit das Unterrichtshandeln von Lehrerinnen und Lehrern nicht zu erfassen ist. Der Forschungszweig der Erziehungswissenschaft, der sich mit dem Unterrichtshandeln von Lehrerinnen und Lehrern beschäftigt, ist die Professionsforschung.

Die einschlägigen Professionstheorien stimmen nun – unabhängig von ihren sonstigen Unterschieden – darin überein, dass ein entscheidendes Strukturmerkmal des Lehrerberufs das Handeln in nicht oder nur schwach standardisierbaren Problemsituationen ist. Lehrerhandeln wird deshalb beschrieben als ein Handeln in ergebnisoffenen Situationen, das nur begrenzt planbar sei.

Die Charakteristik professioneller Lehrerarbeit ist deshalb gekennzeichnet durch die Fähigkeit zur Lösung unvorhergesehener Probleme und nicht durch das Realisieren vorgegebener Lösungsmuster. Diese Charakteristik bestimmt auch den typischen Aufbau von Wissen und Kompetenzen in diesem Beruf. Es muss immer wieder am konkreten Fall entwickelt werden, was hilft und was nicht hilft (vgl. Combe/Kolbe 2002).

Was bedeutet eine solche Aussage nun für Unterrichtsentwicklung? Wir haben in unseren Begleitforschungen von Schulentwicklungsprozessen immer wieder beobachtet, dass solche Entwicklungsprozesse als Antwort auf die kaum standardisierbare Struktur pädagogischer Arbeit gesehen werden können: dass nämlich Schul-

entwicklungsprozesse einer – wie wir sagen – »heuristischen Grundstruktur« folgen, dass ihnen also eine suchende und forschende
Haltung der Beteiligten unterliegt.

Typisch für das Lehrerhandeln in Prozessen der Unterrichtsentwicklung sind deshalb immer wieder das bewusste Herbeiführen
von experimentellen Arbeitsformen und das Suchen von kooperativen Lösungen in Problemsituationen. Typisch für eine solche suchende, experimentelle und forschende Haltung in offenen Situationen ist darüber hinaus, dass Ziele und Probleme oft erst im Laufe
von Veränderungen erfahren, formuliert und probeweise bearbeitet
werden können (vgl. Arnold et al. 2000; Bastian et al. 2000).

**Was ist typisch für die Arbeit von Schülerinnen und Schülern in
Prozessen der Unterrichtsentwicklung?**

Bei der wissenschaftlichen Begleitung von Entwicklungsprozessen
haben wir seit den 1980er Jahren immer wieder eine intuitive
Überzeugung der Beteiligten hinsichtlich der Entwicklung von Unterricht beobachtet. Lehrerinnen und Lehrer haben eine Idee davon, welche Entwicklungsaufgabe im Zentrum von Unterrichtsentwicklung stehen soll. Herauskristallisiert haben sich dabei Varianten einer Entwicklungsperspektive vom »selbstständigen und eigenverantwortlich arbeitenden Schüler«. Eine Idee, die sich nicht
zuletzt auch in den oben zitierten Ergebnissen der Untersuchung
von Bauer und Kanders spiegelt.

Bestärkt wird die Bedeutung dieser Perspektive einer veränderten
Schülerarbeit durch die internationalen Vergleichsstudien TIMMS
und PISA, in denen generell die Schülerinnen und Schüler besser
abschneiden, die in der Lage sind, Inhalte eigenständig zu erarbeiten und zu durchdenken (vgl. auch Brügelmann/Heymann 2002).

Weiter gestützt wird diese Perspektive einer veränderten Schülerarbeit und Schülerrolle durch die positiven Ergebnisse einer Evaluation des oben bereits genannten Schulentwicklungsprojekts unter dem Titel »Schule & Co.«, das der Förderung des eigenverantwortlichen Lernens im Konzept der Unterrichtsentwicklung eine
zentrale Stellung einräumt (vgl. Kap. 2.1.3 und Bastian/Rolff 2002).

▶ **Fazit:** Ein Zwischenfazit zur Entwicklungsarbeit von Lehrenden und Lernenden: Schaut man sich die Muster der Arbeit von Lehrerinnen und Lehrern und Schülerinnen und Schülern in Unterrichtsentwicklungsprozessen an, dann orientieren sich diese an für die Arbeitssituation typischen Mustern, an Mustern, die bei der Orientierung in schwach strukturierten Situationen helfen.

- Bei den Lehrenden sind es forschend experimentelle Strukturen, in denen sie gemeinsam einen Weg suchen.
- Bei den Schülerinnen und Schülern ist es die Annäherung an die Perspektive des »selbstständigen und eigenverantwortlich arbeitenden Schülers«.

Erfolgversprechend für die Bewältigung dieser Herausforderungen scheint sowohl für die Lehrerinnen und Lehrer als auch für die Schülerinnen und Schüler die kooperative Bearbeitung von Entwicklungsaufgaben.

2.1.3 Erfahrungen eines Modellprojekts

Ein Projekt hat bis heute in besonderer Weise dazu beigetragen, dass im deutschsprachigen Raum seit 2002 beobachtbar und überprüfbar ist, was unter einer unterrichtszentrierten Schulentwicklung zu verstehen ist: das Projekt »Schule & Co.«. In diesem Projekt wurden 52 Schulen in zwei regionalen Netzwerken über fünf Jahre in ihrer Schulentwicklungsarbeit systematisch unterstützt.

Da in diesem Buch an mehreren Stellen auf die Erfahrungen und die Ergebnisse des Projekts »Schule & Co.« zurückgegriffen wird, werden hier die Grundzüge so dargestellt, dass später immer wieder darauf verwiesen werden kann.

Gleichzeitig enthält die Darstellung der Zielentwicklung in der Anfangsphase von »Schule & Co.« sehr präzise und empirisch fundierte Informationen darüber, wie das Zentrum der Veränderungsinteressen von Schulen zu bestimmen ist. Im Anschluss an den Exkurs wird die Frage nach den Veränderungsinteressen von Schulen noch einmal abgerundet mit Ergebnissen dieses Projekts, die eine empirisch basierte Bestimmung von Gelingensbedingungen für eine unterrichtszentrierte Schulentwicklung ermöglichen.

Exkurs zur Projektstruktur und zur Zielentwicklung von »Schule & Co.«

Das Projekt »Schule & Co.« heißt mit vollem Namen »Stärkung von Schulen im kommunalen und regionalen Umfeld«. Es wurde von der Bertelsmann Stiftung zusammen mit dem Ministerium für Schule, Wissenschaft und Forschung des Landes NRW in den Modellregionen Kreis Herford und Stadt Leverkusen als Schulentwicklungsprojekt durchgeführt. Das Projekt begann im Sommer 1997 mit 52 Schulen und endete im Sommer 2002. Im fünften Jahr (2001) beteiligten sich 89 Schulen, alle Schulformen sind vertreten.

Das Projektmanagement und die Projektleitung sind in der Bertelsmann Stiftung angesiedelt. In beiden Projektregionen gibt es Regionale Projektkoordinatoren. In beiden Regionen sind Regionale Steuergruppen tätig; sie sind besetzt mit den jeweiligen Regionalen Koordinatoren

Das Projekt wurde von Johannes Bastian und Hans-Günter Rolff in zwei Phasen evaluiert: in einer Vorabevaluation 2001 und einer Abschlussevaluation 2002. Die Darstellung der Ziele und der Zielentwicklung des Projekts folgt in leicht gekürzter Form dem Text der Projektbeschreibung der Vorabevaluation (vgl. Bastian/ Rolff 2001). Dieser Auszug kann gleichzeitig als Dokument der Diskussion über die Entwicklung des Stellenwerts von Unterrichtsentwicklung im Verhältnis zur Organisationsentwicklung gelesen werden, wie sie in Abschnitt 1.1.3 für die zweite Hälfte der 1990er Jahre skizziert wurde.

Die Projektskizze von »Schule & Co.« aus dem Jahre 1996 nimmt vor Beginn der Arbeit Bezug auf die 1995 erschienene Denkschrift der Bildungskommission NRW »Zukunft der Bildung – Schule der Zukunft«.

Dabei werden drei Prämissen zur Gestaltung von Schulentwicklungsprozessen akzentuiert:

- Die einzelne Schule soll im Zentrum der Entwicklungsarbeit stehen; gleichzeitig soll den Städten und Regionen eine neue Mitverantwortung bei dieser Entwicklung angeboten werden, wobei die staatliche Verantwortung für das Schulsystem gesichert bleiben soll.
- Das Reformkonzept soll von den Interessen der an Schule Beteiligten und der für Schule Verantwortlichen ausgehen.
- Das Projekt soll inhaltlich und regional in überschaubaren Einheiten vorgehen (Projektskizze S. 14).

Die Prämissen des Konzepts von »Schule & Co.« schließen an die Forderung einer Stärkung von Einzelschulen an und verbinden diese mit derzeit noch kaum berücksichtigten Elementen einer Partizipation der Schulen bei der Konzipierung von Unterstützungssystemen und der Stärkung eines regionalen Verbundsystems.

Diesen Prämissen liegt die Annahme zugrunde, dass die Potenziale der Beteiligten durch eine intensivere Qualifizierung sowie eine bessere Vernetzung optimiert werden und dass neue Freiräume diese Potenziale stärken können (Projektskizze S. 16).

Die auf diesen Prämissen basierenden Zielformulierungen von »Schule & Co.« sowie die entsprechenden Überlegungen zur Umsetzung konzentrieren sich zunächst auf die

- Qualitätsorientierte Selbststeuerung der Schulen
- Entwicklung regionaler Bildungslandschaften (ebd. S. 17f.).

Erreicht werden sollen diese Ziele in einer zweieinhalbjährigen Phase der Organisationsentwicklung an den beteiligten Schulen und einer darauf folgenden ebenfalls zweieinhalbjährigen Phase der Realisierung regionaler Bildungslandschaften in der Zeit von August 1997 bis Juli 2002 (ebd. S. 20–21).

Die Überlegungen zur Unterstützung schulischer Entwicklungsprozesse durch Instrumente der Organisationsentwicklung basieren auf zwei Annahmen:

- Schulen haben ein genuines Interesse an der Erweiterung ihrer Entscheidungs- und Gestaltungsspielräume

- Schulen fehlen vor allem Managementinstrumentarien, die ihnen helfen, ihren erhöhten Verantwortungs- und Entscheidungsspielraum im Sinne einer qualitätsorientierten Selbststeuerung zu gestalten (Projektskizze S. 16).

Unterstützt werden sollen die Schulen deshalb vor allem in den Feldern »Kooperative Personalführung, Projektmanagement, Qualitätszirkel, Kommunikationstraining, Budgetierung und Ressourcensteuerung, Entwicklung von Schulprogrammen, Durchführung von interner und externer Evaluation« (ebd. S. 20–21). Diese Annahmen entsprachen einerseits dem Diskussionsstand der Zeit, in der »Schule & Co.« konzipiert wurde, fielen andererseits aber auch in eine Phase, in der die Organisationsentwicklung als Königsweg der Schulentwicklung in Frage gestellt und in der Unterrichtsentwicklung als Ausgangspunkt und Zentrum von Schulentwicklung vorgeschlagen wurde.

Um ein Ergebnis unserer Rekonstruktion der Zielentwicklung vorwegzunehmen: Der für die Praxis von »Schule & Co.« charakteristische Einstieg in Schulentwicklung durch eine systematische Unterstützung der Unterrichtsentwicklung bei gleichzeitiger Qualifizierung einer Steuergruppe – wie sie sich in der Phase der Konzeptentwicklung mit den Schulen herauskristallisiert hat –, ist in der Projektskizze so nicht zu erkennen. So lässt sich der Begriff »Unterricht« in der über mehrere Seiten ausdifferenzierten Zielperspektive des Projekts (vgl. S. 17–22) nicht finden.

Das Ergebnis einer Analyse der Prämissen und der darauf aufbauenden Zielformulierungen sowie der entsprechenden Überlegungen zur Umsetzung des Projekts lässt sich in zwei Punkten zusammenfassen:

- Einerseits war die ursprüngliche Projektkonzeption ihrer Zeit insofern voraus, als hier erstmals zwei Entwicklungsperspektiven in einer spezifischen Weise zusammengebracht wurden: zum einen sollten die Einzelschulen die Definition ihrer Entwicklungswünsche und -aufgaben selbst vornehmen und zum anderen sollte die dazu passende Unterstützung der Schulen regional gestaltet und vernetzt werden, wobei das regionale Umfeld in diesen Entwicklungsprozess einbezogen werden sollte.

- Andererseits war die ursprüngliche Fokussierung der Ziele von »Schule & Co.« auf die Entwicklung von Kompetenzen, die zu einer qualitätsorientierten Selbststeuerung der Schulen in einer regionalen Bildungslandschaft führen und mit Instrumenten der Organisationsentwicklung erreicht werden sollten, verglichen mit der späteren Schulentwicklungspraxis nur ein Element der Entwicklungsarbeit. Dem gegenüber tauchte die Weiterentwicklung der pädagogischen Arbeit, die durch die Partizipation der Schulen bei der Bestimmung ihrer Entwicklungsaufgaben und Unterstützungswünsche zentralen Stellenwert im Projekt bekommen sollte, in der Phase der Konzeptentwicklung als Programmpunkt noch nicht auf.

Dieser Hinweis auf eine deutliche Weiterentwicklung des ursprünglichen Konzepts verweist darauf, dass das Projekt »Schule & Co.« seinem Anspruch nachgekommen ist, die Bedürfnisse der Schulen und Bildungseinrichtungen zum Ausgangspunkt zu machen (Projektskizze S. 16).

Erwähnenswert ist auch, dass dieser Anspruch eines prozess- und ergebnisoffenen Projekts auch durchgehalten wurde, als deutlich wurde, dass die erhobenen Interessen der teilnehmenden Schulen sich nicht zuerst – wie angenommen – als »Bedürfnisse ... nach erweiterten Entscheidungs- und Gestaltungsspielräumen« (ebd. S. 16), sondern ganz überwiegend als Interessen an einer Weiterentwicklung der pädagogischen Arbeit mit Schülerinnen und Schülern äußerten.

Entsprechend wurden die ursprünglich formulierten Zielperspektiven – qualitätsorientierte Selbststeuerung und Entwicklung regionaler Bildungslandschaften – in vier schulische Handlungsfelder überführt (vgl. Lohre 1998):

- Verbesserung der pädagogischen Arbeit
- Verbesserung der internen Kooperation und Führung
- Verbesserung der Kooperation im Umfeld
- Verbesserung des Ressourceneinsatzes.

Die Rangreihe folgt der Priorisierung der Anträge aus den Schulen, wobei im ersten Handlungsfeld eine »überragende Bedeutung ... für alle beteiligten Schulen« gesehen wird (ebd. S.7). Die Autoren interpretieren das so, »dass Schulentwicklung bei der Unterrichtsentwicklung ansetzen muss, wenn im Laufe der Entwicklung möglichst das ganze Kollegium erreicht werden und die Schule sich als Ganzes entwickeln soll« (ebd. S. 7). Eher unabhängig von den Wünschen der Schulen, wohl aber mit Bezug auf den Kenntnisstand der Schulentwicklungsdiskussion verpflichtet die Projektleitung die teilnehmenden Schulen zur Einsetzung von Steuergruppen. Diese werden zur Sicherung der Nachhaltigkeit der Veränderungen im Unterricht als unabdingbar angesehen. Die Steuergruppen sollen mit den Grundzügen der Unterrichtsentwicklung und des Projektmanagements vertraut gemacht werden (ebd. S. 8–9).

Soweit der Exkurs zu »Schule & Co.«, der zum einen dem Verständnis des an mehreren Stellen dieses Buches zitierten Projekts dienen soll, an dieser Stelle aber insbesondere zeigen soll, welche Veränderungsinteressen bezogen auf konkrete Schulentwicklungsprojekte Ende der 1990er Jahre von Schulen formuliert werden, wobei davon auszugehen ist, dass sich an dieser Priorisierung bis heute nichts geändert haben dürfte.

Die Ergebnisse dieses Modellprojekts haben wir 2002 auf der Basis der Evaluation in drei Merkmalen zusammengefasst, die seitdem als zentrale Gelingensbedingungen für unterrichtszentrierte Schulentwicklungsprozesse gelten (Bastian/Rolff 2002):

1. Das Projekt hat gezeigt, dass es hilfreich ist, wenn Unterricht und eigenverantwortliches Lernen von Schülerinnen und Schülern der ultimative Bezugspunkt von Schulentwicklung sind.

2. Das Projekt hat gezeigt, dass der Aufbau eines Schulentwicklungsmanagements und einer innerschulischen Kooperationsstruktur unabdingbare Voraussetzungen für eine systematische Unterrichtsentwicklung sind.

3. Das Projekt hat gezeigt, dass Kompetenzen zur Unterrichtsentwicklung und zu einem qualifizierten Entwicklungsmanagement systematisch und schulbezogen ausgebildet werden müssen.

Zur Struktur dieses Projekts stellt Rolff auch im Jahre 2006 noch einmal bilanzierend fest:

> »*Die konsequente Verschränkung von Unterrichtsentwicklung und Schulentwicklungsmanagement ist die hervorstechendste Innovation von ›Schule & Co.‹. Vor ›Schule & Co.‹ gab es einige wenige Ansätze von Unterrichtsentwicklung und etliche Erfahrungen mit Steuergruppen. Eine systematische Verschränkung existierte im deutschsprachigen Raum nicht.*
> *Es ist Epoche machendes Verdienst von ›Schule & Co.‹, diese beiden Grundlinien von Schulentwicklung zusammenzubringen. In diesem Projekt geschah dies in Form des systematischen Trainings von Methoden-, Kommunikations- und Teamkompetenzen und der Realisierung kooperativer und schüleraktivierender Lernarrangements einerseits und Grundelementen der OE (Arbeit mit Steuergruppen und Projektmanagement) andererseits.*
> *Beides wurde im Projekt in Form von Qualifikationsveranstaltungen an die Schulen weitergegeben. Die Qualifikation bezog sich zum einen auf die Ausbildung von Trainern für Unterrichtsentwicklung sowie die von ihnen durchgeführten Trainings für Lehrerinnen und Lehrer und zum anderen auf die Ausbildung von Steuergruppenmitgliedern in zentralen Bausteinen zum Erwerb von Kompetenzen im Schulentwicklungsmanagement*« (Rolff 2006).

Mit Bezug auf die Ergebnisse der Vorabevaluation (Bastian/Rolff 2001, S. 42ff.) nennt er sieben Dimensionen, die für eine Unterrichtsentwicklung im Verbund mit Schulentwicklungsmanagement entscheidend für das Gelingen sind (sinngemäß nach Rolff 2006):

1. Die Entwicklungsperspektive und die Entwicklungsaufgaben sind klar definiert.
2. Der Entwicklungsprozess wird von der Zustimmung der Schule getragen.
3. Der Entwicklungsprozess wird durch eine einheitliche Implementationsstrategie vermittelt.
4. Die Entwicklungsaufgaben werden zunächst fachunabhängig in Angriff genommen.

5. Die Entwicklungsarbeit unterstützt Veränderungen der täglichen Unterrichtspraxis.
6. Der Entwicklungsprozess stellt schulweit und schulübergreifend
vergleichbare Aufgaben.
7. Die Entwicklung basiert auf dem Prinzip der Funktionsteilung
und der Unterstützung von Unterrichtsentwicklung durch Entwicklungsmanagement (vgl. auch Kap. 2.2.4).

Gegenstand dieses Abschnitts war die Frage nach Veränderungsinteressen der Akteure in unterrichtszentrierten Schulentwicklungsprozessen. Der rote Faden der Überlegungen kann wie folgt zusammengefasst werden. Als Grundlage der Veränderungsprozesse
haben wir ein entwicklungsorientiertes Lehr-Lern-Verständnis vorgestellt. Auf der Basis einer Untersuchung von Kanders konnten
dann sieben Indikatoren für die Richtung von Unterrichtsentwicklung ausgemacht werden. Eine Analyse der Arbeit von Lehrern und
Schülern in Unterrichtsentwicklungsprozessen hat in einem dritten
Schritt zeigen können, dass für beide Seiten die eigenständige und
kooperative Bearbeitung von Entwicklungsaufgaben ein erfolgver-
sprechendes Muster sein kann. Abgerundet wurde die Frage nach
Veränderungsrichtungen und Interessen durch Ergebnisse der Evaluation des Projekts »Schule & Co.«. Auf der Basis einer Evaluation
dieses Projekts konnten schließlich empirisch fundierte Aussagen
zu Veränderungsinteressen und Gelingensbedingungen einer unterrichtszentrierten Schulentwicklung gemacht werden.

Weiterführende Literatur

Wenn Sie an dieser Stelle mehr wissen wollen über das Projekt »Schule &
Co.«, dann empfehle ich eine Gesamtdarstellung des Projekts in der Zeitschrift PÄDAGOGIK. In Heft 7-8/2000 haben Projektleitung und Projekt-
mitglieder unter dem Thema »Schulentwicklung in der Region« einen
Schwerpunkt gestaltet (vgl. Bastian 2000).
Wenn Sie an dieser Stelle mehr über die Evaluation von »Schule & Co.«
erfahren wollen, dann lesen Sie die externe Abschlussevaluation unter
http://www.schule-und-co.de/dyn/bin/2417-2424-1-
abschlussevaluation_langfassung_druckfassung.pdf

> **Übungsaufgabe**
>
> *Eine abschließende Aufgabe zur Vertiefung der Gelingensbedingungen von Unterrichtsentwicklung:*
>
> Auf der Basis der Evaluation von »Schule & Co.« lassen sich sieben Bedingungen herauskristallisieren, die sich als tragfähig für das Gelingen von Unterrichtsentwicklung erwiesen haben. Versuchen Sie diese jeweils kurz zu konkretisieren und lesen Sie – wenn nötig – dazu nach in der Langfassung der Vorabevaluation auf den Seiten 42ff. (http://www.schule-und-co.de/dyn/bin/2417-2424-1-abschlussevaluation_langfassung_druckfassung.pdf).

2.2 Professionalisierung: Die Lehrerseite von Unterrichtsentwicklung (in Zusammenarbeit mit Arno Combe und Sabine Reh)

In diesem Kapitel wird die These vertreten, dass in unterrichtszentrierten Schulentwicklungsprozessen Potenziale für eine weitere Professionalisierung des Lehrerberufs liegen. Grundlage dieser Ausführungen ist ein Beitrag, in dem der Autor gemeinsam mit Arno Combe und Sabine Reh eine Metaanalyse mehrerer von ihnen durchgeführter Forschungsprojekte unter dem Aspekt der Professionalisierung vornimmt (vgl. Bastian/Combe/Reh 2002).

Leitend für diese Metaanalyse ist die Frage, welcher Zusammenhang sich zwischen der Beteiligung an unterrichtszentrierter Schulentwicklung und der Professionalisierung von Lehrerinnen und Lehrern erkennen lässt. Die Diskussion dieser Frage ist im Zusammenhang mit Unterrichtsentwicklung aus zwei Gründen von Bedeutung. Zum einen, weil damit die häufig gebrauchte Rede vom lernenden Lehrer begrifflich und empirisch konkretisiert werden kann und zum anderen, weil mit der Theorie der Professionalisierung ein bislang kaum genutzter Referenzrahmen für die Reflexion von Unterrichtsentwicklung erschlossen wird.

Im vergangenen Jahrzehnt hatten zwei Themen Konjunktur und wurden dennoch auf eine erstaunliche Art unverbunden nebeneinander diskutiert: Auf der einen Seite die Debatte um eine weitere

Professionalisierung des Lehrerberufs (z.b. Combe/Helsper 1996; Bastian et al. 2000a; Otto/Rauschenbach/Vogel 2002) und auf der anderen Seite das zentrale Thema des schulpädagogischen und bildungspolitischen Diskurses der 1990er Jahre, das Thema »Schulentwicklung«.

Erst Ende der 1990er Jahre änderte sich dieses Nebeneinander. Das 1998 erschienene Handbuch zur Schulentwicklung (Altrichter/Schley/Schratz 1998) enthält einen Beitrag über den »Lehrerberuf: Arbeitsplatz, Biographie, Profession« (Terhart 1998) und Altrichter macht in diesem Handbuch deutlich, dass in Schulentwicklungsprozessen Evaluation als Reflexion der Praxis in engem Zusammenhang mit einer weiteren Professionalisierung des einzelnen Lehrers oder der einzelnen Lehrerin steht (vgl. Altrichter 1998, S. 271). In theoretischen Konzepten und Forschungsarbeiten werden Bezüge zwischen Professionalisierung und Schulentwicklung um 2000 hergestellt (vgl. z.B. Arnold u.a. 2000; Altrichter 2000; Bauer/ Kanders 2000; Herzmann 2001).

Das Anliegen dieses Kapitels ist eine Systematisierung der Bezüge zwischen dem Professionalisierungsdiskurs und dem Schulentwicklungsdiskurs. Dabei gehen wir – wie oben schon gesagt – von der These aus, dass in Schulentwicklungsprozessen Potenziale für eine weitere Professionalisierung des Lehrerberufs liegen und dass Ansätze dazu in der Rekonstruktion von Schulentwicklungsprozessen beobachtbar sind. Diese These diskutieren wir anhand der folgenden vier Fragen:

1. Welche Anschlussmöglichkeiten bieten professionalisierungstheoretische Ansätze für die Diskussion von Prozessen der Schulentwicklung? (Kap. 2.2.1)
2. Was ist der Forschung zur Entwicklungsbereitschaft von Lehrerinnen und Lehrern zu entnehmen? (Kap. 2.2.2)
3. Was zeigen eigene Untersuchungen zur Professionalisierung von Lehrkräften im Kontext von Unterrichtsentwicklung? Dabei fragen wir nach Praxisgemeinschaften als Voraussetzung von Professionalisierung, nach Potenzialen von Differenzierung der Unterrichtsformen und methodischen Arrangements und nach Potenzialen von Schülerrückmeldung im Unterricht. (Kap. 2.2.3)

4. Welche Ausdifferenzierung von Funktionsbereichen der Lehrer-
tätigkeit lassen sich im Zuge von Schulentwicklung beobachten?
(Kap. 2.2.4)

2.2.1 Professionsentwicklung – wo sind Anschluss-
möglichkeiten?

Die Grundfrage von Professionalisierungstheorien ist die Frage danach, was charakteristisch für eine Berufsgruppe – hier für den
Lehrerberuf – ist. Dabei geht es um das Verstehen der Typik und
der Entwicklung von Funktionsmustern, Handlungsmustern, Wis-
sensmustern und auch um für den jeweiligen Beruf typische Formen des Lernens und des Erfahrungsaufbaus.

Damit ist auch erkennbar, warum es sinnvoll ist, nach Anschlussmöglichkeiten zwischen Professionalisierungstheorien und
dem, was in Prozessen der unterrichtszentrierten Schulentwicklung
zu beobachten und zu erklären ist, zu suchen. Auch hier geht es um
das Verstehen von typischen Mustern – insbesondere für den Beruf
des Lehrers typischen Mustern des Lernens und der Entwicklung.

Die Grundlagentheorien des Professionalisierungsdiskurses sind
allerdings nicht in der Erziehungswissenschaft, sondern in der So-
ziologie beheimatet und lassen keine unmittelbare Verbindung zum
Schulentwicklungsdiskurs erkennen. Das gilt für Ansätze wie die
von Stichweh (vgl. 1994, 1996), Oevermann (vgl. 1996) und Schütze et al. (vgl. 1996). Dieser Befund gilt auch, wenn beispielsweise
Schütze skizziert, wie im Bereich von Schulreformen eine »intensive
Selbstvergewisserungs-, Reflexions- und Selbsterfahrungsarbeit« zu
erwarten ist (Schütze u.a. 1996, S. 374) oder wenn Stichweh sehr
allgemein bezogen auf die Topologie des Berufswissens festhält,
dass eine Profession einer auf die existentielle Krisenbearbeitung
des Klienten zugeschnittenen Berufsethik bedarf.

Anders der Ansatz der Dortmunder Forschungsgruppe (vgl.
Bauer/Kopka/Brindt 1996). Hier liegt ein in der Erziehungswissenschaft beheimatetes Konzept vor, das – obwohl nicht direkt auf
Schulentwicklungsprozesse bezogen – auf empirischem Wege Fragen der Bewältigung pädagogischer Aufgaben bearbeitet hat und

mit dem Begriff des »professionellen Selbst« Bedingungen der eigenen Entwicklung beschrieben hat. Die damit ausdifferenzierte Professionalität der Lehrerarbeit vermittelt eine Vorstellung davon, welches Handlungsrepertoire im Zuge von Schulentwicklung zur Verfügung stehen müsste.

Professionalisierung lässt sich auch als ein berufsbiografisches »Entwicklungsproblem« (Terhart 1992, S. 123–128; vgl. auch Reh/ Schelle 2000; Dirks 2000; Reh 2001) darstellen. Hier geht es um die Anforderung, im fortgeschrittenen Berufsleben etwas Neues zu beginnen. Die vorliegenden Forschungsarbeiten geben jedoch noch keine befriedigende Antwort auf die Frage, wie das Zusammenspiel von Akteurs- und Strukturebene in Schulentwicklungsprozessen zu verstehen ist (vgl. hierzu Helsper et al. 2001). Dies aber wäre von erheblicher Bedeutung, weil nur so Fragen danach, wie Entwicklung von Schule und Unterricht entsteht, beantwortet werden können.

In der aktuellen Diskussion hat sich die Akteursperspektive stark in den Vordergrund geschoben. Von der Akteursseite aus lässt sich der Zusammenhang von Schulentwicklung und Professionalisierung als Aufbau von Erfahrungswissen beschreiben (vgl. Bastian/Combe 2001; Combe/Kolbe 2002). Für die Prozessstruktur von Schulentwicklung typisch ist dabei, dass Ziele und Probleme oft erst im Laufe der Veränderung selbst erfahren, formuliert und probeweise bearbeitet werden können, um dann wiederum neue Fragen, Herausforderungen und Probleme aufzuwerfen.

Im Anschluss an die von uns durchgeführten Begleitforschungsprojekte sprechen wir deshalb von einer »heuristischen Grundstruktur« von Schulentwicklungsprozessen. Erkennbar ist nämlich, dass Lehrerinnen und Lehrer ihre Entwicklungsperspektiven sehr häufig an Beispielen orientieren, ohne dass sie Modelle anderer Schulen einfach übernehmen. Eine solche heuristische Grundform von Schulentwicklung verlangt einen Habitus, der als reflexiv, forschend und fallerschließend beschrieben werden kann.

Aus der Perspektive von Schulentwicklungsprozessen betrachtet müsste die Professionalisierungstheorie also verstärkt diskutieren, wie Lehrerinnen und Lehrer vor allem neue Handlungssituationen konzeptionieren, die nur begrenzt planbar sind und deren Entwicklung nur begrenzt prognostizierbar ist. Was in Schulentwicklungsprozessen aufgeschnürt wird ist das, was im Alltag vor allem durch Routine bewältigt wird, ein Handeln in nicht oder nur schwach standardisierbaren Problemsituationen.

Es ließe sich also im Anschluss an die Beobachtung von Schulentwicklungsprozessen zur Charakteristik der Arbeit von Lehrerinnen und Lehrern sagen, dass diese nicht in der Umsetzung vorgefundener Lösungen liegt, sondern eher dem Muster einer kooperativen Bearbeitung unvorhersehbarer Situationen folgt. Dies beinhaltet eine Erweiterung des professionellen Handelns in mindestens drei Dimensionen:

- Verständnis von Entwicklungsarbeit als Gemeinschaftsleistung der an der Gestaltung von Unterricht und Schule Beteiligten
- Verständnis von Entwicklungsarbeit, das methodische und fachliche Entwicklungen als Auseinandersetzung mit sich verändernden Bedingungen von Lerngruppen als Normalfall ansieht
- Verständnis von Entwicklungsarbeit, das von der Besonderheit der Region und der Verschiedenheit der Schülerinnen und Schüler auszugehen hat.

Diese Dynamik professionellen Handelns wirft Fragen nach Belastung, Belastungsgrenzen sowie der Verstetigung von Schulentwicklung auf. Belastung ist allerdings keineswegs nur ein quantitatives, sondern vor allem ein qualitatives Geschehen, dessen Erleben wesentlich von Sinnerfahrungen bestimmt ist (vgl. Combe/Buchen 1996).

Übungsaufgabe

Dieser Abschnitt definiert die Anschlüsse des Professionalisierungs- und des Schulentwicklungsdiskurses über die Ähnlichkeit der Fragestellung (vgl. insbesondere die beiden ersten Absätze von Kap. 2.2.1). Überfliegen Sie den Abschnitt noch einmal unter der Fragestellung: Wie wird der Zusammenhang von Professionsentwicklung und Unterrichtsentwicklung in diesem Absatz konkretisiert?

2.2.2 Entwicklungsbereitschaft – Impulse zur Veränderung?

Was bewegt die einzelne Lehrerin oder den einzelnen Lehrer, im beruflichen Sozialisationsprozess erworbene Routinen zu hinterfragen, den eigenen Unterricht und die Tätigkeit in der Schule zu entwickeln, sich selbst zu verändern? Lehrerinnen und Lehrern wird oft eine geringe Änderungsbereitschaft unterstellt. Genährt wird dieses Bild durch Erzählungen, in denen Lehrerinnen oder Lehrer sich gegen Veränderungen ihres Arbeitsplatzes wehren und an mäßig Bewährtem festhalten.

So erklärte in einem unserer Forschungsprojekte (vgl. dazu Arnold u.a. 2000) beispielsweise ein Lehrer:

> »Das ist also ganz trivial der Platz im Kollegium, den man nun seit fünfzehn Jahren hat. Der ist einem so lieb und teuer geworden, dass es einer ungeheuren Anstrengung bedarf, diesen Platz aufzugeben. Und im Alter von fünfzig, wo die Leute ja schon fast überwiegend sind, in eine neue Gruppe reinzugehen und dort irgendwo wieder anzufangen, der Neue zu sein. Man weiß nichts: Man weiß nicht, wo die Recorder stehen; man weiß nicht, wo die Bücher sind; man kennt nicht die Schulleitung, man kennt nicht die Gepflogenheiten bei den Konferenzen; all das, was man möglicherweise nicht so ganz toll findet, aber woran man sich gewöhnt hat. Und das ist eine menschliche Verhaltensweise, die ich an der Schule hier mehrfach festgestellt habe: Das vielleicht Negative aber Bekannte ist immer noch lieber als das Unbekannte, auch wenn es möglicherweise sich als positiv herausstellen könnte.«

Wirft man einen Blick auf die empirische Forschung, stellt sich die Lage differenzierter dar: Nach eigener Einschätzung der Lehrkräfte gibt es schulartenabhängig durchaus eine Bereitschaft, Neues auszuprobieren; sie sinkt mit zunehmendem Berufsalter (vgl. Terhart u.a. 1993, S. 92f.). Dalin weist unter Bezug auf amerikanische und schwedische Forschungen allerdings darauf hin, dass es einen Unterschied gibt zwischen der Zustimmung zu neuen Ideen und der praktischen Umsetzung im Unterricht (vgl. Dalin 1999, S. 314–317). Nimmt man diesen Hinweis ernst, können Einstellungsuntersuchungen bei Lehrerinnen und Lehrern nur bedingt Hinweise darauf ergeben, ob und wie diese wirklich zu »Veränderungsagenten« werden.

Berichtet wird in der internationalen Forschung, aber auch in Deutschland über »Widerstände« von Lehrerinnen und Lehrern gegenüber Veränderungen im Kontext der einzelnen Schule (vgl. z.B. Rolff u.a. 1998, S. 170–173; Carle 2000, S. 407–409). Das alles erscheint angesichts eines spezifischen Dilemmas von Erfahrungen mit Veränderungsprozessen nicht verwunderlich: Immer sind neue, durchaus nicht nur zeitliche Belastungen in Entwicklungsprozessen zu erwarten, und sie sind ein hoher Preis für eine Arbeit, deren Sinn zunächst nur zu erahnen ist.

Was aber bewirken Veränderungsbereitschaft und innovative Aktivitäten? Folgt man einer biografisch-rekonstruktiven Studie von Schönknecht (vgl. 1997), so sind dies vor allem »Schlüsselerlebnisse«, die in unterschiedlicher Weise wirken. Erlebnisse, von denen wichtige Impulse zur Veränderung ausgehen, werden häufig als »kritische Ereignisse« bezeichnet. In solchen Situationen versagen Routinen, die Belastung der Lehrerinnen und Lehrer steigt, und es scheint einen Druck zu geben, Neues auszuprobieren (vgl. auch Holtappels 1997).

Auch die Ergebnisse einer Studie von Carle zeigen, dass Lehrkräfte dann einen Veränderungsdruck spüren, »wenn Erziehungs- und Lernschwierigkeiten unübersehbar werden, die gewünschte Wirkung des Gelehrten auf die Schüler also offensichtlich gestört ist« (Carle 1995, S. 198). Mit Bezug auf Forschungsarbeiten von Hubermann (vgl. 1991) und Hameyer (vgl. 1995) fasst Carle zusammen: »Die ständige Verbesserung der Arbeit im Klassenzimmer ist der wichtigste Motor für den Veränderungsprozess von Schule« und für ihr Wirksamwerden in der einzelnen Schule ist die »Aufhebung der Isolierung des Klassenzimmers« zentral (Carle 2000, S. 368–380, hier S. 371).

Lehrerinnen und Lehrer sind also dann an Schulentwicklung interessiert, wenn sie sich davon eine Verbesserung der pädagogischen Arbeit und insbesondere des Unterrichts versprechen (vgl. auch Lohre 1998, S. 71-123). Dabei ist dieses nicht als Ausdruck einer utilitaristischen Haltung zu verstehen, die sich ausschließlich an

Verwertbarem und Nützlichem orientiert, sondern eher Ausdruck einer Krisenerfahrung.

Für viele Lehrkräfte ist es eine belastende Erfahrung, dass der »herkömmliche Unterricht« einen größeren Teil der Schülerinnen und Schüler nicht mehr erreicht. Diese Erfahrung wird interpretiert sowohl als Veränderung der Schülerschaft wie auch als fehlende Orientierung an den Schülerinnen und Schülern. An dieser Stelle wird nicht die Distanz zwischen pädagogischen Visionen und der Praxis Motor einer Entwicklung, sondern die Differenz von (Generations-)Erfahrungen und das Leiden an der im Verhältnis zu den Schülern und den Fachinhalten veränderten Situation.

Reflexion

Eine Anregung zur Zusammenfassung:

Was haben Sie erfahren über die Entwicklungsbereitschaft von Lehrerinnen und Lehrern? Skizzieren Sie wesentliche Impulse zur Veränderung.

2.2.3 Anforderungen an Lehrer – Möglichkeiten der Veränderung?

In diesem Abschnitt fragen wir nach Entwicklungsmustern von Unterricht und daraus erwachsenden Anforderungen an Lehrerinnen und Lehrer. Bei der Beantwortung dieser Frage stützen wir uns auf eigene Begleitforschungen zu verschiedenen Schulentwicklungsprozessen. Dabei handelt es sich um die achtjährige Evaluation und Begleitung eines großen Entwicklungsprojekts an der gymnasialen Oberstufe einer Hamburger Gesamtschule (vgl. Bastian u.a. 2000), der zweijährigen Evaluation der Schulprogrammerstellung an sechs Schulen aller Schulformen, an denen unterschiedliche unterrichtliche Reformvorhaben verfolgt wurden (vgl. Arnold u.a. 2000), und um die zweijährige Evaluation der Implementation von Rückmeldeverfahren im Unterricht an drei Schulen (vgl. Bastian/ Combe/Langer 2003).

Praxisgemeinschaften

Mit Unterrichtsentwicklung als Kern der Schulentwicklung betreten wir ein in der Forschung noch wenig erschlossenes Feld. Auch wenn zur Veränderung des Unterrichts in den vergangenen Jahren immer wieder Berichte veröffentlicht wurden, so gilt das Terrain »Unterricht« als sensibler und vor Einblicken und Einmischungen anderer möglichst zu schützender Bereich (vgl. Terhart 2001).

Trotz dieser üblicherweise praktizierten Abschottung des Unterrichts steht das Lernen in Gruppen im Vordergrund aller Veränderungsprozesse im Bereich des Unterrichts und auch seiner Evaluation (vgl. z.B. Altrichter 1998, S. 326f.). Insbesondere die Arbeit in kleinen, flexibel und relativ selbstständig arbeitenden Entwicklungsgruppen ist von großer Bedeutung für Entwicklungsprozesse und kann als eine noch weitgehend unausgeschöpfte Ressource einer Professionalisierung im Zuge einer systematischen Unterrichtsentwicklung gesehen werden (vgl. Arnold u.a. 2000; Herzmann 2001). Für diese professionelle Kooperation in Entwicklungsgruppen wird seit Mitte der 1990er Jahre auch der Begriff der »Praxisgemeinschaft« verwendet (Lave/Wenger 1991; Elliot 1991; Altrichter/Posch 1996).

Die für die Entwicklung von Unterricht notwendige Binnenstruktur lässt sich genauer beschreiben: Unterrichtsentwicklung bedarf überschaubarer Experimentalräume und darin arbeitender Entwicklungsgruppen. Diese haben verschiedene Funktionen gleichzeitig: Sie sind curriculare Werkstätten, Qualitätszirkel und auch zentrale Lernräume der Lehrkräfte. Man kann sie als adaptive Subsysteme einer Schule bezeichnen. Nur in solchen Entwicklungsgruppen ist es möglich, ein bestimmtes Lernkonzept mit großer Elastizität an die Lernausgangslagen der Schülerinnen und Schüler anzupassen und sukzessive und experimentell weiterzuentwickeln.

Solche Entwicklungsgruppen können Teams im engen Sinne sein (vgl. Schley 1998; Rolff et al. 1998, S. 173-180), also etwa Klassenteams oder Jahrgangsteams, weil hier ein schülerbezogener Arbeitszusammenhang auf der horizontalen Ebene besteht, aber auch Fachgruppen und Fachkonferenzen, die so zu einem Ort der Entwicklungsarbeit für den Fachunterricht werden und das – wie in

Kap. 3.1.2 genauer dargestellt – auf der vertikalen Ebene und damit über die Jahrgänge hinweg.

Ein Codewort an den von uns beobachteten Schulen für die Zusammenarbeit in Fächerverbindungen heißt »Profile«. Das bedeutet: Schüler und Lehrer lernen und kooperieren in dauerhaften Verbindungen verschiedener Fach- bzw. Kurskombinationen. Dies hat sich in der Sekundarstufe II in Profilen konkretisiert, die verschiedene Leistungs- und Grundkurse verbinden – so Profile wie »Umwelt«, »Sprachen- und Kulturenvielfalt« oder »Kommunikation«. In der Sekundarstufe I wurde dieses Kooperationskonzept in Form eines »Profil-Tages« konkretisiert, bei dem mehrere Fächer im Rahmen übergreifender thematischer Bezugsrahmen wie »Mensch und Natur«, »Einrichtung und Betrieb eines Schul-Bistro«, »Zeitung« usw. zusammenarbeiten (vgl. Bastian et al. 2000; Arnold et al. 2000).

Am Beispiel solcher Profilteams lassen sich die Anforderungen einer solchen Praxisgemeinschaft an das Handeln der Lehrkräfte sehr gut konkretisieren. Zu Beginn bedeutete die Entwicklung von »Profilen« eine intensive curriculare Arbeit; beantwortet werden müssen vor allem die folgenden Fragen:

- Welche Fächer oder Kurse sollen/können sinnvollerweise miteinander verbunden werden?
- Welche Fach- oder Kurskombinationen lassen sich auf Dauer von den beteiligten Personen verwirklichen?
- Wie müssen die Lehrpläne der beteiligten Fächer »umgebaut«, d.h. so aufeinander bezogen bzw. zeitlich synchronisiert werden, dass die jeweiligen Inhalte in der Fächerkombination einen Sinn ergeben?
- Was müssen die Schülerinnen und Schüler lernen, damit sie in fächerverbindenden Zusammenhängen eigenständig, kooperativ und fachlich sowie methodisch anspruchsvoll an Problemstellungen arbeiten?

Dieses sind Fragen, für deren Bearbeitung das Gespräch unter pädagogischen und fachlichen »Profis« erforderlich ist. Mit den so komponierten Profil-Curricula schaffen sich Lehrerinnen und Lehrer den Rahmen und das Reflexionsforum für den von ihnen gewollten und zu entwickelnden Unterricht. Entwicklungsfördernd ist vor allem, dass die Lehrerinnen und Lehrer – ist die Profil-Idee als Basis einer Fach- und Methodenentwicklung erst einmal vereinbart – sich dieser kooperativen Rahmung nicht mehr entziehen und sie gleichzeitig variantenreich gestalten können. Die Praxisgemeinschaft ist damit das sine qua non der Unterrichtsentwicklung.

Zusammenfassung

Zusammenfassend können wir zur Rolle der Praxisgemeinschaften im Rahmen von Unterrichtsentwicklung festhalten: Die Entwicklung von Unterricht und der Qualität pädagogischer Arbeit ist immer Professionalisierung im sozialen Kontext einer einzelnen Schule mit ihren Akteursgruppen und Möglichkeiten, über berufliche Erfahrungen kommunizieren zu können. Professionelle Kooperation ist Kern der Entwicklung beruflicher Kompetenz. Unterrichtsentwicklung braucht das Team als Reflexionsforum eines veränderten und sich immer weiter entwickelnden Unterrichts.

Abschließend soll noch auf eine Gelingensbedingung von Professionalisierung im Kontext von Unterrichtsentwicklung verwiesen werden, die ebenfalls seit den 1990er Jahren in der Erprobung ist: das Konzept der Forschungswerkstatt in der Lehrerbildung (Feindt/Meyer 2000; Bastian et al. 2002; Bastian et al. 2003; Altrichter/Fichten 2005). Dieses Konzept beinhaltet die Bildung von »Praxisgemeinschaften« aus Studierenden und Lehrenden, in denen Forschungsaktivitäten in schulischen und pädagogischen Praxen sowie ein gemeinsames werkstattähnliches Arbeiten im Zentrum stehen.

In diesen Forschungswerkstätten – in Hamburg heißt das Konzept »Forschungswerkstatt Schulentwicklung« – können sich bereits zu Beginn der beruflichen Orientierung entwicklungsorientierte, forschende und selbstbewusste Haltungen bezogen auf die eigene berufliche Tätigkeit ausbilden. In unterschiedlichen Konzepten der »Forschungswerkstatt« kommt es zu einem Theorie-Empirie-Bezug in generationsübergreifenden Konstellationen, in denen Forschungsfragen beispielsweise im Zusammenhang mit Schulentwicklungsprojekten bearbeitet werden.

Eine solche frühzeitige Einübung in eine forschend-experimentelle Haltung zur Praxis ist – wie sich in der Evaluation aller Entwicklungsprojekte gezeigt hat – eine Handlungsform, die im Lehrerberuf dringend gebraucht wird, insbesondere dann, wenn die Potenziale von Entwicklungsprojekten für die Professionalisierung genutzt werden sollen.

Differenzierung von Unterrichtsformen und Methoden-arrangements

Wir haben in Kap. 1.2 die Bedeutung einer Differenzierung von Unterrichtsformen im Kontext von Unterrichtsentwicklung disku-tiert und in diesem Zusammenhang angedeutet, dass eine neue Funktions- und Verhältnisbestimmung der Unterrichtsformen zu-einander ein bedeutender Teil von Unterrichtsentwicklung sein muss. In diesem Abschnitt soll nun auf der Basis der Rekonstruk-tion konkreter Entwicklungsprozesse herausgearbeitet werden, wel-che Professionalisierungsmöglichkeiten gerade in diesem Bereich von Unterrichtsentwicklung zu finden sind.

Unstrittig ist, dass in Deutschland nach wie vor ein spezifisches Unterrichtsskript dominiert. Das, was üblicherweise gelenktes Un-terrichtsgespräch genannt wird, bestimmt den Unterricht als eine besondere Art des instruierenden Unterrichtsgesprächs mit be-grenzten Spielräumen für Anschlussmöglichkeiten der Schülerin-nen und Schüler (vgl. Terhart 1997, S. 142–149). Auf der anderen Seite fehlen die Voraussetzungen für Selbstständigkeit, eigenständi-ges Denken und einen eigenverantwortlichen Zugang zum Lernen der Schülerinnen und Schüler.

In den meisten Prozessen der Unterrichtsentwicklung soll der Monotonie des vorherrschenden Unterrichtsskripts eine inhalts- und zielbezogene Vielfalt an Unterrichtsformen und Methoden entgegengesetzt werden, die sowohl einen strukturierten Wissens-aufbau als auch ein selbstständiges und auf Verständnis und An-wendbarkeit zielendes Lernen unterstützen. So heißt es bei Ditton:

>»Im Gegensatz zu dem vermutlich gegenwärtig überwiegend prak-tizierten kleinschrittigen Fachunterricht stehen insbesondere Über-legungen zu Formen eines problemlösenden, fächerübergreifenden und vernetzten Lehrens und Lernens im Vordergrund. Damit soll träges Wissen vermieden und der Lerntransfer (...) gefördert wer-den« (Ditton 2000, S. 3).

Eine Sichtung der Literatur hat ergeben, dass in den relevanten Di-daktiken zwischen den Grundformen Projekt, Lehrgang und Training unterschieden wird (vgl. Kap. 1.2 und Kossen 2006). Bedeutsam für Unterrichtsentwicklung ist, so haben wir argumentiert, dass die reflektierte Nutzung der verschiedenen Formen unterschiedliche Modi des Lernens zur Verfügung stellt. Das bedeutet, dass Lehrerinnen und Lehrer, die mit diesem Setting an Unterrichtsformen umgehen können, über ein mehrdimensionales System unterrichtlicher Gegenstandserschließung verfügen (vgl. Klafki 1985, S. 234).

Im Folgenden wollen wir fragen, wie diese konzeptionellen Differenzierungen in der Praxis der Unterrichtsentwicklung von Lehrerinnen und Lehrern aufgenommen, entwickelt und genutzt werden. Zunächst zeigen die von uns durchgeführten Untersuchungen zur Unterrichtsentwicklung, dass mit verschiedenen Unterrichtsformen unterschiedliche Handlungsmuster unterschieden werden, die durch regelhafte und typisierbare Ablaufformen gekennzeichnet sind. Wir haben die verschiedenen Muster der Unterrichtsformen deshalb auf der allgemeinen Ebene als regelhaft typisierbare Praxisform bezeichnet.

Diese regelhafte Form zeigt sich beispielsweise in typischen Mustern des Anfangs. Diesen unterschiedlichen Mustern des Anfangs folgen dann im Verlauf der jeweiligen Unterrichtsformen typische Rahmungen, Routinen und Regeln, deren Beherrschung (bei Lehrern und Schülern) wir als didaktische »Prozesskompetenz« bezeichnet haben. Das heißt, Lehrerinnen und Lehrer entwickeln über Jahre ein meist implizit bleibendes Wissen in der Wahrnehmung von Ablaufgesetzlichkeiten, Aktivitätsmustern, Entscheidungsstrukturen und Optionen der jeweiligen Unterrichtsformen (vgl. Combe/Kolbe 2002). Dies verleiht den Formen und Routinen eine hohe Stabilität. In Prozessen der Unterrichtsentwicklung wird diese Prozesskompetenz durch Reflexionen und meist auch durch Fortbildung im anregenden und schützenden Rahmen von Praxisgemeinschaften kritisch reflektiert und ausdifferenziert.

Ein Beispiel für die Herausbildung einer solchen regelhaften Form soll am Beispiel des Projektunterrichts verdeutlicht werden: Im Projektunterricht gibt es – wie in jeder Unterrichtsform – ein Problem des Anfangs. Die Schwierigkeit des Anfangs besteht hier darin, ein Thema so problemhaltig zu eröffnen, dass Schüler wie auch die Lehrer selbst in einen Sog der Lösungssuche kommen. Untersucht man nun die für den Anfang typischen Praxisformen, die für die Bewältigung dieser Anforderung entwickelt worden sind, so erkennt man, dass es sich dabei um eine Vertragsstruktur handelt, der eine reziproke Verantwortung beider Seiten unterliegt. Konkret sieht das wie folgt aus:

Zur Bewältigung der besonderen Anforderung an den Anfang der Projektphase wird im Jahrgang einer Schule eine spezifische Interaktionsform vereinbart: die Schülerinnen und Schüler entwickeln zu Beginn der Projektphase in Gruppen Planungsskizzen zu Teilthemen im Rahmen des Gesamtthemas. Diese Anträge werden von einer »Kommission«, der auch Schülerinnen und Schüler angehören, beurteilt und schließlich mit Kommentaren zur Weiterbearbeitung bzw. mit Anregungen zum Einstieg in die Projektarbeit zurückgegeben. In dieser auf Aushandlung basierenden Vertragsstruktur lernen beide Seiten, Interessen ins Spiel zu bringen und mit Standards für inhaltliche sowie methodische Qualität in Beziehung zu setzen.

Die genaue Analyse dieser – oft sehr zeitaufwendigen –Anfangsinszenierung lässt erkennen, wie es in diesem Prozess der allmählichen Gegenstandskonstitution zwischen Lehrern und Schülern nicht nur um das Aushandeln von Qualitätskriterien geht, sondern vielmehr um den Aufbau lernbedeutsamer Kontexte bzw. um die Aushandlung von Bedeutung, also um einen Prozess, in dem Sinnanschlüsse gesucht, gefunden oder entdeckt werden müssen.

Was sagt dieses Beispiel über die Möglichkeiten der Professionalisierung in Prozessen der Unterrichtsentwicklung? Festhalten können wir zunächst, dass die Lehrerinnen und Lehrer im Sinne der eben geschilderten Verfahrenslogik handeln, wenn sie mit Möglichkeiten von Anfängen experimentieren. Gleichzeitig ist dieses Experimentieren mit Anfängen ein Beispiel dafür, dass wir mit den unterschiedlichen Unterrichtsformen in sich geregelte Gebilde und eigengesetzliche Praxisformen vor uns haben, die sich – auch in ihren Anfängen – von anderen Formen unterscheiden (müssen).

Die Ergebnisse unserer Begleitforschungsprojekte zeigen, dass es sich bei den genannten Unterrichtsformen in der Reformpraxis tatsächlich um relevante Differenzen handelt. Beobachtbar ist, dass

Lehrerinnen und Lehrer, die sich diese Unterrichtsformen systematisch »erarbeiten«, über eine ziel- und inhaltsbezogen differenzierende unterrichtliche Prozesskompetenz verfügen, d.h. über eine Fähigkeit des bewussten und gezielten Umgangs mit unterschiedlichsten Lernsituationen, Rollen und Verantwortlichkeitsteilungen.

Die Spannbreite dieser Unterrichtsformen wird auf der einen Seite definiert durch ein Setting, in dem Problem- und Fragestellungen vorgegeben werden, in voraussetzungsreiche Sachverhalte eingeführt wird und die Lehrenden sagen, was sie erwarten und was gelernt werden soll – auch um einer für die Lernenden durchschaubaren Konturierung willen. Auf der anderen Seite stehen komplexe Lernsituationen, in denen die Aufgaben und Probleme erst zu strukturieren und die Konkretisierung der Inhalte, der Verantwortungsteilung und der Ziele erst auszuhandeln sind.

Will man diese Prinzipien der Unterrichtsentwicklung auf – wenn auch etwas metaphorische – Begriffe bringen, so kann man von Übungen in der »Kunst der Trennungen« und von einer »Neubestimmung des Gewohnten« sprechen (vgl. Bastian/Combe 2002). Die Kunst der Trennung würde sich in situativer Urteilskraft artikulieren und eine Neubestimmung des Gewohnten würde darauf verweisen, dass es nicht um die Ersetzung der einen durch die andere Form ginge, sondern um eine Neuformulierung des Verhältnisses zwischen den Unterrichtsformen.

So hätte beispielsweise der Lehrgang in Verbindung mit offenen und erfahrungsorientierten Formen die Funktion der gezielten Einführung und des Abrufens von Sachinformationen oder die Funktion der anschließenden Systematisierung und der Zusammenschau. Genauso kann das Training in Verbindung mit Phasen des eigenverantwortlichen Arbeitens eine Funktion der gezielten Vorbereitung und Einübung von arbeitsmethodischen und sozialen Kompetenzen zugewiesen bekommen, damit nicht vorausgesetzt wird, was nicht vorausgesetzt werden kann.

Wir haben im voranstehenden Abschnitt gezeigt, dass sich der Professionalisierungsprozess als kollektiver Aufbau von Erfahrungswissen in kommunikativen Prozessen von Praxisgemeinschaften beschreiben lässt. In neueren Arbeiten zur Unterrichtsentwicklung wird die Frage aufgeworfen, inwiefern die Schülerinnen und

Schüler hierbei wichtige Dialogpartner sein könnten. Nach einem DFG-Projekt zur Schülermitbeteiligung im Oberstufenunterricht kann von einer unausgeschöpften Kompetenz der Schülerinnen und Schüler in der Beschreibung dessen ausgegangen werden, wie der Unterricht abläuft und wie er verbessert werden könnte (vgl. Meyer/Schmidt 2000).

Im Umkehrschluss formuliert heißt das, dass in der Berücksichtigung der Schülerperspektive – beispielsweise mit Hilfe von Feedbackschleifen – Potenziale liegen, die genutzt werden können. Gleichzeitig zeigen eigene Untersuchungen zur Schülerrückmeldung über Unterricht (vgl. Bastian/Combe/Langer 2001 und 2003) aber, dass Lehrende aufgrund der strukturellen Offenheit des Lehrerhandelns (vgl. Combe/Buchen 1996) ein genuines Interesse an Erfahrungen ihrer eigenen Wirksamkeit (vgl. Bandura 1995, 1997; Bauer/ Kanders 1998; Hertramph/Herrmann 1999) und an Informationen über die Lernprozesse der Schülerinnen und Schüler haben.

Schülerperspektive auf Unterricht

Die Unterrichtsforschung – und das gilt auch international – hat die Schülerperspektive und damit das Wissen von Schülerinnen und Schülern über Unterricht und Schule bislang kaum berücksichtigt. Eine Lehrerzentriertheit der Forschung lässt sich sowohl für die angelsächsischen Arbeiten zum »classroom talk« (vgl. z.B. McHoul 1978, 1990) als auch für die Lehrerwissensforschung (vgl. Bromme 1992; Kolbe 1998) feststellen.

Auch in der ethnomethodologischen Forschungstradition gibt es kaum Anhaltspunkte dafür, wie Lehrer und Lehrerinnen im unterrichtlichen Handeln Wissen über Bildungsgänge und Lernprozesse von Schülern erwerben und wie sie mit solchem Wissen umgehen (vgl. Kalthoff 1997; Zinnecker 2000). Gleichzeitig wird das mangelnde Lehrerwissen über das Lernen von Schülern vor allem in den Bilanzen zur Unterrichts- und Schulentwicklung (vgl. z.B. Hargreaves et al. 1998; Buhren 1999) beklagt. Wir haben deshalb die hier sichtbar werdende Bedeutung einer systematischen Einbeziehung der Schülerperspektive in Schul- und Unterrichtsentwicklung sowie in

Professionalisierungsprozesse in einem Forschungsprojekt mit dem Titel »Schülerrückmeldung über Unterricht« aufgegriffen.

Die Grundannahmen und Bezüge zwischen Schülerrückmeldung und Unterrichtsentwicklung sollen im Folgenden kurz skizziert werden. Die Erfahrungen mit Schülerrückmeldung in Prozessen der Unterrichtsentwicklung werden dann ausführlich in Kap. 3.3 dargestellt. Wir gehen davon aus, dass insbesondere die Rückmeldearmut im Bereich der Lehrerarbeit für Defizite des Wissens über Lernprozesse und Bildungsgänge der Schülerinnen und Schüler verantwortlich ist. Dies impliziert die Annahme, dass die Bedeutung der traditionellen Formen der Leistungsüberprüfung für eine Wahrnehmung von Lernprozessen und eine Entwicklung des Wissens über Lernen begrenzt ist.

Daraus folgern wir, dass Formen der methodisch geleiteten Schülerrückmeldung ein zentrales Element eines am Bildungsgang des Schülers orientierten Handlungskonzepts sein können. Gezeigt hat sich, dass ritualisierte Schülerrückmeldung nicht nur zu einer Aushandlung von Bedeutung der Unterrichtsgegenstände beitragen, sondern auch ein Medium sind, in dem sich Entwicklungsaufgaben durch Partizipation erst entfalten und profilieren können.

Leitend für die Integration von Schülerrückmeldung in Unterrichtsentwicklung ist auch der Gedanke, dass Lehrende und Lernende neben den üblichen Tests unmittelbar und direkt in den Lernprozess integrierte Formen der Leistungsfeststellung und Diagnose – z.B. in Form von Kompetenzrastern und Lerntagebüchern – benötigen, die darauf abzielen, dass die Lernenden selbst und im Gespräch mit dem Lehrenden Leistungskriterien und Qualität erkennen und angemessen beurteilen lernen.

Mit der Entwicklung von Rückmeldeinstrumenten und einer entsprechenden Dialog- und Feedbackkultur werden funktionale Äquivalente zur Kompensation einer gesteigerten Offenheit und Dynamik des Unterrichtsgeschehens geschaffen. Das kann als Prozess der Unterrichts- und Schulentwicklung gefasst und als Professionalisierungsprozess der Lehrerinnen und Lehrer beschrieben werden.

Rückmeldung, Rückkopplung oder Rekursivität sind Begriffe, die der Konstruktivismus bzw. die Systemtheorie angesichts von hochkomplexen und nicht standardisierbaren Abläufen offerieren:

An der Rückmeldung können die Individuen erkennen, ob sich das, was sie in die Netzwerke der Kommunikationen eingespeist haben, erfolgreich behaupten kann. Reflexivität und Rekursivität sind also Verfahren, in denen die Grenze der Verständigung weiter hinausgeschoben wird und dafür gesorgt wird, dass das Gespräch nicht abbricht sowie über Schlussfolgerungen nachgedacht wird.

Wie ein solcher Dialog über Lernen in der Schule in Gang gesetzt werden kann und wie dieser Dialog zu einem zentralen Teil von Unterrichtsentwicklung werden kann, das wird in Kapitel 3.3 weiter ausgeführt.

Übungsaufgabe

Anregung zur Zusammenfassung von Abschnitt 2.2.3:

Die ProfessionalisierungsPotenziale im Kontext von Unterrichtsentwicklung sind in drei Dimensionen ausdifferenziert worden:

* Arbeiten und Lernen in Teams bzw. professionellen Praxisgemeinschaften
* Differenzierung in der Nutzung von Lehr-Lern-Formen
* Systematische Einbeziehung der Schülerperspektive durch Feedback.

Skizzieren Sie jede dieser Dimensionen durch einige Kernsätze, mit denen die Möglichkeiten der Veränderung beschrieben werden.

2.2.4 Veränderung der Lehrerarbeit – Ausdifferenzierung von Funktionsbereichen

Es gibt nach unseren Beobachtungen Dimensionen des Kompetenzprofils von Lehrerinnen und Lehrern, die in der Schulentwicklungsarbeit besonderer und konsequenter Beachtung und Unterstützung bedürfen.

Wenn wir die bisherigen Ausführungen unter der Frage der zentralen Herausforderungen von Prozessen der Schul- und Unterrichtsentwicklung analysieren, dann lassen sich zwei Dimensionen identifizieren.

- Zum einen die Fähigkeit zur Schaffung einer Lernkultur, die einerseits auf Kompetenzen zur Diagnose der differenten Lernvoraussetzungen und andererseits auf Kompetenzen zur Differenzierung von Lernformen und Lernwegen beruht.
- Damit verbunden wäre die Ausbildung von Fähigkeiten zur Weiterentwicklung und Gestaltung eines angemessenen institutionellen Rahmens für eine permanente Entwicklung des Unterrichts.

Im Projekt »Schule und Co.« zeigt sich sehr deutlich, was sich in anderen Schulentwicklungsprojekten schon angedeutet hat: Schulentwicklung bringt neue Funktionsbilder im Lehrerberuf hervor (vgl. dazu auch Punkt 7 der Gelingensbedingungen von Unterrichtsentwicklung, Kap. 2.1.3). Eine solche Ausdifferenzierung von Funktionsbereichen lässt sich hier deshalb so gut beobachten, weil dieses Projekt von der Prämisse ausgeht, dass die in den jeweiligen Entwicklungsfeldern erforderlichen Kompetenzen nicht vorausgesetzt, sondern in einem für alle in den beiden Modellregionen beteiligten Schulen großzügig ausgelegten Fortbildungskonzept erworben werden können. Jede der beteiligten Schulen hat allerdings nicht nur die Möglichkeit, sondern auch die Verpflichtung, Experten für verschiedene Bereiche fortbilden zu lassen, die für eine Entwicklung der pädagogischen Arbeit als unabdingbar angesehen werden. Ausdifferenziert sind Expertisen für

- Unterrichtsentwicklung
- Projektmanagement
- Schulinterne Evaluation.

Diese Ausdifferenzierung unterschiedlicher Funktionsbereiche ist deshalb für eine Professionalisierung des Lehrerberufs von Bedeutung, weil Analysen der Berufsbiografieforschung gezeigt haben, wie wenig Chancen die formale Berufslaufbahn eines Lehrers den in einer Berufsbiografie entstehenden Bedürfnissen nach Veränderungen bietet.

In den Chancen zur Professionalisierung im Kontext von Schul- und Unterrichtsentwicklung liegen aber auch inzwischen recht eindeutig identifizierbare Erwartungen an die Gestaltung unterschiedlicher Funktionen über das gewohnte Halten von Unterricht hinaus:

- So wird in Zukunft von Lehrerinnen und Lehrern erwartet werden, dass sie mit ihren Schülerinnen und Schülern eine Lernkultur entwickeln, die auf einem differenzierten Spektrum an Lernformen und Lernwegen beruht und mit deren Hilfe neben der Arbeit im Lehrgang vor allem die Voraussetzungen für ein eigenverantwortliches Arbeiten in Teams geschaffen werden.
- So wird in Zukunft von Lehrerinnen und Lehrern erwartet werden, dass sie in Klassen- und Jahrgangsteams die Verantwortung dafür übernehmen, dass die methodische Monokultur überführt wird in eine entwickelte Methodenkultur, die dann schrittweise auf die spezifischen Erfordernisse der einzelnen Fächer transformiert wird. Dabei werden sie von schulinternen Experten für Unterrichtsentwicklung beraten und weitergebildet.
- So wird in Zukunft von Lehrerinnen und Lehrern erwartet werden, dass sie die Qualität ihres Unterrichts überprüfen, sich Evaluationen stellen und selbst bestimmte Evaluationsverfahren zweckmäßig einsetzen und interpretieren. Hier zeichnet sich ein Bereich methodischer Kompetenz ab, der in der Lehrerbildung bislang keine Rolle gespielt hat. Deshalb sind beispielsweise im Projekt »Schule & Co.« für jede Schule sogenannte Evaluationsberaterinnen und -berater ausgebildet worden, die auf Anfrage jedem Entwicklungsteam zur Verfügung stehen.
- So wird in Zukunft von Lehrerinnen und Lehrern erwartet werden, dass die geplanten Entwicklungen angemessen eingeführt und professionell abgesichert werden. Dies erfordert Kompetenzen und Funktionen in den Bereichen »Management« und »Steuerung«. Die Qualifizierung der hier Arbeitenden beinhaltet Konzepte und Methoden des Projektmanagement, d.h. Moderation, Belastungsanalysen, die Erarbeitung von Zielvereinbarungen, Teamentwicklung; sie sorgen für Planung, Koordination und Organisation und gewährleisten einen Informationsfluss innerhalb des Projekts. Kompetenzen, von denen die Beteiligten sagen, dass sie sich auch auf die Qualität der Unterrichtsgestaltung auswirken.

Dieser Blick auf diese Kompetenzerwartungen zeigt, dass zur Bewältigung dieser Aufgaben eine Ausdifferenzierung von Funktionen und auch Spezialisierungen innerhalb des Kollegiums hilfreich und notwendig sind.

Zusammenfassung

Das Ergebnis dieser Zusammenführung von zentralen Erkenntnissen der Professionstheorie sowie einer Metaanalyse von eigenen Forschungsprojekten und zu der Frage, welcher Zusammenhang sich zwischen der Beteiligung an unterrichtszentrierter Schulentwicklung und der Professionalisierung von Lehrerinnen und Lehrern erkennen lässt, kann in vier Komplexen einer Veränderung von Lehrerarbeit zusammengefasst werden:

1. Erkennbar ist eine Zunahme der Arbeit in sogenannten Praxisgemeinschaften. Diese Formen der professionellen Kooperation ermöglichen eine Verstärkung der Kommunikation über Unterricht und Lernprozesse.
2. Erkennbar sind eine ziel- und inhaltsbezogene Ausdifferenzierung des methodischen Handelns und eine Steigerung der Variation in der Nutzung von Unterrichtsformen.
3. Erkennbar sind eine Systematisierung von Schülerrückmeldungen und eine Integration dieser Rückmeldeprozesse in eine systematische Entwicklung von Unterricht.
4. Erkennbar ist die Ausbildung von Kompetenzen zur Diagnose heterogener Lernstände und zur Differenzierung von Lernformen und Lernwegen.

Zusammenfassend lässt sich insgesamt eine differenzierte Professionalisierungschance – aber auch ein deutlicher »Druck« auf die traditionelle Verfasstheit der Lehrerrolle festhalten (vgl. Altrichter 2000, S. 149). Die nicht zu umgehende Mitarbeit in einem Unterrichtsentwicklungsteam, die Verpflichtung, sich mit Kolleginnen und Kollegen bezüglich der Qualität von Unterricht aber auch zu fachübergreifenden Aspekte des Unterrichts abzustimmen, die Notwendigkeit, den eigenen Unterricht zu evaluieren und dabei auch Schülerfeedback einzuholen, der Anspruch, mit Eltern in einer nicht-defensiven Weise zu kommunizieren – all dies bringt einen potentiellen Rollenwechsel und die permanente Herausforderung zu einer Weiterentwicklung der Professionalität mit sich.
Kurz: Unterrichtsentwicklung bringt die Beteiligten in die exponierte Rolle von Lernenden.

2.3 Selbstregulation und Feedback: Die Schülerseite von Unterrichtsentwicklung
(in Anlehnung an Petra Merziger)

In den voranstehenden Abschnitten zu den Akteuren der Unterrichtsentwicklung ging es um Herausforderungen und Entwicklungsaufgaben, die Lehrerinnen und Lehrer in Prozessen der Unterrichtsentwicklung bearbeiten.

In diesem Abschnitt soll es um die Frage gehen, welche Herausforderungen und Entwicklungspotenziale Unterrichtsentwicklung für die Schülerinnen und Schüler bereithält, was im Zentrum ihrer Entwicklungsprozesse stehen soll und wie Schülerinnen und Schüler diese bearbeiten.

Es wurde schon an mehreren Stellen dieses Studienbriefs festgestellt, dass die Leitfigur des selbstständig arbeitenden Schülers eine zentrale Perspektive von Unterrichtsentwicklung sei, ohne dass diese Leitfigur besonders begründet worden wäre. Gleichzeitig wurde an mehreren Stellen darauf verwiesen, dass Schülerfeedback als der entscheidende Modus zur Beteiligung der Schülerseite an Unterrichtsentwicklung gesehen wird. Auch hier gibt es weiteren Begründungsbedarf.

Beide Konzepte sollen in diesem Abschnitt so fundiert werden, dass sie als zentrale Elemente von Unterrichtsentwicklung nachvollzogen und in Entscheidungsprozessen mit Bezug auf den aktuellen Diskussions- und Forschungsstand legitimiert werden können. Das Besondere dieses Kapitels wird sein, dass beide Konzepte – also das Konzept der Selbstregulierung und das Konzept der Rückmeldung – dabei systematisch aufeinander bezogen werden.

Gleichzeitig soll gezeigt werden, wie selbstreguliertes Lernen zu konzipieren ist und welche Funktion Feedbackprozesse dabei haben können. Bei diesen Ausführungen folge ich in Auszügen einer sehr viel ausführlicheren Bilanzierung des Forschungsstandes, den Petra Merziger im Rahmen eines gemeinsamen Forschungsprojekts in ihrer Promotion zur »Entwicklung selbstregulierten Lernens im Fachunterricht« ganz aktuell zusammengetragen hat (vgl. Merziger 2007).

> **Reflexion**
>
> Bevor Sie sich im Folgenden mit dem Stand der Diskussion zu Konzepten der Selbstregulation und der Rückmeldung vertraut machen einige Fragen, mit denen Sie den Stand des Nachdenkens zu beiden Konzepten vorläufig für sich selbst bestimmen können. Zunächst drei Impulse zur Reflexion über Selbstregulation. Wenn Sie sich dazu schriftliche Notizen machen, dann hilft das bei der nächsten Reflexionsaufgabe.
>
> • Mit welchen Arbeits- und Trainingsformen haben Sie in Ihrem Unterricht oder in Ihrem Praktikum die Entwicklung von Kompetenzen zur Selbstregulation des Lernprozesses unterstützt? Wenn Sie dies wegen mangelnder Praxiserfahrung nicht beantworten können, dann fragen Sie sich, wie Sie selbst bei der Entwicklung von Kompetenzen zur Selbstregulation unterstützt wurden.
> • Welche konkreten Arbeits- und Trainingsformen zur Unterstützung von Selbstregulation haben Sie bislang in Ihrem Umfeld beobachten können?
> • Woran erkennen Sie selbstregulative Kompetenzen und Strategien bei Schülerinnen und Schülern bzw. bei sich selbst?

2.3.1 Selbstreguliertes Lernen – die Grundlagen

Die Pädagogische Psychologie liefert gute Anhaltspunkte für eine Konzeptualisierung selbstregulierten Lernens. Eine Sichtung der Literatur zu selbstreguliertem Lernen zeigt nicht nur eine Vielzahl unterschiedlicher Begrifflichkeiten, die Ähnliches meinen: zum Beispiel selbstgesteuertes Lernen, eigenständiges Lernen oder selbstbestimmtes Lernen im deutschsprachigen Raum (vgl. z.B. Friedrich/ Mandl 1990; Konrad/Traub 1999; Schiefele/Pekrun 1996; Schreiber 1998; Weinert 1982).

Im englischsprachigen Raum ist in diesem Zusammenhang die Rede von self-regulated learning, self-directed learning oder learner control (vgl. z.B. Boekaerts/Niemivirta 2000; Brocket/Hiemstra 1991; Kinzie 1990; Pintrich 2000; Zimmermann 2000). Auch die jeweils dahinter stehenden Konzepte und didaktischen Theorien weisen Ähnlichkeiten und Überlappungen aus.

Diskutiert werden in diesen Konzepten Ziele und Maßnahmen der Zielerreichung des Lernens aber auch Aspekte wie Motivation und Emotion sowie die Kenntnis von Strategien der Metakognition, so dass sich selbstreguliertes Lernen als höchst komplexe und voraussetzungsreiche Bündelung von Kompetenzen und Wissen darstellt.

Bevor wir dieses Konzept ausdifferenzieren, soll zunächst auf den in der Schulpädagogik gebräuchlicheren Begriff der Selbstständigkeit eingegangen werden, um anschließend den Aspekt der Selbstregulation als hinzukommendes – bilanzierendes und steuerndes Moment im Lernprozess – zu betrachten.

Selbstständigkeit als Begriff der Schulpädagogik

Mit Selbstständigkeit wird im Rahmen institutionalisierter Lernprozesse übereinstimmend die Verantwortungsübernahme von Teilprozessen durch die Lernenden bezeichnet (vgl. Reischmann 1999). Die Begründungen für eine Ausbildung der Fähigkeit zum selbstständigen Lernen in der Schule lassen sich mit Ludwig Huber in drei Kategorien einteilen: die klassisch-bildungstheoretische, die qualifikationstheoretische und die kognitiv-lerntheoretische (Huber 2000, S. 15ff.):

- In der klassischen Bildungstheorie wird Bildung als Befähigung zu vernünftiger Selbstbestimmung verstanden und die Selbsttätigkeit darum als »zentrale Vollzugsform des Bildungsprozesses« betrachtet (vgl. Klafki 1996, S. 19).
- In Qualifikationstheorien wird Selbstständigkeit mit der Erkenntnis begründet, Erlerntes immer wieder aktualisieren zu müssen, weil Gelerntes schnell veraltet.
- Kognitiv-lerntheoretisch gedacht, kann Lernen im besten Falle nur selbstständig geschehen, weil bedeutsame Lernprozesse immer eine eigene aktive Konstruktion durch den Lernenden voraussetzt.

Alle drei Begründungskontexte werden heute herangezogen, wenn in Prozessen der Unterrichtsentwicklung legitimiert werden soll, warum eine Förderung von Selbstständigkeit im Zentrum der Bemühungen stehen soll.

Geht man von der humboldtschen Denkfigur einer sich selbst bildenden Persönlichkeit aus (vgl. Hentig 1996, S. 40f.), dann gehört zur Selbstständigkeit mehr als eine didaktische Maßnahme. So hebt Winter (Winter 2004, S. 9) in der Tradition von H. v. Hentig hervor, »dass in der Aneignung selbst gewählter Gegenstände und auf eigenen Wegen Bildung errungen wird«. Gleichzeitig lässt er aber auch die didaktische Seite als Voraussetzung nicht außer Acht, wenn er hinzufügt, dass Schülerinnen und Schüler »ihre Bildungsprozesse als eigene wahrnehmen und lernen, ihren Verlauf sowie ihr Ergebnis zu kontrollieren und zu steuern« (a.a.O.).

Selbstständigkeit ist damit im Klafkischen Sinne einer entscheidenden Vollzugsform von Bildung als bildungstheoretischer Begriff zu bestimmen, der zur Operationalisierung seiner Programmatik allerdings einen didaktischen Zusammenhang braucht. Bei dieser Übersetzung in Handlungskontexte kann der Begriff der Selbstregulation behilflich sein, weil er das Gewünschte operationalisieren kann und damit Wege und Zielerreichung beschreibbar macht. Eine gerade für Unterrichtsentwicklung wichtige Qualität von programmatischen Perspektiven, die ja immer auch steuerbar und evaluierbar sein sollen.

So hält auch Winter fest, dass es sich bei der begrifflichen Fassung des Übergangs von Selbstständigkeit zu Selbstregulation um die operationale Auffächerung der Selbstständigkeit handelt (vgl. Winter 2004, S. 7). Dabei profitiert der Begriff der Selbstregulation von seiner Herkunft aus der Pädagogischen Psychologie und der dort geläufigen Auslegung von Begriffen auf empirische Überprüfbarkeit. Diese Qualität zeigt sich in dem hohen Grad an Operationalisierung, auf dem das Konzept basiert.

Selbstreguliertes Lernen als Begriff der Pädagogischen Psychologie

Selbstreguliertes Lernen in der Pädagogischen Psychologie ist ein facettenreiches Konzept, das von unterschiedlichen Autoren unterschiedlich expliziert wird. In Anlehnung an Pintrich (2000) lassen sich mindestens vier Gemeinsamkeiten dieser Konzepte in Bezug auf das Lernen und das Regulieren identifizieren (vgl. auch Leopold/Leutner 2003; Schiefele/Pekrun 1996):

1. *Selbstreguliertes Lernen bedeutet, dass die Lerner ihre eigenen Lernprozesse aktiv und konstruktiv gestalten.*
   Das bedeutet, dass Lerner auf der Basis von externen Informationsquellen sowie ihren eigenen Vorstellungen ihre Lerninteressen, ihre Ziele und Strategien aktiv konstruieren. Selbstregulierte Lerner also sind nicht lediglich Rezipienten von Wissen, sondern aktiv Handelnde, die selbst Bedeutung und Sinn beim Lernen hervorbringen.
2. *Selbstreguliertes Lernen bedeutet, dass die Lerner ihre eigenen Lernprozesse überwachen.*
   Das bedeutet, dass Lerner potentiell in der Lage sind, bestimmte kognitive Aspekte zu überwachen, zu kontrollieren und zu regulieren. Diese metakognitiven Prozesse können mittels selbstbezogener Rückmeldungsschleifen realisiert werden (Zimmermann 1989).
3. *Selbstreguliertes Lernen bedeutet, dass die Lerner ihr Lernen an einem bestimmten Sollzustand ausrichten (vgl. Schreiber 1998).*
   Das bedeutet, dass Lerner ihre Lernhandlungen auf das Erreichen eines bestimmten Ziels ausrichten und dass sie im Prozess Kognition, Motivation und Verhalten im Sinne der Zielerreichung anpassen und modifizieren.
4. *Selbstreguliertes Lernen bedeutet, dass die Lerner selbstregulative Aktivitäten als Vermittler zwischen persönlichen und kontextbezogenen Merkmalen einerseits und dem tatsächlichen Lernerfolg andererseits einsetzen.*
   Das bedeutet, dass nicht allein äußere Merkmale (z.B. die unmittelbare Lernumgebung) den Lernerfolg bestimmen, sondern dass die Selbstregulation von Kognition, Motivation und Verhalten des Lerners darüber entscheidet, wie sich Person, Kontext und Lernerfolg zueinander verhalten.

Im Folgenden wird das unterrichtsbezogene Konzept selbstregulierten Lernens von Monique Boekaerts herangezogen, dessen Bedeutung u.a. daran zu erkennen ist, dass es im Rahmen der Interpretation der TIMSS-Daten als Referenzrahmen herangezogen wurde.

Auch wenn die Grundlagen des Konzepts von Boekaerts hier nicht ausgeführt werden, so soll doch wenigsten angedeutet werden, dass das Konzept auf drei Forschungsrichtungen basiert: auf Ergebnissen der Lernstilforschung, auf Untersuchungen zu Metakognition und Regulationsstilen sowie auf Theorien zum Selbst (siehe Boekaerts 1999, S. 447).

Auf dieser Basis definiert Boekaerts Selbstregulation wie folgt:

»*Selbstreguliertes Lernen bedeutet, Wissen, Fähigkeiten und Haltung zu entwickeln, die von einem Lernkontext auf einen anderen und von Lernsituationen, in denen diese Informationen angeeignet wurden, auf einen Freizeit- und Arbeitskontext übertragen werden können*« (ebd. S. 446).

Wichtig ist hier zweierlei:

- Konzeptionierung des selbstregulierten Lernens erfordert das Zusammenspiel der Entwicklung von Wissen, Fähigkeiten und Haltung.
- Beim Erlernen der Kompetenzen wird von systematisch angelegten Lernprozessen ausgegangen, deren Ergebnisse auf andere Lernkontexte sowie auf Freizeit und Arbeit transferierbar sind.

Das von Boekaerts angebotene Konzept zur Selbstregulation eignet sich für die Planung, Reflexion und Evaluation von Unterrichtsentwicklung, weil hier Regulationsebenen unterschieden werden, die erkennbar machen, was Gegenstand des Entwicklungsprozesses sein soll und die gleichzeitig zeigen, dass hier mehrere Ebenen miteinander interagieren.

Das Konzept unterscheidet in einem Drei-Ebenen-Modell die

1. Regulation des Verarbeitungsmodus (Wahl kognitiver Strategien)
2. Regulation des Lernprozesses (Gebrauch metakognitiven Wissens)
3. Regulation des Selbst (Wahl von Zielen und Ressourcen).

Im Folgenden werden diese drei Regulationsebenen so beschrieben, dass sowohl die Art der Lernstrategien als auch die handlungsbezogenen Konkretisierungen anhand von Beispielen deutlich werden (zu den Beispielen vgl. Schreiber 1998). Damit wird das Konzept in ein Raster zur Planung, Durchführung und Überprüfung von Selbstregulation in Prozessen der Unterrichtsentwicklung gebracht.

Ebene 1: Regulation des Verarbeitungsmodus; d.h. die Wahl kognitiver Strategien, die das Lernen des Lerninhaltes unterstützen

Auf der ersten Ebene der Selbstregulation sind die Kenntnis und die Fähigkeit zur Anwendung von Strategien der Informationsverarbeitung, verbunden mit Wissen um deren Wert und Nutzen angesprochen. Diese kognitiven Strategien dienen der Auswahl und Aufnahme von Informationen, dem Abspeichern, der Wiederholung und dem Abrufen des Lerninhalts.
Verarbeitungsstrategien sind beispielsweise:

- Organisationsstrategien wie das Anfertigen von Schaubildern oder Gliederungen
- Encodierungsstrategien wie der gezielte Umgang mit Fragen, das Analysieren von Zusammenhängen, das Strukturieren, das Integrieren in vorhandene Informationen, das Bilden von visuellen Vorstellungen und Analogien
- Wiederholungsstrategien wie das Anfertigen von Zusammenfassungen, das Abfragen, die Karteikartentechnik
- Memorierstrategien zur Steigerung der Behaltensleistung wie das Einprägen durch wiederholtes lautes Vorlesen oder das Auswendiglernen von Schlüsselbegriffen.

Die Kenntnis und die Fähigkeit zur Anwendung solcher Verarbeitungsstrategien versetzt Boekaerts zufolge die Lernenden erst in die Lage, ihr eigenes Lernen aktiv zu gestalten. Die angesprochenen kognitiven Strategien können dabei bereichsspezifisch oder allgemein sein.

*Ebene 2: Regulation des Lernprozesses, d.h. der Gebrauch
metakognitiven Wissens zur Steuerung des Lernprozesses*

Die zweite Ebene, die Regulation des Lernprozesses meint die Fähigkeit der Schüler, metakognitives Wissen einzusetzen, um das eigene Lernen so zu organisieren, dass bereichsspezifisches Wissen
und bereichsspezifische Fähigkeiten angeeignet werden können.

Damit kommen Strategien höherer Ordnung, sogenannte metakognitive Strategien, ins Spiel. Hierzu zählen:

- Strategien der Planung z.B. des Lernziels, der Kriterien, der Ziel-
  erreichung und der Mittel, die zur Zielerreichung notwenig sind
- Strategien der Überwachung z.B. des aktuellen Vorgehens, der
  Lernfortschritte und der Ursachen für das Nichterreichen von
  Zielen
- Strategien der Steuerung z.B. durch das Einleiten von Handlun-
  gen aufgrund von Beobachtungen und das bewusste Aufrecht-
  erhalten oder Verändern der Lernhandlungen
- Strategien der Evaluation also der Bewertung der Zielerreichung.

*Ebene 3: Regulation des Selbst, d.h. der Einsatz von Strategien, von
denen es abhängt, wie lange sich ein Lerner mit dem Lernen
beschäftigt*

Die dritte Ebene beinhaltet die Bereitschaft der Lernenden zur
selbstständigen Zielsetzung, zur Selbstaktivierung und zur angemessenen Verarbeitung von Erfolgen und Misserfolgen. Diese Ebene spricht damit die Fähigkeit der Lernenden an, ihre Person beim
Lernen aktiv und reflexiv mit ihren eigenen Wünschen, Bedürfnissen und Erwartungen ins Spiel zu bringen und dabei eigene Ziele
zu stecken und konsequent zu verfolgen.

Mit dieser begrifflichen Fassung des Konzepts und seiner Konkretisierung wird deutlich, wie komplex und voraussetzungsreich
selbstreguliertes Lernen ist. Es impliziert Wissen, Handeln und Haltungen. Die Kenntnis und Beherrschung von Lernstrategien sind
also ebenso wichtig wie Fähigkeiten der Planung, Überwachung

und Kontrolle sowie die Steuerung der eigenen Motivation, Emotion und Volition.

Zu jedem Lernen – insbesondere in der Schule – gehören neben der Selbstregulation auch Formen der Fremdregulation. Deshalb soll im Folgenden der Blick auf die Fremdregulation im Verhältnis zur Selbstregulation gerichtet werden.

Selbstregulation und Fremdregulation

Selbstregulation beim Lernen wird in den einschlägigen Konzepten auf einem Kontinuum zwischen Selbst- und Fremdregulation verortet. Diese Differenzierung ist insbesondere in institutionalisierten Lernprozessen von Bedeutung. Institutionalisiertes Lernen ist ja u.a. durch die Anwesenheit von Professionellen definiert, die das Lernen begleiten, und zwar so, dass die Fremdregulation die Selbstregulation optimal unterstützt. Eine Erkenntnis, die schon Maria Montessori (1870–1952) in den prägnanten Satz gefasst hat »Hilf mir, es selbst zu tun«.

Diese Differenzierung reagiert darauf, dass Lernende aufgrund unterschiedlicher Voraussetzungen in unterschiedlicher Weise in der Lage sind, das eigene Lernen zu steuern und zu kontrollieren (vgl. beispielsweise Simons 1992). Boekaerts bietet auch in diesem Zusammenhang eine hilfreiche Operationalisierung an, indem sie interne, externe und geteilte Regulation unterscheidet (vgl. Boekaerts 1999, S. 450):

- Schülerinnen und Schüler sind in der Lage, ihr Lernen intern zu regulieren, wenn sie ihre eigenen Lernziele bestimmen und keine Instruktionen oder Hilfestellungen von anderen für die Auswahl von Lern- oder Problemlösestrategien brauchen.
- Im Gegensatz dazu brauchen Schülerinnen und Schüler externe Regulation, wenn sie die Bearbeitung einer Aufgabenstellung nicht ohne ein großes Maß an Hilfestellungen bewältigen können.
- Darüber hinaus gibt es gemischte Formen der Regulation, bei denen Schüler und Lehrer die regulativen Funktionen teilen (a.a.O.).

Bevor im nächsten Kapitel die Besonderheit des schulischen Rahmens thematisiert wird, soll im folgenden Abschnitt das Begriffsverständnis selbstregulierten Lernens bezogen auf Unterrichtsentwicklung präzisiert werden.

Selbstreguliertes Lernen in Prozessen der Unterrichtsentwicklung

Mit Blick auf den Kontext, in dem hier ein Konzept selbstregulierten Lernens ausdifferenziert wird, stellt sich die Frage, welches Begriffsverständnis von selbstreguliertem Lernen geeignet ist, um Prozesse der Unterrichtsentwicklung in dieser Richtung zu planen, zu steuern und zu evaluieren.

Die Konzeptualisierung Boekaerts erscheint auch vor dem Hintergrund dieses Interesses geeignet. Sie ermöglicht, drei zentrale Momente selbstregulierten Lernens sowohl einzeln zu planen und zu beobachten, als auch, sie in Beziehung zueinander zu setzen. Für die Planung, Steuerung und Reflexion von Unterrichtsentwicklung schlagen wir deshalb auf der Basis der drei von Boekaerts identifizierten Ebenen die Verwendung von drei Termini vor:

- **Lernstrategien.** Dieser Aspekt korrespondiert mit der von Boekaerts beschriebenen Regulation des Verarbeitungsmodus. Er beschreibt Formen des Umgangs mit fachlichen und unterrichtlichen Anforderungen.
- **Lernprozessüberwachung.** Dieser Aspekt korrespondiert mit der von Boekaerts beschriebenen Regulation des Lernprozesses. Er thematisiert die Kontrolle des eigenen Lernens auf der metakognitiven Ebene.
- **Selbstaktivierung.** Dieser Aspekt korrespondiert mit der von Boekaerts beschriebenen Regulation des Selbst. Er fasst die Bereitschaft und die Fähigkeit zur individuellen Zielsetzung und zum Umgang mit Motivation und Emotion.

Reflexion

Hinweis zur nachträglichen Reflexion:

Sie haben durch die Ausdifferenzierung des Konzepts der Selbstregulation auf den Ebenen 1 bis 3 konkrete Anhaltspunkte zu Prüfung des Konzepts in der Praxis an die Hand bekommen. An dieser Stelle könnte es interessant sein:

- diese Strategieebenen und die damit verbundenen Beispiele mit dem zu vergleichen, was Sie vor der Lektüre dieses Abschnitts notiert haben
- das schon Erprobte bzw. Beobachtete zu kennzeichnen
- damit konkrete Anhaltspunkte für die Weiterentwicklung von Selbstregulationskompetenz zu bekommen.

2.3.2 Selbstreguliertes Lernen – der schulpädagogische Kontext

In den folgenden Abschnitten wird selbstreguliertes Lernen in einen schulpädagogischen Kontext gestellt. Dabei werden drei Fragen diskutiert:

1. Was wissen wir über das Verhältnis von Selbstregulation und Fremdregulation in der Schule?
2. Was wissen wir über Zusammenhänge zwischen vorliegenden Lernervorstellungen und der Fähigkeit und Bereitschaft zu selbstreguliertem Lernen?
3. Was wissen wir über das Verhältnis von Fachkulturen und selbstreguliertem Lernen?

Selbstregulation als Auseinandersetzung mit Fremdregulation

Im traditionellen Schulunterricht schreiben die Schüler in der Regel den Lehrern die Aufgabe zu, die Gestaltung von Lehr-Lern-Prozessen zu organisieren. Es wird akzeptiert, wenn nicht sogar erwartet, dass die Lehrer im Wesentlichen die Kontrolle darüber haben, was gelernt wird, wie gelernt wird, wann und in welchem Umfang gelernt wird.

Gelernt wird nicht induktiv, d.h. situationsspezifisch im Vollzug des alltäglichen Lebens, sondern »Lernen in der Schule ist immer und unvermeidlich stellvertretendes Lernen« (Baumert 2003, S. 214). Gemeint ist damit, dass Schülerinnen und Schüler im Unterricht mit fachlichen Gegenständen und Arbeitsweisen konfrontiert werden, die »zum Zwecke des Lernens pädagogisch präpariert sind« (ebd.).

Solche Definitionen implizieren nicht zwingend ein bestimmtes Bild vom Lernenden. Es lässt sich aber auch empirisch nachweisen, dass Schüler aufgrund ihrer Erfahrungen mit schulischem Lernen in den üblichen Settings eine klare Rollenvorstellung ausbilden, in der es Aufgabe der Lehrkraft ist, die benötigten Ressourcen bereitzustellen, zu motivieren, den Lernprozess zu überwachen und die Leistung zu beurteilen (vgl. Meyer/Schmidt 2000).

Solchen Rollenvorstellungen schreiben Boekaerts & Niemivirta einen negativen Einfluss auf die Entwicklung von Selbstregulation zu. Gute Bedingungen für die Entwicklung von selbstreguliertem Lernen sind dann gegeben, wenn die Lernenden die Möglichkeit haben, beim Lernen eigene Ziele zu wählen und zu verfolgen (ebd. 2000, S. 419).

Das impliziert: Eine von der Lehrkraft geschaffene Lerngelegenheit muss den Lernenden eine Chance geben, für sich selbst relevante Bezüge zum Lerngegenstand aufzubauen. Nur so können für Schüler bedeutsame Lernprozesse entstehen. Somit ist Fremdregulation in der Schule als ein Angebot an die Schüler zu verstehen, das sie für die eigenständige Gestaltung ihres Lernprozesses nutzen können, wobei diese Nutzung bestimmter Kompetenzen bedarf.

Damit wird deutlich, dass selbstreguliertes Lernen in der Schule immer auch impliziert, dass eine Auseinandersetzung mit Fremdregulation stattfindet. Selbstregulation bedeutet also nicht, dass Schüler unabhängig von den Rahmungen und Setzungen der Schule ihr Lernen steuern. Selbstregulation beim Lernen entfaltet sich in einem Spannungsfeld von fremdregulierten Angeboten sowie selbstregulierten Handlungen.

Diese Ausführungen zum Zusammenspiel von Selbst- und Fremdregulation bestätigen die Bedeutung einer These, die gerade in Lernsettings mit hoher Schülerpartizipation – also beispielsweise dem Projektunterricht – immer wieder in Erinnerung gerufen werden muss: Es ist die These von der Verantwortung des Lehrenden für die Selbstverantwortung der Lernenden (vgl. dazu Abschnitt Qualitätsmerkmale und Unterrichtsentwicklung Kap. 1.2.3; zum Hintergrund vgl. Bastian/Combe 1997, S. 231f.).

Die Bedeutung von Lernvorstellungen für selbstreguliertes Lernen

Die Lernvorstellungen beziehen sich nicht nur – wie im voranstehenden Abschnitt deutlich wurde – auf die Rollenverteilung zwischen Lernenden und Lehrenden. Bedeutsam sind auch Vorstellungen der Lerner über ihre eigenen Ziele, Bedürfnisse und Aspirationen beim Lernen. Auch diese können – wenn sie nur vage sind oder gar nicht wahrgenommen werden – eine Entwicklung der Selbstregulation erschweren (vgl. Boekaerts/Niemivirta 2000, S. 419).

Kaiser betont im Rahmen seiner Studie zur Entwicklung von Selbstlernkompetenz, dass die Nutzung von selbststeuernden Verfahren nicht unwesentlich aus den subjektiven Theorien der Lernenden resultiert:

> »Wer über eine einfache Lerntheorie verfügt, wird sich wenig bis kaum metakognitiv kontrollieren. Dies liegt nicht zuletzt am Aufgabentyp begründet, mit dem er sich konfrontiert sieht. Er ist nämlich primär auf Einprägen, Aneignen von Wissenselementen ausgerichtet, wozu lediglich einfache, kaum modifizierungsbedürftige Strategien erforderlich sind und folglich kaum intensive metakognitive Steuerung vonnöten ist« (ebd., S. 26).

Umgekehrt leuchtet ein: Wer Lernen eher als Auseinandersetzung mit Problemen statt einer Ansammlung von isolierten Wissenselementen begreift, wird leicht den denk- und lernunterstützenden Wert metakognitiver Techniken einsehen und an ihrer Aneignung im Blick auf Selbstlernkompetenz interessiert sein (vgl. Vermunt/van Rijswijk 1988, S. 662).

Neben den allgemeinen Auffassungen über Lernen kommt insbesondere den Vorstellungen der Lerner über das Lernen in einem bestimmten Fach eine entscheidende Bedeutung zu. So wird zum Beispiel in der Mathematikdidaktik davon ausgegangen, dass das Lernen von und das Verhalten gegenüber Mathematik erheblich von den Vorstellungen der Lernenden (und im Übrigen auch der Lehrenden) über dieses Fach beeinflusst wird.

Pehkonen formuliert dazu:

»Die mathematischen Vorstellungen des Schülers wirken wie ein Filter, der fast alle seine Gedanken und Tätigkeiten bezüglich der Mathematik modifiziert« (Pehkonen 1993, S. 306).

Die vorangegangenen Ausführungen verdeutlichen, dass den Lernvorstellungen der Schülerinnen und Schüler eine große Bedeutung hinsichtlich der Bereitschaft und der Fähigkeit zur Selbstregulation beim Lernen zukommt. Sie fungieren als eine Art »Wahrnehmungsfilter« und sind maßgeblich durch die schulischen Erfahrungen geprägt.

Für Unterrichtsentwicklung stellt sich damit die Aufgabe, die Schülervorstellungen über ihr Lernen, die Lernerfahrungen und insbesondere die Funktion von Selbst- und Fremdregulation für das Lernen ins Gespräch zu bringen. Auf diese Weise können Zusammenhänge von Lernvorstellungen, Lernerfahrungen und der Bereitschaft und Fähigkeit zur Selbstregulation sichtbar und reflektierbar und bearbeitbar gemacht werden.

Selbstreguliertes Lernens im Rahmen von Fachkulturen

Eng mit der Diskussion über fachbezogene Vorstellungen vom Lernen ist die Diskussion über Fachkulturen verknüpft. Die Rede von Fachkulturen verweist auf kulturell tief verwurzelte Erwartungen über die Eigenheiten eines Gegenstandsbereichs, seine Fragestellungen, Methoden und paradigmatischen Problemlösungen.

In Bezug auf die Kultur eines Schulfaches dürften vor allem Vorstellungen von Bedeutung sein, die Lehrerinnen und Lehrer über das gegenstandsspezifische Wissen, den Wissenserwerb und vor allem hinsichtlich entsprechender Lehr-Lern-Formen haben. Es ist das Verdienst von TIMSS (2000) auf »epistemologische Überzeugungen« im Sinne von »intuitive[n] Theorien, die integraler Teil des Fachverständnisses sind«, hingewiesen zu haben (Köller/Baumert/Neubrand 2000, S. 268).

Wie für den Bereich des Mathematiklernens bereits angedeutet, gibt es fachtypische Schülervorstellungen über das Lernen, die Prozesse der Selbstregulation beeinflussen können. Im Folgenden soll der Diskussionsstand der Mathematikdidaktik in Bezug auf selbstreguliertes Lernen auszugsweise vorgestellt werden. An diesem Beispiel soll deutlich werden, welche Bedeutung Selbstregulation im modernen Selbstverständnis eines Faches haben kann. Ähnliche Diskussionen gibt es auch für andere Fachdidaktiken (zur Diskussion in der Deutschdidaktik und zu eigenen Ergebnissen vgl. Merziger 2006).

In der Mathematikdidaktik wird selbstreguliertes Lernen als ein Aspekt der für das Mathematiklernen zentralen Metakognition diskutiert (vgl. Sjuts 2003). Die Untersuchungsergebnisse zur Metakognition verweisen zum einen darauf, dass Metakognition die Effektivität von Denken und Lernen erhöht, betonen zum anderen aber auch, dass Metakognition an Bedingungen wie beispielsweise die Aufgabenstellungen gebunden ist.

Die Wirksamkeit von Metakognition ist durch zahlreiche empirische Studien belegt (Hasselborn 1998; Opwis 1998; Kaiser/Kaiser 1999). Hingewiesen wird dabei insbesondere auf die Wirksamkeit einer expliziten Vermittlung von Strategien, die die Planung von Lernaktivitäten, die Bewertung des eigenen Lernfortschritts durch aktive Selbstüberwachung sowie die flexible Regulation des eigenen Lernverhaltens thematisieren (Opwis 1998, S. 374).

Metakognition wird der Status einer »Protokompetenz« in Bezug auf das Mathematiklernen bescheinigt:

»Sie ist Bedingung für den Erwerb und die Anwendung einer Vielzahl von Schlüsselqualifikationen, etwa der zum selbständigen Umgang mit Problemen, des Selbstlernens, der Flexibilität. In diesem Sinne optimiert Metakognition Lernen und fördert Transfer.

Sie setzt die vollen Möglichkeiten frei, über die ein Subjekt von seinem Repertoire an kognitiven Strategien her verfügt« (Kaiser/ Kaiser 1999, S. 172).

Dabei wird immer wieder darauf verwiesen, dass die Entwicklung von Metakognition nicht einfach den Lernenden überlassen werden kann. Selbstreguliertes Lernen erfolgt also nicht dadurch, dass fremdreguliertes Lernen schlicht vermindert wird; es gibt sogar Hinweise darauf, dass eine Überbetonung des eigenständigen Lernens dessen Wirkung verringert (vgl. Sjuts 2003). Lehrkräften kommt daher die unverzichtbare Aufgabe des Anleitens, Beratens, Unterstützens und Sicherstellens bei der angestrebten Kultivierung von Metakognition zu. Es gibt also weder eine inhaltsfreie noch eine unterstützungsfreie Entwicklung von Metakognition beim Mathematiklernen.

Bezogen auf Unterrichtsentwicklung bedeuten die voranstehenden Erkenntnisse, dass die Fachkonferenzen ein zentraler Ort sind, in denen die fachspezifischen Lernvorstellungen und die jeweiligen Anforderungen an selbstgesteuertes Lernen aufgearbeitet und die entsprechenden Unterstützungsformen und Curricula entwickelt werden müssen (zur Arbeit der Fachkonferenzen vgl. Kap. 3).

2.3.3 Selbstreguliertes Lernen – Förderung von Entwicklungsmöglichkeiten

Es kann an dieser Stelle keine vollständige Darstellung aller Forschungen gegeben werden, die eine Förderung selbstregulierten Lernens anstreben. Um trotzdem einen Überblick zu gewährleisten, wird eine Systematisierung vorgenommen, die zwei sehr unterschiedliche Kernbereiche der Förderung selbstregulierten Lernens ausmacht.

Zunächst werden Interventionsstudien der Pädagogischen Psychologie vorgestellt, die sich auf das Training von Lern- und Regulationsstrategien beziehen. Danach wird der schulpädagogische Ansatz zur Förderung von Lernkompetenz im Netzwerk innovativer Schulen vorgestellt.

Interventionsstudien der Pädagogischen Psychologie

Interventionsstudien geben Aufschluss darüber, welchen Effekt eine (gezielt eingeübte) Lernstrategie bzw. mehrere miteinander kombinierte Lernstrategien auf den Lernerfolg haben. Eine von Hattie et al. (1996) durchgeführte Metaanalyse von 51 Interventionsstudien legt nahe, dass der Einsatz von Lernstrategien auf einen konkreten Aufgaben- bzw. Inhaltsbereich bezogen sein sollte und dass gleichzeitig die Fähigkeit zur Selbstregulation gelernt werden sollte (vgl. Leopold/Leutner 2003, S. 58).

Leopold/Leutner (2003) konnten in einem eigenen Trainingsprogramm zum selbstregulierten Lernen die Annahme festigen, dass gerade das kombinierte Training von Lern- und Regulationsstrategien einen wesentlichen Einfluss auf den Lernerfolg hat.

Diese Befunde machen deutlich, dass die Fähigkeit zur Selbstregulation des Lernens durch aufgaben- und inhaltsbezogene Trainingsprogramme entwickelt werden kann, in denen spezifische Lernstrategien sowie die Regulation des zielführenden Einsatzes der jeweiligen Strategien vermittelt und eingeübt werden (Leopold/Leutner 2003, S. 62). Gleichzeitig stellen sie fest, dass es nur wenige Ansätze gibt, welche die Fähigkeit zu selbstreguliertem Lernen gezielt fördern (a.a.O.).

Nach diesem knappen Blick in die lehrlerntheoretische Forschung der Pädagogischen Psychologie bezüglich einer Entwicklung selbstregulierten Lernens wird im folgenden Abschnitt der Blick auf den schulpädagogischen Bereich gelenkt.

Das Konzept der Lernkompetenz in der schulpädagogischen Diskussion

In der aktuellen schulpädagogischen Diskussion ist weniger von Selbstregulation als von Lernkompetenz die Rede. Zwischen Lernkompetenz und selbstreguliertem Lernen gibt es viele Überschneidungen; gleichzeitig thematisieren die Konzepte aber unterschiedliche Dimensionen. Lernkompetenz thematisiert Sach-, Methoden und Selbst- bzw. Sozialkompetenz, selbstreguliertes Lernen thema-

tisiert die Fähigkeiten zum Einsatz von Lernstrategien, zur Lernprozessüberwachung und zur Selbstaktivierung.

Ein zentraler Unterschied zeigt sich hinsichtlich der Thematisierung von Metakognition. Für selbstreguliertes Lernen spielt diese
im Bereich der Lernprozessüberwachung eine zentrale Rolle, bei
Lernkompetenz wird diese nicht explizit thematisiert, obwohl im
Bereich der Methodenkompetenz Instrumente der Selbstüberwachung wie Lerntagebücher oder Portfolios eine wichtige Rolle spielen.

Für Unterrichtsentwicklung ist das Konzept der Lernkompetenzförderung ein interessanter Bezugspunkt, weil es in der Schul-
praxis erprobt wurde. Eine im »Netzwerk innovativer Schulen in
Deutschland« von der Bertelsmann Stiftung eingesetzte Experten-
runde hat im Jahr 2002 eine aktuelle Bestandsaufnahme der wissenschaftlichen Diskussion und der schulpraktischen Umsetzung
der Lernkompetenzförderung durchgeführt. Darin heißt es:

> *»Der Kernbereich der Förderung von Lernkompetenz in der Schule
> ist der (Fach-)Unterricht. Lernkompetenz wird dann gefördert,
> wenn die fachlichen Lernziele in den Fächern (bzw. fächerüber-
> greifenden Lernbereichen) gleichgewichtig erweitert werden um
> die für die Lernkompetenz relevanten überfachlichen Kompeten-
> zen. Die Verankerung der Förderung der Lernkompetenz im
> Schulprogramm, die Einbettung in die Fachlehrpläne, eine syste-
> matische Veränderung der Lehr- und Lernkulturen hin zu selbst-
> bestimmten Lernprozessen, deren Unterstützung durch adäquate
> Unterrichtsmaterialien und die Befähigung der Schüler zur zu-
> nehmend selbstständigen Reflexion des Lernens sind die Schlüssel-
> faktoren für die gezielte Förderung der Lernkompetenz«* (Czer-
> wanski/Solzbacher/Vollstädt 2002, 120f.).

In dieser Passage werden die Bezüge zur Unterrichtsentwicklung
besonders deutlich: Das Konzept der Förderung von Lernkompetenz geht von folgenden Voraussetzungen aus:

- Die Förderung von Lernkompetenz soll in den Fachunterricht
  integriert sein.

- Geeignete Lernmaterialien müssen dafür entwickelt werden.
- Die strukturelle und organisatorische Verankerung in den Entwicklungsprozess der Schule ist von Bedeutung.

Lernkompetenz als schulpädagogisches Konzept bezieht mit dem Hinweis auf den dritten Aspekt damit systematisch die Potenziale der Institution für die Entwicklung der gewünschten Kompetenzen ein. Diese sog. systemische Ebene wird im Konzept des selbstregulierten Lernens nicht thematisiert, kann jedoch integriert werden.

Die Recherche der Expertengruppe zeigt weiter, dass drei Viertel der untersuchten Schulen die Lernkompetenz explizit fördern. Ein Drittel der Schulen verfolgt eine implizite Förderung und geht davon aus, dass offener und handlungsorientierter Unterricht zwangsläufig zur Förderung der Lernkompetenz beiträgt (ebd., S. 83).

Explizite Lernkompetenzförderung konnte insbesondere im Sekundarbereich beobachtet werden. Diese Schulen haben sich für separate Trainingskurse im Fachunterricht entschieden, in denen Lernkompetenz gefördert werden soll. Dabei konnten verschiedene Wege der Unterrichtsentwicklung nachgezeichnet werden: Manche haben mit separaten Trainings begonnen, von dort die Integration in den Fachunterricht vorgenommen und den Unterricht schrittweise geöffnet; andere haben seit langem mit Formen offenen Unterrichts gearbeitet und die fehlende methodische Kompetenz durch gezielte Trainings nachgeholt (ebd., S. 80).

Bezogen auf die Frage, was an den untersuchten Schulen für die Reflexion und Evaluation von Lehr- und Lernleistungen getan wird, gibt es folgenden Befund:

>*»In mehreren Schulen wurde von einer Feedback-Kultur berichtet, die vor allem die Schüler aktiv einbezieht. In mehreren Schulen werden Selbstreflexionsbögen für die Schüler entwickelt, es wird mit Beobachtungsbögen, Lerntagebüchern und Portfolios gearbeitet, oder es werden individuelle Gespräche geführt«* (ebd., S. 86).

Wir können also festhalten, dass Formen systematischer Rückmeldung an innovativen Schulen im Rahmen einer Förderung von Lernkompetenz zum Einsatz kommen.

Zusammenfassend kann zum Konzept der Lernkompetenz fest-
gehalten werden: Auch im Konzept der Lernkompetenz ist – wie im
Konzept des selbstregulierten Lernens – eine Differenzierung von
Kompetenzen enthalten. Diese bleibt allerdings auf der Ebene der
Benennung von Teilkompetenzen und enthält keine Angaben zu
Lernstrategien, Strategien der Selbstüberwachung und der Selbst-
aktivierung. Für die Planung, Durchführung und Evaluation von
Lernkompetenz im Rahmen von Unterrichtsentwicklung bietet sich
also eine Integration der Konzepte an.

2.3.4 Systematisches Feedback – die Grundlagen

Prozesse systematischer Rückmeldung werden im Zusammenhang
mit der Verbesserung von Lehr-Lern-Prozessen im Unterricht diskutiert (vgl. Bastian/Combe/Langer 2005). Wie systematische Rückmeldung als Instrument der Unterrichtsentwicklung konkret genutzt werden kann, das wird ausführlich in Kap. 3.2 dargestellt.
Hier wird zunächst der Begründungsrahmen gelegt:

- Zunächst wird das Lernverständnis von systematischem Feed-
  back skizziert.
- Dann wird zwischen Feedback zu Unterrichtsprozessen sowie
  Feedback zu Leistungen und Lernprozessen differenziert.

Reflexion

Ähnlich wie in der Vorabreflexion von Selbstregulation kann es auch vor
der Lektüre des folgenden Abschnitts sinnvoll sein, sich zunächst den
Stand der Entwicklung und des eigenen Nachdenkens zum Konzept
der Rückmeldung vor Augen zu führen und einige Notizen zu den folgenden Fragen zu machen:

- Mit welchen Methoden bzw. Instrumenten haben Sie bislang die
  Entwicklung von Feedbackkompetenz der Schüler unterstützt (bzw.
  wurden Sie unterstützt)?
- Welche konkreten Methoden bzw. Instrumente zur Unterstützung
  von Rückmeldeprozessen haben Sie bislang in Ihrem Umfeld beobachten können?

Zum Lernverständnis als Rahmung von Feedback

Der derzeitige Stand der Diskussion weist Lernen als einen aktiven Prozess der Informationsaufnahme und -verarbeitung aus, welcher von den Lernenden selbst in sozialer Interaktion und in der Auseinandersetzung mit der gegebenen Lernsituation gestaltet wird (vgl. Roth 2003; Tippelt 2003). Eine solche Bestimmung von Lernprozessen bezieht ihre theoretische Fundierung aus moderat-konstruktivistischen Lerntheorien.

Damit der eigentätige und reflexive Aufbau von Wissen und Fähigkeiten gelingt, bedarf es – wie in den vorangegangenen Abschnitten immer wieder belegt wurde – einer konkreten Unterstützung der Schülerinnen und Schüler. Ein solches Unterstützungsinstrumentarium ist das systematische Feedback. Lernprozesse sollen auf diese Weise selbst Gegenstand des Unterrichts und der systematischen Betrachtung werden. Dabei werden metakognitive Komponenten angesprochen (vgl. z.B. Christmann/Groeben 1999, S. 195).

Ein erster Kernbereich systematischen Feedbacks im Unterricht ist die sogenannte Schülerrückmeldung, deren Ziel das gemeinsame Nachdenken von Lehrern und Schülern über ihre Arbeit ist (Bastian/Combe/Langer 2005, S. 11). Eine solche Verständigung über Entwicklungsperspektiven des Unterrichts setzt auf die »didaktische Reflexionskompetenz« von Schülern. So geben Meyer/Schmidt auf der Basis ihrer Untersuchung von Schülermitbeteiligung im Fachunterricht die Empfehlung, die bislang unausgeschöpfte didaktische Kompetenz von Schülern zu nutzen, indem diese als Partner in Überlegungen zur Verbesserung von Unterricht eingebunden werden (vgl. Meyer/Schmidt 2000, S. 212f.).

Der zweite Kernbereich systematischen Feedbacks verfolgt das Ziel, das Lernen der Schülerinnen und Schüler zu thematisieren und damit zu verbessern. Dabei taucht die Frage auf, wie Lernprozesse überhaupt so aufbereitet werden können, dass sie für Reflexion und Kommunikation zugänglich sind. Genau da setzt systematische Rückmeldung ein, wo mithilfe bestimmter Methoden individuelle Lernprozesse expliziert und dokumentiert werden. Dabei wird auf nachträgliche Reflexion Bezug genommen, so dass sich ein reflexives Verhältnis zum eigenen Lernen entwickeln kann.

Systematisches Feedback zu Unterrichtsprozessen

Systematisches Feedback zu Unterrichtsprozessen zielt darauf ab, eine von Lehrern und Schülern gemeinsam getragene produktive Form des Umgangs mit der Komplexität des Unterrichts zu entwickeln. Dementsprechend ist systematisches Feedback kein Beurteilungs-, sondern ein Entwicklungsinstrument, das seine eigentliche Form dann gewinnt, »wenn Rückmeldung den Charakter einer gemeinsamen Beratung zwischen Lehrern und Schülern annimmt; wenn beide Seiten etwas über die Wirksamkeit ihres Verhaltens und ihre besonderen Aufgaben bei der Verbesserung des Unterrichts erfahren« (vgl. Bastian/Combe/Langer 2005, S. 15).

Wir haben für den Bereich der Rückmeldung über Unterrichtsarbeit eine Systematisierung der Methoden vorgenommen und den Gelenkstellen des Unterrichts zugeordnet (ausführlich Kap. 3.3):

- So gibt es das Feedback am Beginn einer neuen Lerneinheit, das Erwartungen und Vorstellungen der Beteiligten zur Sprache bringt und letztlich Ausgangspunkt für eine gemeinsame Zielentwicklung und Planung darstellt (ebd., S. 114–121).
- Parallel zum Unterrichtsverlauf werden Feedbackmethoden ausgewählt, die Kommentare, Wünsche, Anregungen, Probleme im laufenden Prozess erheben und diskutierbar machen, um daraus Konsequenzen zu ziehen (ebd., S. 122–132).
- Ein abschließendes Feedback wird eingesetzt, wenn der Blick auf die vergangene Lerneinheit gerichtet werden soll. Hier können Erfahrungen expliziert werden um Konsequenzen für die Weiterarbeit zu formulieren (ebd., S. 133–139).
- Als besondere Variante werden Feedbackverfahren zur Zusammenarbeit genannt. Sie ermöglichen Rückmeldung an Einzelne zu ihrem Einsatz und ihrem Verhalten im Rahmen einer Gruppenarbeit oder an eine Gruppe als Ganzes (ebd., S. 140–144).

Von diesen Formen der Rückmeldung, die eine Reflexion der »Gemeinschaftsaufgabe Unterricht« zum Ziel haben, sind nun solche zu unterscheiden, die individuelle Lernprozesse der Schülerinnen und Schüler und deren fachbezogene Leistungen zum Gegenstand haben.

Systematisches Feedback zu Leistung und Lernprozessen von Schülerinnen und Schülern

Systematisches Feedback zu Leistungen und Lernprozessen von Schülerinnen und Schülern zielt darauf, die Verständigung sowohl untereinander als auch zwischen Lehrern und Schülern über die Qualität der jeweiligen Leistung zu verbessern. Dahinter steht das Interesse, die Schüler zu einer genaueren Beobachtung ihres Arbeits- und Lernverhaltens anzuregen und so zu lernen, ihre Lernprozesse eigenverantwortlich zu steuern und zu beurteilen (ebd., S. 157).

Dafür ist zunächst eine Dokumentation dessen notwendig, was Gegenstand der Reflexion und Beurteilung des gemeinsamen Austauschs werden soll. Solche Dokumentationen sind Ergebnis einer Rekonstruktion von einerseits Lernhandlungen des Individuums und andererseits von Sinnzuschreibungen, die im Individuum stattfinden.

Bei der Reflexion von Lernprozessen kann beispielsweise eine Dokumentation der Auseinandersetzung des Schülers mit dem Lerngegenstand in Form von aufgezeichneten Arbeitsschritten ebenso wie das Notieren von Gedanken zur Arbeitsplanung oder das Festhalten von Fragen und Schwierigkeiten gehören (vgl. Ruf/ Gallin 1999).

Konzeptionell gelöst wurde die Frage einer angemessenen Dokumentation beispielsweise mit dem Portfolio (vgl. z.B. Winter 2004). Daneben gibt es zwei weitere prominente Instrumente, mit denen Lernprozesse und Leistungen von Schülern dokumentiert, reflektiert und diskutiert werden können: Kompetenzraster und Lerntagebücher (zum Einsatz von Kompetenzrastern vgl. Merziger/Schnack 2005).

Alle genannten Formen systematischer Rückmeldung beanspruchen und fördern im Wesentlichen eine Reflexivität gegenüber Leistungen, Lernprozessen und Unterricht und außerdem eine Beurteilung von Lehr-Lern-Prozessen anhand von Kriterien.

2.3.5 Systematisches Feedback und selbstreguliertes Lernen

In diesem Abschnitt geht es um eine Verhältnisbestimmung von selbstreguliertem Lernen und systematischem Feedback. Die Frage lautet: Welche theoretischen Begründungen und empirischen Befunde deuten darauf hin, dass über Prozesse systematischer Rückmeldung eine Entwicklung von Selbstregulation bei den Schülerinnen und Schülern befördert wird? Dazu wird systematisches Feedback als konzeptionelle Teilmenge von selbstreguliertem Lernen definiert.

Systematische Rückmeldung hat die Funktion, auf verschiedene Weisen Lernen, Unterricht und Leistung für Schüler und Lehrer einer Reflexion, Beurteilung und Einflussnahme zugänglich zu machen und einen Dialog über Unterricht und Lernen anzubahnen. In Bezug auf das breite Spektrum an Rückmeldeverfahren lassen sich drei Kernpunkte identifizieren, die eine Förderung von Selbstregulation plausibel machen:

1. Entwicklung eines differenzierten Bildes vom eigenen Lernen
2. Entwicklung von Reflexions- und (Selbst-)Beurteilungskompetenz
3. Erwerb von Steuerungswissen in Bezug auf das eigene Lernen.

Entwicklung eines differenzierten Bildes vom eigenen Lernen

Ein differenziertes Bild vom eigenen Lernen kann nur über die Vergegenwärtigung von für den Lernprozess bedeutsamen Faktoren aufgebaut werden; denn die Lernprozesse selbst sind nicht sichtbar. Die Rede ist also von einer Betrachtung des eigenen Lernweges im Nachhinein. Für selbstreguliertes Lernen stellt dieser Vorgang der Bewusstmachung des eigenen Lernens eine unverzichtbare Voraussetzung dar.

So können Schüler ein Bewusstsein dafür entwickeln, woraus ihre Lernprozesse bestehen und welche Elemente es sind, die sie selbst steuern können. Dieser Prozess der Überführung von unreflektiert vorgenommenen Lernhandlungen sowie begleitenden Gedanken und Emotionen in reflektierte Facetten und Stadien eines Lernprozesses kann als Rekonstruktion eines Lernprozesses bezeichnet werden.

Damit ist verbunden, dass die Schüler ein Bild von sich als Lernenden entwickeln. Dies ist für selbstreguliertes Lernen insofern bedeutsam, als die Vorstellung von sich selbst als einem beim Lernen aktiv Handelnden eine Voraussetzung für selbstreguliertes Lernen ist. Lernen muss dabei von den Schülern als aktiver Prozess begriffen werden, der ihrer Wahrnehmung, ihrer Kontrolle und ihrer Steuerung zugänglich ist (vgl. Boekaerts 1999, S. 451).

Der Begriff der Rekonstruktion deutet die Nachträglichkeit des Vorgangs an. Das, was als Lernprozess beschrieben und inhaltlich ausdifferenziert werden kann, ist das Produkt einer nachträglich folgenden Reflexion. Mit Reflexion ist ein Aussteigen aus dem unmittelbaren Erleben verbunden. Die Möglichkeit eines nachträglichen Zugriffs auf das eigene Lernen und die Notwendigkeit des Sichtbarmachens von für den Lernprozess bedeutsamen Faktoren, können in Rückmeldeinstrumenten eine Form und eine Struktur finden.

Die Rekonstruktion von Lernprozessen – wie es in Prozessen systematischer Rückmeldung angestrebt ist – sorgt, so die Funktionshypothese, für eine differenzierte Wahrnehmung des eigenen Lernens und kann die eigenen Vorstellungen vom »Ich als Lerner« modifizieren und erweitern.

Entwicklung von Reflexions- und (Selbst-)Beurteilungskompetenz

Dieser Aspekt rekurriert darauf, dass die Schüler bei der Arbeit mit Rückmeldeinstrumenten bestimmte Fähigkeiten üben, die für selbstreguliertes Lernen bedeutsam sind. Rückmelde-Arbeit wird demnach nicht nur an den Unterricht herangetragen, um diesen zu verbessern – sie wird vielmehr ein Bestandteil des Lernens, der das Lernen als individuellen Prozess verbessern soll.

Zu den Fähigkeiten, die bei Rückmelde-Arbeiten in besonderer Weise geübt werden, gehören Reflexion und Beurteilung bzw.

Selbstbeurteilung. Dies ist für die Entwicklung von Selbststeuerung insofern von Bedeutung, weil nur derjenige, der die eigenen Lernergebnisse angemessen einschätzen kann, auch sinnvoll und effektiv weiterlernen kann, weil er nur so den Ausgangspunkt für seine weitere Lernplanung kennt (vgl. Czerwanski/Solzbacher/Vollstädt 2002, S. 10).

Aebli nennt ein solches Vorgehen »Arbeitsrückschau« und beschreibt es als »eine Repetition, die im Gegensatz zu den herkömmlichen Wiederholungen nicht auf den Inhalt ausgerichtet ist, sondern den durchlaufenden Arbeitsprozess untersucht« (ebd. 1983, S. 368).

Fragen wir, was jemand kann, der über sein Lernen reflektieren kann, dann werden die Zusammenhänge zwischen Selbstreflexion und Selbstregulation schon erkennbar.

- Er bzw. sie begreift sich selbst als Akteur beim Lernen und übernimmt dafür Verantwortung.
- Er bzw. sie kann rückblickend seine erbrachten Leistungen mit seinen Lernhandlungen in Beziehung setzen.
- Er bzw. sie ist in der Lage, den Lernprozess in seinen Strukturen und Merkmalen zu erkennen.
- Er bzw. sie kennt die eigenen Stärken und Schwächen sowie die typischen Handlungsmuster.

In welchem systematischen Zusammenhang steht die Kompetenz zur Selbstreflexion nun zur Kompetenz des selbstregulierten Lernens? Es ist erkennbar, dass die von Boekaerts auf der dritten Ebene genannte Regulation des Selbst ohne Formen der Reflexivität gar nicht denkbar ist. Das Wissen um eigene Stärken und Schwächen in Bezug auf spezielle Fachanforderungen oder in Bezug auf Leistungen der Selbstaktivierung setzt Reflexionen über eigene Handlungen, eigene Gedanken und eigene Gefühle voraus.

Dabei kann Reflexionskompetenz als Teilkompetenz selbstregulierten Lernens ihre Wirksamkeit sowohl auf der Ebene der Selbstaktivierung entfalten als auch auf der Ebene der Lernprozessüberwachung. Im ersten Fall wären die Reflexionen stärker auf die eigenen Lernmotive bzw. Lernblockaden gerichtet, im zweiten Fall stärker auf Fragen des Fortkommens im Lernprozess.

Reflexionskompetenz wird aber auch auf der Ebene der Regulation des Lernprozesses eingefordert. Die Aufgabe, sich beispielsweise über ein Lerntagebuch zu vergangenen Lernprozessen ins Verhältnis zu setzen und über ihre Qualität oder ihren Entstehungsweg nachzudenken, ist ohne Reflexionskompetenz nicht vorstellbar.

In Unterricht und Schule bleibt es allerdings nicht bei der Forderung nach Reflexion. Die institutionelle Verfasstheit verlangt auch eine Beurteilung von Lernprodukten und -prozessen. Daraus lässt sich folgern, dass unter der Prämisse des selbstregulierten Lernens Prozesse der externen Bewertung für den laufenden Lernprozess fruchtbar gemacht werden und dass Formen der Selbstbeurteilung entwickelt werden müssen.

Während die auf das Lernen bezogene Reflexion zum Ziel hat, den Prozess zu verstehen, geht es bei der (auf sich bezogenen) Beurteilung darum, eine als aus dem Prozess herausgehobene Leistung zu beurteilen. Hierfür gibt es einen Maßstab, zu dem die eigene Leistung ins Verhältnis gesetzt wird. Eine solche Beurteilung ist kein Abbild eines Arbeits- bzw. Lernprozesses, sie ist vielmehr als dessen Transformation in ein Beurteilungssystem zu verstehen.

Partizipationskonzepte verweisen einhellig darauf, dass ein Lernprozess, der langfristig Mitverantwortung für Planung und Gestaltung des Lernens fördern will, am Ende nicht allein vom Lehrenden beurteilt werden kann, und dass ein Lernprozess, der langfristig auf Förderung von inhaltlichen, arbeitsmethodischen und sozialen Fähigkeiten abzielt, nicht nur auf das Abprüfen von Wissen ausgerichtet sein darf (vgl. Bastian 1997, S. 231ff. und Breuer et al. 2000, S. 33f.).

Feedbackmethoden wie beispielsweise Selbsteinschätzungsbögen oder Kompetenzraster unterstützen solche Perspektiven der Selbstbeurteilung, weil sie die Möglichkeit bieten, die eigene Leistung durch Selbstbeurteilung zu externen Referenzsystemen in Beziehung zu setzen.

Es stellt sich auch hier die Frage, wie sich die skizzierte Beurteilungskompetenz zur Kompetenz des selbstregulierten Lernens verhält. Die Antwort ist unschwer zu erkennen: Selbstregulierte Lerner sollen in der Lage sein, ihren Lernprozess zu überwachen, zu kontrollieren und daraus entsprechende Konsequenzen ableiten. Dabei wird es zwangsläufig notwendig Beurteilungen über den erreichten Lernstand, aber auch über die Güte eingesetzter Lernstrategien zu fällen. Die Fähigkeit, seine eigenen Leistungen und die Qualität seines Lernprozesses zu vorgegebenen Maßstäben in Beziehung setzen zu können, ist eine unverzichtbare Voraussetzung für die Regulation des eigenen Lernens in metakognitiver Hinsicht.

Erwerb von Steuerungswissen in Bezug auf das eigene Lernen

Die methodengestützte Reflexion und Beurteilung von für das Lernen bedeutsamen Faktoren ermöglicht eine Aufgliederung des komplexen Lernvorganges in einzelne bedeutsame Aspekte. Beispielsweise kann im Rahmen einer Kartenabfrage durch den Stimulus »Was habe ich noch nicht verstanden?« der Fokus auf die Arbeit an eigenen Defiziten gerichtet werden.

Eine Rückmeldung, die konkret und direkt auf einen Teilbereich des Lernens oder der erbrachten Leistung bezogen ist, stellt für die Schüler ein Wissen bereit, welches sie für die Steuerung ihrer Lernprozesse und ihrer Leistungen einsetzen können.

Für die eigenständige Steuerung des Lernens brauchen Schülerinnen und Schüler Referenzwerte, an denen sie sich orientieren können. Referenzwerte sind für das Setzen von Zielen ebenso notwenig wie für die Überwachung der eigenen Lernfortschritte (vgl. Müller 2003, S. 57). Kompetenzraster, die Leistung operationalisieren und in Niveaustufen gliedern, sind dafür ein besonders geeignetes Instrument.

Kompetenzraster ermöglichen es den Schülern, Anforderungsprofile zu erkennen und die Kompetenzprofile auf der Basis von Selbsteinschätzungen dazu in Beziehung zu setzten. Die sich aus diesem Vergleich ergebenden Differenzen werfen Fragen auf, weisen auf Handlungsbedarf hin und bieten damit Steuerungswissen (ebd., S. 59).

Wenn dieser selbst ermittelte Handlungsbedarf dann in individuellen Rückmeldegesprächen zwischen Lehrenden und Lernenden zu Handlungsplänen ausgearbeitet wird, erhalten die Schülerinnen und Schüler kompaktes Steuerungswissen bezogen auf die konkrete

Gestaltung ihrer individuellen Lernprozesse. Dies ist für die Praxis selbstregulierten Lernens ein bedeutsamer Faktor.

Burkard/Eikenbusch/Ekholm sprechen in diesem Zusammenhang davon, dass Schülerinnen und Schüler durch systematische Rückmeldearbeit zu »reflektierenden Praktikern« werden, die von allen an Schule Beteiligten ernst genommen werden (ebd. 2003, S. 15).

Die Fähigkeiten zu Reflexion, realistischer Selbsteinschätzung, Dialog, Partizipation und Verantwortungsübernahme, die in Prozessen systematischer Rückmeldung gefordert und gefördert werden, sind somit elementare Bestandteile des umfassenden Konzepts der Selbstregulation.

Übungsaufgabe

Anregung zur Zusammenfassung des Zusammenhangs von Feedback und selbstreguliertem Lernen:

In Abschnitt 2.3.5 ist das Konzept eines Zusammenhangs von Feedback und selbstreguliertem Lernen vorgestellt worden. Dabei ist die Förderung von Selbstregulation durch Feedback auf drei Ebenen ausdifferenziert worden.
Versuchen Sie im Schnelldurchgang durch die Textstellen, den Zusammenhang für jedes Feld

- mit einem Satz zu kennzeichnen
- mit einem Beispiel zu konkretisieren.

3. Strategien und Methoden von Unterrichtsentwicklung

Warum Lehrerinnen und Lehrer sich auf Unterrichtsentwicklung einlassen sollten, in welchem Verhältnis solche Veränderungen zur Professionalität stehen und wie in diesem Kontext Verbindlichkeit herzustellen ist, das war Gegenstand des 2. Kapitels.

In diesem Kapitel gehen wir davon aus, dass es eine Bereitschaft gibt, sich auf Prozesse einer unterrichtszentrierten Schulentwicklung einzulassen. Deshalb sollen nun unterschiedliche Entwicklungsstrategien und -schwerpunkte dargestellt werden, die sich als Ansatzpunkte für systematische Unterrichtsentwicklung bewährt haben.

Die Normalsituation der Unterrichtsentwicklung heute ist die Situation einer Einzelschule, die sich mühsam auf den Weg einer systematischen Veränderung begibt und je nach Selbstverständnis und Angebot in der Region gezielt auf Moderations- und Fortbildungsangebote des jeweiligen Landesinstituts zurückgreift.

Die hier dargestellten Strategien, Methoden und inhaltlichen Anknüpfungspunkte orientieren sich zunächst an dieser Ausgangssituation einer mehrheitlich veränderungsbereiten Einzelschule, die ihren Weg selbst sucht und dabei partiell auf Unterstützungsangebote zurückgreift.

Die weitergehende Strategie einer unterrichtszentrierten Schulentwicklung im Rahmen von regionalen Angeboten und Netzwerken, die nicht jeder Schule zur Verfügung steht, inzwischen aber in mehreren Bundesländern angeboten wird, ist dann eine über die Entwicklung der Einzelschule hinausgehende Strategie der unterrichtszentrierten Schulentwicklung in der Region.

Die folgenden Unterkapitel gehen im Einzelnen von verschiedenen Ansatzpunkten aus, die bei aller Unterschiedlichkeit als gemeinsamen Nenner die Entwicklung der Eigenständigkeit des Lernens und die Priorisierung einer unterrichtszentrierten Strategie gewählt haben.

Die Strategien sind in drei Bereiche untergliedert:

- Der erste Ansatz orientiert sich an der Überlegung, dass durch Unterrichtsentwicklung vorrangig eigenständiges Lernen gefördert werden soll. Die Beispiele zeigen Möglichkeiten der Entwicklung eines schulinternen Methodencurriculums sowie einer darauf aufbauenden koordinierten Entwicklung des Fachunterrichts (Kap. 3.1).
- Der zweite Ansatz orientiert sich an der Überlegung, dass Gespräche über Unterricht und die Partizipation von Schülerinnen und Schülern ein zentraler Ansatzpunkt für Unterrichtsentwicklung sein kann. Das Konzept zeigt Möglichkeiten zum systematischen Aufbau einer Feedbackkultur, die das Verstehen und die Selbststeuerung von Lernprozessen unterstützt und damit Unterrichtsentwicklung befördert (Kap. 3.2).
- Der dritte Ansatz geht von der Möglichkeit aus, dass im Rahmen eines regionalen Entwicklungsprojekts der Ansatz einer unterrichtszentrierten Schulentwicklung erprobt werden kann. Das Konzept zeigt die Strukturen und Potenziale von Netzwerken, in denen unterrichtszentrierte Schulentwicklung in die Entwicklung einer Bildungslandschaft integriert ist (Kap. 3.3).

Die getrennte Darstellung dieser Ansätze ist nicht so zu verstehen, dass sie auch in der Entwicklungspraxis säuberlich getrennt vorkommen; selbstverständlich gibt es Überschneidungen. Wenn beispielsweise in 3.2 der Aufbau einer Feedbackkultur dargestellt wird, dann kann dies selbstverständlich Teil eines Methodencurriculums und der Entwicklung des Fachunterrichts sein. Diese Überschneidungen verweisen auf Kombinationsmöglichkeiten von Strategien und Methoden und letztlich darauf, dass es komplexe Inszenierungen gibt, in denen die verschiedenen Ansatzpunkte systematisch miteinander verknüpft werden.

3.1 Methodencurriculum und systematische Fachgruppenarbeit

Reflexion

Hinweis zu einer Vorabreflexion:

In vielen Fällen beobachten wir einen Einstieg in Unterrichtsentwicklung über die Erarbeitung eines schulinternen Methodencurriculums, das den Schwerpunkt auf eigenverantwortliches bzw. selbstreguliertes Arbeiten von Schülerinnen und Schülern legt. Welche Argumente sprechen für einen solchen Einstieg in unterrichtszentrierte Schulentwicklung? Wenn Ihnen Argumente gegen ein solches Vorgehen bekannt sind – welche sind das?

3.1.1 Methodenkompetenz – Verbindlichkeit auf der horizontalen Ebene

Für viele – vielleicht sogar die meisten – Ansätze systematischer Unterrichtsentwicklung ist die Feststellung typisch, dass Voraussetzungen für ein effektives und eigenständiges Arbeiten, insbesondere die arbeitsmethodischen und sozialen Fähigkeiten bei Schülern nur schwach ausgeprägt sind und dass es auf Seiten der Lehrerinnen und Lehrer kaum verbindliche Verabredungen darüber gibt, wer welche Methoden der individuellen und kooperativen Erarbeitung in welchem Fach in welcher Klassenstufe einführt und damit voraussetzen kann. Ebenso fehlt eine Einigung darüber, was unter den verschiedenen Methoden zu verstehen ist. Einigkeit aber besteht inzwischen in vielen Schulen darüber, dass es hier zentrale Defizite der Lernkultur gibt.

So etwa lautet eine Passage im Vorwort des Methodencurriculums eines Gymnasiums aus dem Jahre 2003 (vgl. Sievers 2004), auf dessen Erfahrungen bei der Entwicklung und Implementation eines schulinternen Methodencurriculums sich auch andere Passagen dieses Abschnitts beziehen. Ausgangspunkt vieler Schulen ist die Erfahrung, dass das herkömmliche Verständnis von Unterricht von einer einseitigen Konzentration auf die inhaltliche Kompetenzentwicklung geprägt ist, wobei gleichzeitig die systematische Entwicklung von arbeitsmethodischen und sozialen Kompetenzen zu wenig Beachtung findet. Erst mit der Zunahme der Einsicht in die Bedeutung des selbstverantwortlichen Lernens wird auch die Bedeutung einer systematischen Entwicklung und des Trainings von arbeitsmethodischen und sozialen Kompetenzen erkannt und von größeren Kreisen der Lehrerinnen und Lehrer akzeptiert.

Dem entspricht auf der anderen Seite die Zunahme der Erfahrung, dass es problematisch ist, wenn jeder Lehrer seine eigenen Vorstellungen von arbeitsmethodischen und sozialen Kompetenzen hat und dass die Vermittlung solcher Kompetenzen die Verantwortung des einzelnen Lehrers in seiner Klasse ist. Dass solche Ansprüche an erfolgreiche Lernformen nicht – ähnlich wie die inhaltliche Dimension des Lernens – einem vereinbarten Curriculum folgen und verlässlich eingeführt und damit vorausgesetzt werden können, führt – so eine verbreitete Erfahrung – zu unnötigen Wiederholungen, Überschneidungen, und Widersprüchen. Die Folgen bei Schülern wie bei Lehrern sind Reibungsverluste und damit hohe und gleichzeitig unnötige Belastungen.

Konsequenz einer solchen Diagnose mangelhafter sozialer und arbeitsmethodischer Kompetenzen bei den Schülerinnen und Schülern und Absprachen im Kollegium ist in vielen Fällen die Gründung einer Arbeitsgruppe, die vom Kollegium den Auftrag erhält, ein schulinternes Methodencurriculum zu erarbeiten. Zu einem solchen Auftrag bedarf es in vielen Fällen keiner umfangreichen Bestandsaufnahme, wenn die Mehrheit eines Kollegiums diese Erfahrung teilt und für problematisch hält. Eine solche Methoden-AG erarbeitet dann auf der Basis von bereits vorliegenden Arbeiten anderer Schulen sowie der in dieser Hinsicht einschlägigen Literatur Bausteine eines schulinternen Methodencurriculums. Als Basis für die Erarbeitung solcher schulinternen Curricula werden sehr häufig die Bände von Heinz Klippert genutzt.

An dieser Stelle kann die Frage gestellt werden, warum jede Schule in einem Bereich, in dem es seit einigen Jahren qualifizierte Vorlagen und Praxisanregungen gibt, das Rad neu erfinden muss. Die Antwort ist: Das Rad muss nicht neu erfunden werden, aber der Typ des Rades, das spezifische Profil und auch die Größe müssen bewusst gewählt werden; denn die Adaptation vorliegender Arbeiten und die Übertragung auf die spezifische Situation der jeweiligen Schule ist von zentraler Bedeutung für systematische Unterrichtsentwicklung. Nur über einen aktiven Aneignungsprozess – und dazu gehören die Entwicklung, die Implementation und die regelmäßige Überprüfung – stellt sich ein, dass das Methodenrepertoire zu einem eigenen Instrument für die eigene Schule, die eigenen Schüler und die eigenen Lehrer wird. Dies rechtfertigt auch den Zeitaufwand solcher Arbeiten schon in der Phase der Entwicklung, für die im Falle des oben genannten Gymnasiums eineinhalb Jahre gebraucht wurden.

Die Ziele eines solchen Methodencurriculums liegen auf zwei Ebenen:

- Die Schülerinnen und Schüler sollen an Methoden des eigenständigen individuellen Arbeitens und des eigenständigen Arbeitens im Team so herangeführt werden, dass sie damit sowohl ihrem Alter als auch den Anforderungen der Fächer entsprechend ihre Arbeitsprozesse selbst steuern lernen.
- Die Lehrerinnen und Lehrer sollen lernen, die Schülerinnen und Schüler an Methoden des eigenständigen individuellen Arbeitens und des eigenständigen Arbeitens im Team heranzuführen. Durch diese Gemeinschaftsleistung soll erreicht werden, dass in jeder Klasse auf die vereinbarten Fähigkeiten zur Selbststeuerung des Lernens zurückgegriffen werden kann.

Als Materialisierung eines schulinternen Methodencurriculums hat sich in dem eingangs genannten Gymnasium die Dokumentation der von der Methoden-Arbeitsgruppe erstellten Bausteine in zwei getrennten Ordnern bewährt: einem Lehrerordner mit den verbindlichen Bausteinen und Informationen zur Einführung der Methoden sowie einem Schülerordner mit allen Methoden und Hinweisen zu deren Anwendung. Diese Dokumentation und Zugänglichkeit für alle Beteiligten ist jedoch nur eine notwendige, aber keine hinreichende Gelingensbedingung.

Für die Einführungsphase sind Trainingsphasen erforderlich, in denen alle Kolleginnen und Kollegen die Möglichkeit haben, sich

durch eigenes Erproben selbst mit den Methoden vertraut zu machen. Diese Trainingsphasen können in Kooperation mit Fortbild-
nern eines Instituts geplant und durchgeführt werden; es gibt aber
auch Schulen, in denen die Mitglieder der Methoden-Arbeitsgruppe dieses Training erfolgreich selbst durchgeführt haben.

Für die Entwicklung der Methodenkompetenz in den Klassen
und in der Schule bietet sich ein Vorgehen in fünf Schritten an
(nach Sievers 2004):

1. Absprachen zur Vermittlung der Methoden auf der Ebene der
   Jahrgangsteams. Hier wird festgelegt, in welchen Schritten die
   Methoden von wem eingeführt werden.
2. Im Lehrerteam und dann in den Klassen werden der Sinn und
   die Funktion der jeweiligen Methode im Rahmen des Gesamt-
   curriculums erläutert.
3. Im Lehrerteam und dann in der Klasse wird die jeweilige Methode zunächst als »Trockenübung« – also ohne Bezug zum
   Fachunterricht eingeführt und reflektiert.
4. Im Lehrerteam wird eine fachspezifische Umsetzung der Methode geplant und in der Klasse eingeführt, gefestigt und reflektiert.
5. In den Fachgruppen werden eine fachspezifische Weiterentwicklung und die systematische Pflege der Methode im Fachunterricht geplant und gesichert.

Die Entwicklung, Implementation und Pflege eines schuleigenen
Methodencurriculums ist in vielen Fällen ein erster Versuch, als Einzelschule einen Prozess der unterrichtszentrierten Schulentwicklung
in Gang zu setzen. Geeignet ist dieser Versuch, weil er in der Regel

- die Arbeitssituation eines jeden Lehrers und einer jeden Lehrerin im Zentrum trifft und Entlastung im Unterricht verspricht
- auf eine hohe Zustimmung im Kollegium trifft, Engagement frei-
  setzt und Widerstände gegen erste gemeinsame Aktivitäten ge-
  ring hält
- Erfolge sichert und den Gewinn von Unterrichtsentwicklung für
  die Verbesserung der eigenen Situation recht schnell erfahrbar
  macht

- die Kooperation auf Klassen-, Jahrgangs- und Fachgruppenebene notwendig macht und somit fördert
- die Notwendigkeit einer Unterstützung durch schulinterne Fortbildung erkennbar werden lässt und diese Unterstützung als hilfreich erfahrbar macht
- externe Hilfe in der Prozessmoderation erforderlich macht und damit die Potenziale einer Kooperation mit Moderatoren erfahrbar macht
- ein Nachdenken darüber initiiert, wie der Implementationsprozess durch eine Steuergruppe unterstützt werden kann und Interesse an Fortbildung weckt
- erfahrbar macht, dass sich die Konzentration auf eine gemeinsame Entwicklungsaufgabe lohnt und dass es nicht sinnvoll ist, die Kräfte auf viele unverbundene Einzelinteressen zu verteilen.

Verortet man Unterrichtsentwicklungsprozesse in einem Koordinatensystem aus horizontalen und vertikalen Entwicklungsräumen, dann bietet es sich an, die Entwicklung eines Methodencurriculums zunächst einmal auf der horizontalen Ebene eines Jahrgangs – also beispielsweise auf der Ebene der Klassenteams und des Jahrgangsteams eines ersten oder fünften Jahrgangs zu beginnen, diese dann jahrgangsweise von unten nach oben durchwachsen zu lassen und damit schrittweise den vertikalen – d.h. jahrgangsübergreifenden – Entwicklungsraum zu eröffnen. Die Konzentration der ersten Schritte auf die Horizontale beschränkt die Belastungen der Koordination und der Fortbildung zunächst und lässt sie erst allmählich und mit wachsender Routine ansteigen.

Damit die Entwicklung eines Methodencurriculums nicht als lose Sammlung von methodischen Fertigkeiten gesehen wird, sollte der Versuch unternommen werden, diese Kompetenzen in einen konzeptionellen Rahmen einzuhängen, der wiederum auch auf der sozialen und arbeitsmethodischen Ebene ausdifferenziert werden kann. Eine solche Rahmung wäre im weitesten Sinne die Einbettung in einen professionellen Umgang mit Heterogenität bzw. seiner Schwester – dem Konzept der Individualisierung des Unterrichts.

Individualisierung eröffnet den Zugang zum einzelnen Lernenden in der Gemeinschaft und steht damit gegen die Tradition von

Schule und des herkömmlichen Unterrichtsskripts, das dem guten Umgang mit der Verschiedenheit des Einzelnen entgegensteht. Zum Umgang mit Heterogenität gibt es Anregungen im Themenschwerpunkt der Zeitschrift PÄDAGOGIK, Heft 9/2003; zum Thema Individualisierung vgl. PÄDAGOGIK, Heft 1/2006.

Sind die Schritte von der Vereinzelung der Veränderungsbemühungen im Modus des »Ich und meine Klasse« hin zu einem Modus der »Entwicklung als Gemeinschaftsaufgabe« auf der Ebene der horizontalen Entwicklungsräume von Klasse und Jahrgang erst einmal gelungen, dann gibt es ein Fundament, auf dem vielfältige Möglichkeiten einer Weiterentwicklung des Unterrichts aufsetzen können – unter anderem in vertikalen Entwicklungsräumen durch eine Intensivierung der Fachgruppenarbeit. Davon soll im Anschluss die Rede sein.

3.1.2 Die Fachgruppe als jahrgangsübergreifender Entwicklungsraum – die vertikale Ebene

Reflexion

Eine Anregung zur Vorabreflexion:

Vorausgesetzt, Sie sind mit Fachkonferenzarbeit vertraut bzw. an Ihrer Schule gibt es Fachkonferenzen, dann machen Sie zu Beginn dieses Abschnitts eine kleine Bestandsaufnahme mit Hilfe von zwei Fragen:

- Welche Aufgaben erledigen an Ihrer Schule die Fachkonferenzen?
- An welchen Strukturen und an welchen Tätigkeiten setzt Unterrichtsentwicklung in Fachkonferenzen an Ihrer Schule an bzw. könnte sie ansetzen?

Je nach Entwicklungsstand der Schule kann die folgende Strategie als Fortsetzung der unter 3.1.1 vorgestellten Strategie verstanden werden und zwar im Übergang von der horizontalen Ebene der Klassen- und Jahrgangsentwicklung auf die vertikale Ebene der jahrgangsübergreifenden Entwicklungsarbeit. Als geeignete Orte einer solchen vertikalen – also jahrgangsübergreifenden – Entwicklungsstrategie haben sich inzwischen die Fachkonferenzen erwiesen, die in vielen Schulen in einem Dornröschenschlaf zu liegen scheinen. Dies gilt auch für die Literatur; denn bis auf wenige Zeitschriftenbeiträge wird den Fachkonferenzen in der Literatur zur Schul- und Unterrichtsentwicklung noch keine besondere Rolle zugewiesen (vgl. Schnack 2005).

Deshalb hat die Redaktion der Zeitschrift »Hamburg macht Schule« für den Schwerpunkt der Ausgabe 1/05 die Frage gestellt: »Wie kann die Fachkonferenz zu einem Motor für die Unterrichts- und Schulentwicklung einer Schule werden?« Die folgenden Beispiele reagieren auf diese Frage und zeigen, dass Fachkonferenzen inzwischen zu einem bedeutenden Instrument einer unterrichtszentrierten Schulentwicklung geworden sind. Jochen Schnack fragt in seinem Einführungsbeitrag zu diesem Heft aber zunächst einmal, warum Fachkonferenzen diese Aufgaben bislang nicht wahrnehmen. Dafür rekonstruiert er fünf Gründe (vgl. Schnack 2005, S. 11):

1. An vielen Grund- und Hauptschulen wird in starkem Maße fachfremd unterrichtet, weil die Lerngruppe als pädagogischer Bezugspunkt im Vordergrund steht. Deshalb gibt es in dieser Schulform vielfach keine Fachgruppenarbeit.

2. An vielen Schulen gibt es keine ausgeprägte Kooperationskultur bezogen auf die Gestaltung des Unterrichts. Vor diesem Hintergrund wird die Kooperation in Fachkonferenzen als überflüssig oder gar bedrohlich empfunden.

3. An den Schulen, an denen es Fachgruppen gibt, tagen die Fachkonferenzen oft nur ein- oder zweimal im Schuljahr und damit viel zu selten, um eine nachhaltige Wirkung auf den Unterrichtsalltag auszuüben.

4. Wenn Fachgruppen tagen, dann sind nicht alle Kolleginnen und Kollegen des betreffenden Faches präsent, weil sie sich anderen Fächern und ihren Konferenzen zugeordnet haben.

5. Wenn Fachgruppen tagen, dann ist die Rolle und Aufgabe des Fachleiters nicht so bestimmt, dass er die Diskussionen zu Beschlüssen führt und danach für eine Verbindlichkeit der Umsetzung sorgt.

Das Fazit dieser Analyse lautet: Wenn die Fachgruppen und Fachkonferenzen zu einem Instrument der unterrichtszentrierten Schulentwicklung werden sollen, dann müssen in den Schulen Wege gefunden werden, das Entwicklungspotential dieser Gruppen zu wecken bzw. die Wirksamkeit der Fachkonferenzen und ihrer Arbeit zu steigern.

Die folgenden Beispiele zeigen Wege der Erschließung von Entwicklungsräumen durch die Arbeit von Fachkonferenzen.

Beispiel

Eine **Grundschule** richtet einen wöchentlichen Teamnachmittag ein, an dem alle Kolleginnen und Kollegen in der Schule anwesend sein müssen (vgl. ausführlich Keßler 2005). Jeder hat sich einer von drei Fachkonferenzen für die Fächer Deutsch, Mathematik und Sachkunde zugeordnet. Die Teamnachmittage werden von Fachleiterinnen moderiert, die sich nach intensiven Gesprächen entschieden haben, bei ihrer Arbeit nicht auf die Nähe zur Schulleitung und auf Weisungsbefugnis zu setzen, sondern sich als Prozessverantwortliche, Organisatorinnen, Zulieferinnen von Informationen und Moderatorinnen für die Fachteams zu verstehen.
Dieses Rollenverständnis hat dazu geführt, dass die Fachteams immer mehr Verantwortung für die Vorbereitung der Arbeit, für die Beteiligung an Fortbildung und für die Übermittlung der Fortbildungserträge in die Fachteams übernehmen. Alle Ergebnisse der Arbeit werden dokumentiert und allen Kollegen zur Verfügung gestellt.
Die Erfahrung zeigt, dass diese anstrengende Arbeit als Entlastung empfunden wird, weil alle bei der Vorbereitung des eigenen Unterrichts von den Ergebnissen der Fachkonferenzarbeit profitieren.

Beispiel

Eine **Haupt- und Realschule** hat – unterstützt durch eine externe Moderatorin – die Arbeit in den Fachkonferenzen systematisch vorangetrieben. Dafür wurden die folgenden Vereinbarungen getroffen (vgl. ausführlich Schneider 2005):

• Jedes Kollegiumsmitglied teilt sich wahlweise einem der Fächer Deutsch, Mathematik oder Englisch zu und nimmt pro Schuljahr an vier Fachkonferenzen teil.

- Die Fachleitungen nehmen an einer Fortbildung teil, bieten fachliche Beratung sowie Unterrichtshospitationen an und übernehmen Vorbereitung und Leitung der Konferenzen.
- Die Fachkonferenzen arbeiten zu thematischen Schwerpunkten, die von den Beteiligten festgelegt werden und wechseln zwischen Fortbildungs- und Arbeitsphasen.
- Ziel der Arbeit ist, die vom Rahmenplan geforderten Inhalte für den Unterricht aufzubereiten, die im Kollegium vorhandenen Kompetenzen für alle nutzbar zu machen und die Unterrichtsarbeit zu erleichtern.

Um die Arbeit der Fachkonferenzen zu koordinieren, wurde eine Steuergruppe ins Leben gerufen. Mitglieder sind neben der Schulleitung die Fachleitungen. Aufgabe der Gruppe ist die Entwicklung eines Methodencurriculums sowie die gegenseitige Unterstützung der Fachleitungen in ihrer neuen Rolle, die Planung fächerverbindender Unterrichtseinheiten und die Erarbeitung eines Fortbildungsplans für die Schule.

Beispiel

Eine **Gesamtschule** beschließt, die Implementation der Rahmenpläne gezielt mit der inhaltlichen und methodischen Weiterentwicklung des Unterrichts zu verbinden (vgl. ausführlich Kurz et al. 2005). Dazu wird die Arbeit der Fachkonferenzen mit der Schulprogrammarbeit verknüpft und auf den gemeinsamen Fokus der Entwicklung eines Curriculums für Lern- und Arbeitstechniken in der Sekundarstufe I ausgerichtet.
Zum Einstieg in die Arbeit wird eine Ganztagskonferenz gewählt, auf der ein erstes Raster erstellt und verbindliche Verabredungen getroffen werden sollen. Dafür wird das folgende Verfahren gewählt, das als Einstieg gut auf alle Schularten und Schulstufen übertragbar ist:
In einer ersten Phase erarbeitet das Kollegium in Fachbereichsgruppen auf der Basis der Rahmenpläne eine nach Jahrgangsstufen geordnete Übersicht der fachspezifischen Lern- und Arbeitstechniken; diese werden um Vorschläge erweitert, die von den Kollegen für bedeutsam gehalten werden.
In einer zweiten Phase werden die im Fachunterricht geforderten Techniken den übergreifenden Bereichen Informationsbeschaffung, Präsentation, Lesekompetenz und Schülerselbstkontrolle zugeordnet. In neuen, fächerübergreifend zusammengesetzten Arbeitsgruppen werden dann die Techniken bestimmt, die für das gesamte schulische Lernen von zentraler Bedeutung sind; die fachspezifischen Anforderungen werden

ausgesondert. Anschließend wird festgelegt, welches Fach welche Technik in welchem Jahrgang einführt. So entsteht ein schulisches Gesamtcurriculum, an dem möglichst viele Fächer einen Anteil haben. Das Gesamtraster, in dem die Ergebnisse der zweiten Phase zusammengeführt werden, wird anschließend von der Steuergruppe erstellt.

Beispiel

Eine gerade für **Gymnasien** erfolgreiche Strategie der unterrichtszentrierten Schulentwicklung kann die Einrichtung von Fachjahrgangskonferenzen sein (zu den folgenden Ausführungen vgl. ausführlich Borsutzky et al. 2005). Gymnasien haben zwar meist eine ausgewiesene Tradition in der Fachgruppenarbeit, dennoch haben diese Gruppen bei der Entwicklung von Unterricht bislang keine oder nur eine geringe Rolle gespielt. Der Grund liegt vor allem darin, dass die unterrichtsbezogene Zusammenarbeit an Gymnasien über viele Jahre nur eine untergeordnete Rolle spielte. Diese Isolation wird an vielen Gymnasien inzwischen als professionelles Defizit empfunden und kann durch die Einführung von Fachjahrgangskonferenzen (FJK) überwunden werden. Fachjahrgangskonferenzen sind dem Unterricht sehr nah und deshalb geeignet, den konkreten Unterricht auch tatsächlich zu erreichen. Als Zeitpunkt für die Arbeit der FJK werden die Präsenztage am Ende der Ferien gewählt; ein Plan sichert, dass nur solche Konferenzen parallel stattfinden, die nicht die gleichzeitige Anwesenheit von Kollegen erforderlich machen.

Die FJK planen die Umsetzung der verbindlichen Anteile des Rahmenplans und konkretisieren die freien Anteile, sammeln Materialien, Anregungen und Klassenarbeiten. Durch die Bereitschaft einiger Kollegen zur Bereitstellung von auch nicht perfekten Unterrichtsvorbereitungen entwickelt sich allmählich eine Form des Austauschs von Unterrichtshilfen. Auch die gemeinsame Planung von Klassenarbeiten im Jahrgang schafft Entlastung. Über diese Verbesserung der alltäglichen Arbeit hinaus erleichtert die Arbeit der Fachjahrgangskonferenz auch eine systematische Implementation von Neuentwicklungen; beispielsweise die Fortbildung aller Kollegen des Jahrgangs 5 in den Feldern »Lesekompetenz« und »Verstärkung des selbstständigen Arbeitens«, sowie die fachspezifische Umsetzung der Fortbildungserkenntnisse in den Fachjahrgangskonferenzen.

Der Gewinn der Einrichtungen von Fachjahrgangskonferenzen für die schulische Arbeit besteht zusammengefasst in einer spürbaren Qualitätssteigerung des Unterrichts durch eine Intensivierung des Austauschs über den Unterricht.

Als Fazit der Erfahrungen mit Unterrichtsentwicklung in Fachgruppen und Fachkonferenzen fasst Jochen Schnack die folgenden Gelingensbedingungen zusammen:

- »Die Arbeit der Fachkonferenzen sollte an eine funktionierende Teamarbeit in den einzelnen Jahrgängen einer Schule anschließen; erst dann kann sie ihre koordinierende und entwicklerische Wirkung voll entfalten.
- Es sollten möglichst viele Kolleginnen und Kollegen in die Arbeit der Fachkonferenzen einbezogen werden.
- Um die Verbindlichkeit zu erhöhen, sollten Mehrheitsentscheidungen möglichst vermieden und der Konsens gesucht werden.
- Die Arbeit in den Fachkonferenzen sollte zu möglichst klaren Ergebnissen und Verabredungen führen, die auch über die Fachkonferenz hinaus in der Schule kommuniziert und gegebenenfalls abgesichert werden.
- Die Fachkonferenzen sollten möglichst unterrichtsnah arbeiten, d.h. sie sollten den betroffenen Kolleginnen und Kollegen konkrete Unterstützung bei ihrer täglichen Arbeit bieten. Dies lässt sich z.B. durch Jahrgangsfachkonferenzen sowie die Konzentration auf eine bestimmte Aufgabe erreichen.
- Die Arbeit in den Fachkonferenzen sollte darauf zielen, eine möglichst bereits vorhandene Kooperation der Kolleginnen und Kollegen im Unterrichtsalltag zu verstärken und hierfür entsprechende Anlässe (z.B. Vergleichstests, Themenordner usw.) schaffen.
- Die Rolle der Fachleiterinnen und -leiter in der Fachkonferenz wie auch im Gefüge der gesamten Schule (z.B. gegenüber der Schulleitung) sollte klar beschrieben, sie sollten mit einer klaren Verantwortung und den dazu gehörigen Kompetenzen ausgestattet werden.
- Die Arbeit der Fachkonferenzen sollte nach Möglichkeit durch geeignete fachliche wie überfachliche Fortbildungsveranstaltungen flankiert werden, um die Effizienz zu steigern. Auch die Einbeziehung von externen Beratern und Moderatoren wurde in den meisten Schulen als überaus hilfreich empfunden.

Vor dem Hintergrund der einschlägigen Literatur zur Schul- und Unterrichtsentwicklung ist diese Zusammenfassung nicht sensationell neu, aber sie erinnert daran, dass es manchmal nur kleine Veränderungen sind, die zusammengenommen eine große Wirkung entfalten können – wenn sie an der richtigen Stelle angesetzt werden« (Schnack 2005, S. 13).

Weiterführende Literaturhinweise

zur Entwicklung von Methodenkompetenz und zum Aufbau systematischer Fachgruppenarbeit.

Literatur zum Training von Methodenkompetenz ist inzwischen an Schulen weit verbreitet. Deshalb soll hier die konkrete Ebene von Übungssequenzen nicht aufgenommen werden. Stattdessen eine Liste mit weitgehend bekannten Titeln, die bei der Konzipierung dieser ersten Entwicklungsstrategie behilflich sein können.

Bastian, J. (Hrsg.) (2006): Individualisierung. Themenheft der Zeitschrift PÄDAGOGIK, Heft 1, Weinheim und Basel.
Bastian, J. (Hrsg.) (2003): Heterogenität und Differenzierung. Themenheft der Zeitschrift PÄDAGOGIK, Heft 9, Weinheim und Basel.
Buchen, H./Horster, L./Pantel, G./Rolff, H.-G. (Hrsg.) (2002): Unterrichtsentwicklung nach PISA. Stuttgart.
Gudjons, H. (Hrsg.) (2003): Selbstgesteuertes Lernen. Themenheft der Zeitschrift PÄDAGOGIK, Heft 5, Weinheim und Basel.
Klippert, H. (2005, 15. Aufl.): Methodentraining. Weinheim und Basel.
Klippert, H. (2005, 10. Aufl.): Kommunikationstraining. Weinheim und Basel.
Klippert, H. (2004, 4. Aufl.): Eigenverantwortliches Arbeiten und Lernen.
Mattes, W. (2002): Methoden für den Unterricht. Paderborn.
Metzger, Ch. (1998, 2. Aufl.): Wie lerne ich? Eine Anleitung zum erfolgreichen Lernen. Aarau.
Realschule Enger (2001): Lernkompetenz I. Bausteine für eigenständiges Lernen 5./6. Schuljahr. Berlin.
Realschule Enger (2001): Lernkompetenz II. Bausteine für eigenständiges Lernen 7. – 9. Schuljahr. Berlin.
Schnebel, S. (2003): Unterrichtsentwicklung durch kooperatives Lernen. Ein konzeptioneller und empirischer Beitrag zur Weiterentwicklung der Lehr-Lernkultur und zur Professionalisierung der Lehrkräfte in der Sekundarstufe. Baltmannsweiler.

3.2 Schülerrückmeldung als Instrument der Unterrichtsentwicklung (gemeinsam mit Arno Combe und Roman Langer)

3.2.1 *Über die Entwicklung des Unterrichts ins Gespräch kommen*

In den Kap. 2.3.4 und 2.3.5 haben wir systematische Feedbackarbeit im Zusammenhang mit Selbstregulation diskutiert und einen Begründungsrahmen für Feedbackarbeit im Kontext von Unterrichtsentwicklung vorgestellt.

Dabei ist deutlich geworden, dass Feedbackarbeit durch *ein gemeinsames Nachdenken von Lehrern und Schülern über die Arbeit im Unterricht* im Zentrum von Unterrichtsentwicklung ansetzt und so systematisch an seiner Entwicklung gearbeitet werden kann. Als zweite Strategie ist herausgearbeitet worden, wie Feedbackarbeit dazu genutzt werden kann, das Lernen des einzelnen Schülers zu thematisieren und zu verbessern und auf diesem Wege ein reflexives Verhältnis zum eigenen Lernen zu entwickeln.

Reflexion

Ein Hinweis zum erneuten Einstieg in das Thema Rückmeldung:

Sie haben sich in den Kap. 2.3.4 und 2.3.5 bereits gründlich über Feedbackarbeit und den belegbaren Zusammenhang zur Entwicklung von Selbstregulationskompetenz informiert sowie Ihre Erfahrungen mit Schülerrückmeldung reflektiert. Dies ist ein hinreichender Reflexionshintergrund für diesen Abschnitt, in dem es nun um die konkrete Realisierung von Schülerrückmeldung gehen soll.
Wenn Sie es für sinnvoll halten, dann schauen Sie noch einmal in Ihre Aufzeichnungen zu den genannten Abschnitten in Kap. 2.

Ein Ergebnis unserer Forschung (vgl. Bastian et al. 2003/2005) ist, dass Feedbackarbeit im oben formulierten Sinne in besonderer Weise als Einstieg in Unterrichtsentwicklung geeignet ist; darüber hinaus konnte in diesem Zusammenhang nachgewiesen werden, dass sich diese Arbeit hervorragend als langfristiges Instrument zur

Weiterentwicklung von Unterricht eignet, weil mit Feedbackarbeit schrittweise an der Entwicklung von metakognitiven Kompetenzen gearbeitet wird, die für Selbstregulation und Partizipation erforderlich sind.

Deshalb wird Schülerrückmeldung in diesem Abschnitt als zweite zentrale Handlungsstrategie der Unterrichtsentwicklung vorgestellt. Das Konzept basiert auf Erfahrungen von Lehrerinnen und Lehrern an vier Schulen, die ein Jahr lang kontinuierlich mit Feedback als Instrument der Unterrichtsentwicklung gearbeitet haben und dabei wissenschaftlich begleitet wurden. Die Entwicklung des Konzepts, der Instrumente, der Interaktionen und des Gesamtprozesses wurden also beobachtet, beraten, dokumentiert und evaluiert.

Auf dieser Basis ist es möglich, Schülerrückmeldung als Instrument der Unterrichtsentwicklung nicht nur in Form von methodischen Hinweisen bzw. als Methodensammlung, sondern als ein forschungsbasiertes Prozessmodell darzustellen, das für Unterrichtsentwicklung genutzt werden kann (vgl. ausführlich Bastian 2003/2005). Da forschungsbasierte Hinweise, die gleichzeitig konkrete Anregungen für die Praxis geben, im Bereich der Schul- und Unterrichtsentwicklung immer noch selten sind, soll diesem Teil auch ein angemessener Platz eingeräumt werden. Leichte Überschneidungen mit den Ausführungen in Kapitel 2 sollen den Anschluss von Erfahrungen an ihre theoretischen Begründungen unterstützen.

Nicht die Lehrer beurteilen, sondern gemeinsam über Lernen ins Gespräch kommen

Eine Beobachtung zu Beginn unserer Beobachtungen in den Schulen sagt etwas über die Akzeptanz von Feedback. Es gibt – anders als bei anderen Projekten der Unterrichtsentwicklung – einige Schwierigkeiten, Lehrerinnen und Lehrer für die Mitarbeit zu gewinnen. Vorbehalte zeigen sich insbesondere dort, wo ein Verständnis von Schülerrückmeldung vorherrscht, das Feedback gleichsetzt mit der Beurteilung der Lehrerinnen und Lehrer durch ihre Schülerinnen und Schüler.

Die Lehrerinnen und Lehrer, die sich schließlich für Feedbackarbeit im Unterricht interessieren und Interesse an unserem Projekt zeigen, bringen mehrheitlich andere Erwartungen mit. Sie wollen ihren Unterricht verbessern. Sie wollen deshalb Feedbackmethoden vor allem dazu nutzen, um mit ihren Schülerinnen und Schülern über Lernen und Unterricht ins Gespräch zu kommen. Diese Gespräche sollen dann mit Methoden gestützt und regelmäßig zu verschiedenen Zeitpunkten in einem Schuljahr durchgeführt werden.

Die zentralen Fragen, die diese Lehrerinnen und Lehrer mit Feedbackgesprächen klären wollen, sind: Was geschieht im Unterricht? Wie können wir den Unterricht verbessern? Was kann der Lehrer dazu beitragen, was können Schüler dazu beitragen?

Eine wichtiges Grundverständnis zu Beginn von Feedbackarbeit im Kontext von Unterrichtsentwicklung ist: Für das, was im Unterricht geschieht, sind sowohl der Lehrer als auch die Schüler – je auf ihre Weise – verantwortlich. Die einen für das Arrangement von Lernsituationen (das Lehren), die anderen für die engagierte Nutzung der Lernarrangements (also das Lernen). Demzufolge sollen auch im Feedback beide Seiten zur Sprache kommen. Lehrer und Schüler wollen also miteinander herausfinden, was beim Lernen hilft und was jede Seite dazu beitragen kann das Lernen genauer zu verstehen und zu verbessern.

Licht ins Dunkel der Lernprozesse bringen

Ein zentrales Argument für Feedbackarbeit im Rahmen von Unterrichtsentwicklung ist die Undurchschaubarkeit von Unterricht für alle Beteiligten. Das betrifft vor allem die Anforderungen und die Wirkungen von Unterricht. Voraussetzung für systematisch angelegte Entwicklungsprozesse ist aber, dass verstanden wird, was verändert werden soll.

Was im Unterricht erreicht worden ist, erfahren die Beteiligten beispielsweise in der Regel erst in abschließenden Klausuren. Wie die Ergebnisse erreicht werden und warum, das kommt durch die Beurteilung eines Lernproduktes nicht oder nur eingeschränkt in den Blick. Die dahinter liegenden gelungenen oder weniger gelungenen Lernprozesse bleiben meist im Dunkel.

Darauf reagiert dieses Konzept in drei Hinsichten. Es zeigt

- wie mit Feedbackarbeit ein systematisches Gespräch über Lernen angeregt werden kann
- wie mit Feedbackarbeit ein besseres Verstehen davon erreicht werden kann, was im Klassenraum geschieht
- wie auf dieser Basis von Feedback über Konsequenzen nachgedacht werden kann, die das Lernen und das Lehren verbessern.

Folgt man einem solchen Verständnis von Feedbackarbeit, dann ist Feedback kein Beurteilungs- sondern ein Entwicklungsinstrument, »das erstaunliche Wirkungen zeigt; Wirkungen, die wir so nicht erwartet haben« – so ein Lehrerteam nach einem halben Jahr Erfahrung mit systematischer Schülerrückmeldung in der 5. Klasse eines Gymnasiums.

Möglichkeiten der Schulleitung

An allen vier Schulen unterstützen die Schulleitungen die Gruppe der Kollegen, die Feedbackarbeit erproben wollen. Sie informieren sich über das Konzept, geben der Präsentation von Feedbackarbeit Raum und tragen dazu bei, dass Feedbackarbeit als Entwicklungsperspektive in die Schulprogrammarbeit aufgenommen wird.

In zwei Fällen stellen die beteiligten Klassen ihre Erfahrungen mit Feedbackarbeit in der außerschulischen Öffentlichkeit vor, aber auch innerhalb der Schulen während eines Tages der offenen Tür und während einer Konferenz wird die Arbeit präsentiert. Auch dabei ist die Schulleitung unterstützend tätig; dennoch wird die Distanz der überwiegenden Mehrheit des Kollegiums in keinem Fall erkennbar überwunden.

Umso bedeutsamer ist die ausdauernde Pflege und öffentliche Anerkennung dieser Entwicklungsgruppen als Kern einer langfristig angestrebten Feedbackkultur an der Schule. Ausdauer ist notwendig, weil diese Veränderung sehr weit in den bislang »geschützten« Bereich der Lehrerarbeit vorstößt und durch nichts anderes als Überzeugungsarbeit und – wenn gewünscht – durch Fortbildungs-

arbeit erreicht werden kann. Die Rahmung dafür kann die Schulleitung schaffen; sie kann sich aber auch aktiv an der Erprobungsar-
beit beteiligen.

**Rückmeldung als Antwort auf den Wunsch nach Veränderung des
Unterrichts**

Hinter dem Stichwort Rückmeldung bzw. Feedback steht eine neuere Tradition didaktischen Denkens. Dafür stehen in der jüngeren
Zeit so bekannte Namen wie Wolfgang Schulz mit dem für seine
Didaktik zentralen Begriff der Partizipation (1980), Wolfgang Klafki mit dem Ausweis von Selbstbestimmung, Mitbestimmung und
Solidarität als Kern allgemeiner Bildung (1985) und Lothar Klingberg mit seinem Verständnis einer Dialektischen Didaktik (1990),
in der die Schüler nicht nur Teilnehmende, sondern Mitgestaltende
sind (zum Überblick vgl. Meyer/Schmidt 2000). Auch die Bildungsgangdidaktik (vgl. Schenk 2005), die der Frage nach der Gestaltung
der Lernprozesse durch die Lernenden besondere Aufmerksamkeit
schenkt, räumt der Feedbackarbeit eine bedeutende Rolle ein (zur
Wirkung von Feedbackarbeit im Fachunterricht vgl. Merziger 2007).

Ein Blick auf die von vielen mitgestaltete Reformgeschichte der
1960er und 1970er Jahre zeigt, wie schwierig es ist, den Wunsch
nach einer qualifizierten Beteiligung der Schülerinnen und Schüler
umzusetzen (vgl. Fend 1977). In den 1980er und 1990er Jahren
wird Partizipation Teil der Bemühungen um eine gezielte Veränderung der Lernkultur durch die Erprobung neuer Unterrichtsformen; aber auch dies hat die verbreitete Uniformität der Unter-
richtsstile nur wenig verändert. Denn in den 1990er Jahren finden
sich immer noch deutliche Hinweise auf die Diskrepanz zwischen
Wunsch und Wirklichkeit der Unterrichtsgestaltung, so auch bezüglich der Frage von Schülerpartizipation für die Verbesserung des
Unterrichts (vgl. Mauthe/Pfeiffer 1996).

Nun ist es weder neu noch verwunderlich, dass die Unterrichtspraxis didaktischen Konzepten gar nicht oder nur in kleinen Schritten folgt. Neu und bedeutsam für das Thema Schülerrückmeldung
im Kontext von Unterrichtsentwicklung ist aber (und darauf haben

wir schon ausführlich in Kap. 2 hingewiesen), dass es heute sowohl bei Schülern als auch bei Lehrern zum Teil recht kräftige Diskrepanzen zwischen den Wünschen an Unterricht und der Realität des Unterrichts gibt (vgl. Kanders 2000).

Im Kap. 2.1.2 (Sieben Indikatoren für die Richtung von Unterrichtsentwicklung) haben wir erfahren, dass sich Lehrer und Schüler beispielsweise häufiger Diskussionen, Gruppenarbeit und selbstständiges Arbeiten an selbstgewählten Aufgaben wünschen (ebd. S. 14ff.). Reduzieren möchten beide Seiten den lehrerzentrierten Frontalunterricht und den fragend-entwickelnden Unterricht (ebd., S. 16, 19). Schüler und Lehrer tendieren also bei ihren Veränderungsvorstellungen in die gleiche Richtung. Voraussetzung für eine Umsetzung dieser Vorstellungen im Rahmen von Unterrichtsentwicklung ist allerdings, dass beide Seiten sich gegenseitig darüber informieren.

Genau in diese Lücke des Nicht-Voneinander-Wissens stößt Feedback als Instrument der Unterrichtsentwicklung. Schülerrückmeldung als Verständigung über Entwicklungsperspektiven des Unterrichts kann diese Diskrepanzen zwischen Wunsch und Realität transparent machen und einen Prozess der Annäherung in Gang setzen.

Welche Schwierigkeiten solche Versuche einer Klärung machen, wenn sie spontan initiiert werden, zeigt die o.g. Untersuchung von Meyer/Schmidt (2000) zu Fragen der Schülerbeteiligung. Ein Ergebnis dieser Studie ist, dass im Rahmen von Gesprächen über Unterricht immer wieder statt präziser Beobachtung klischeehafte Deutungen der verschiedenen Rollen und der Aktivitäten der Lehrer und Schüler formuliert werden.

Für die Entwicklung von Feedbackarbeit heißt das, dass gerade spontane Feedbackversuche eher Klischees aktivieren als Veränderungen anbahnen. Ein tief sitzendes und im Rahmen von Gesprächen über Unterricht leicht aktivierbares Klischee ist beispielsweise, dass Schülerinnen und Schüler den Lehrern die Rolle des Unterrichtsgestalters zuweisen und dass Lehrer diese Rolle auch als Selbstbild verinnerlicht haben. Schüler und Lehrer haben also offensichtlich ›gelernt‹, dass die Lehrer den Unterricht ›machen‹, obwohl es fundierte Hinweise darauf gibt, dass Schülerinnen und

Schüler über eine teilweise sehr differenzierte didaktische Kompetenz verfügen (Meyer/Schmidt 2000, S. 11).

Das hier vorgestellte Konzept systematischer Feedbackarbeit als Instrument der Unterrichtsentwicklung setzt sich deshalb bewusst von zwei Formen des Feedbacks ab:

- Von spontanen und kurzfristigen Rückmeldeaktionen, mit denen Lehrer auf akute Probleme zu reagieren versuchen
- Von Formen des Feedbacks als einseitiger Lehrerbeurteilung, die davon ausgehen, dass Lehrerinnen und Lehrer den Unterricht alleinverantwortlich »machen« und damit Lehrerzentrierung stabilisieren.

Gesucht wird innerhalb dieses Konzepts einer beiderseitigen – wenn auch unterschiedlichen – Verantwortung nach Feedbackformen, die langfristig angelegt sind und sowohl Lehrerinnen und Lehrer als auch Schülerinnen und Schüler bei der Entwicklung von Unterricht und Schule unterstützen.

Reflexion

Eine Anregung zu einer Bilanzierung dieser kurzen Einführung in Feedback und Unterrichtsentwicklung:

Ein Kernsatz des voranstehenden Abschnitts lautet: »Genau in diese Lücke des Nicht-Voneinander-Wissens stößt Feedback als Instrument der Unterrichtsentwicklung.«
Mit welchen Argumenten können Sie diese These jetzt stützen?
Welche Einwände fallen Ihnen zu dieser These ein?

3.2.2 Feedbackarbeit: Ein Phasenmodell mit integrierten Methoden

Eine Verallgemeinerung der Erfahrungen nach einem Jahr systematischer Erprobung von Feedbackarbeit lässt sich in einem achtstufigen Phasenmodell darstellen. In die Darstellung dieses Modells haben wir für die einzelnen Phasen typische methodische Anregungen integriert.

Anhand dieses Phasenmodells und der darin integrierten Instrumente können eigene Vorhaben zur Unterrichtsentwicklung konzipiert, aber auch eigene Erfahrungen oder Planungen reflektiert werden.

Die Darstellung der Phasen erfolgt nach einem einheitlichen Muster: zunächst werden drei für die jeweilige Phase typische Hinweise gegeben, dann werden die typischen Herausforderungen skizziert und abschließend wird die Arbeit in dieser Phase mit spezifischen methodischen Anregungen konkretisiert.

Zusammengefasst lassen sich die Phasen der Feedbackarbeit in acht Schritten darstellen; diese sollen vorweg kurz markiert werden:

1. Zu Beginn legen Lehrerinnen und Lehrer (in der Regel noch ohne die Schüler) Ziele, Inhalte und Verfahren von Schülerrückmeldung vorläufig fest.
2. In einem zweiten Schritt wird der erste Versuch mit Feedbackarbeit eingeführt.
3. In einem dritten Schritt werden Feedbackaussagen mit geregelten Verfahren erhoben.
4. In einem vierten Schritt werden die Feedbackaussagen in methodisch zunächst schwach strukturierten Gesprächen ausgewertet.
5. In einem fünften Schritt wird versucht, über eine intensivere Analyse von Rückmeldedaten zu aussagekräftigeren Ergebnissen zu kommen.
6. In einem sechsten Schritt erfahren die Beteiligten, dass nicht alles, was zur Sprache kommt, auch veränderbar ist; dies kann zu einer Krise führen.
7. In einem siebten Schritt zeigt sich, ob die Krise überwunden werden kann, indem die Beteiligten versuchen, Ziele, Gegenstände und Verfahren des Feedbacks neu zu klären.
8. In einem achten Schritt wird als Perspektive erkennbar, wie Feedback schrittweise zu einem Instrument der Selbststeuerung von Lernprozessen werden kann.

Ziele, Inhalte und Verfahren vorläufig festlegen

Ein Arbeitsteam bilden

Als gute Bedingung für Feedbackarbeit hat sich die Bildung von Teams bewährt. Hier wird die Feedbackarbeit gemeinsam geplant und ausgewertet und überlegt, wie die Arbeit an der Schule verbreitet werden kann. An einer Schule sind an der Arbeit dieser Gruppe auch Schülerinnen und Schüler beteiligt.

Ziele und Inhalte festlegen

Bei der Festlegung der Ziele und Inhalte reagieren die Lehrer einerseits auf konkrete Problemlagen; andererseits skizzieren sie längerfristige Perspektiven. So formuliert ein Team zu Beginn der 5. Klasse im Gymnasium als Ziel: Die Schüler sollen von Beginn an lernen, über Lernen nachzudenken; deshalb führen wir ein Lerntagebuch ein. Langfristig wollen sie die Schüler befähigen, ihre Lernprozesse eigenverantwortlich zu beurteilen und zu steuern.

Feedbackmethoden auf konkrete Klassensituation zuschneiden

Bei der Auswahl der Methode sind alle Beteiligten der Erfahrung gefolgt, Feedbackmethoden nicht einfach zu übernehmen, sondern auf die eigene Situation zuzuschneiden (vgl. dazu u.a. Hermann/ Höfer 1999; Strittmatter 2001).

Die besonderen Herausforderungen und methodischen Konkretisierungen dieser Phase stellen sich in der Praxis wie folgt dar:

● Wichtig ist das Zuschneiden der Feedbackinstrumente auf die eigene Situation. In allen beobachteten Fällen wird dies verstanden als ein Zuschneiden der Verfahren auf die Ziele der Lehrer; denn alle Instrumente werden ohne Rücksprache mit den Schülern ausgewählt und modifiziert. Dahinter steht die Annahme, dass Schülerinnen und Schüler zunächst Erfahrungen mit Feedback machen müssen, bevor sie in den Entwicklungsprozess einbezogen werden können. Diese Entscheidung ist bewusst so getroffen worden, kann aber auch anders getroffen werden.

- Das Interesse an Feedback besteht in drei von vier Fällen darin, die Schülerinnen und Schüler zum Nachdenken über ihre eigenen Lern- und Arbeitsprozesse anzuregen. Deshalb wählen die Lehrerinnen und Lehrer in diesen Fällen Feedbackmethoden, die nicht ein direktes Feedback der Schüler an die Lehrer erzeugen. Sie entscheiden sich zunächst für ein Feedback der Schülerinnen und Schüler untereinander. Diese Entscheidung ist in der Oberstufe bewusst anders getroffen worden: hier geht es von Beginn an um eine Rückmeldung der Schüler an den Lehrenden.

- In allen Fällen gehen die Lehrer intuitiv davon aus, dass Schüler in der Lage sind, qualifizierte Rückmeldungen zu geben; eine Annahme, die von Buhren nach Durchsicht von einschlägigen Forschungsarbeiten bestätigt wird (vgl. Buhren 1999).

- Bei der Auswahl der Instrumente spielt bei allen Lehrerinnen und Lehrern das Zeitargument eine wichtige Rolle. Sie achten deshalb darauf, dass Feedbackverfahren ohne großen Aufwand einsetzbar sind. Außerdem sollen sie schnell sichtbare und leicht interpretierbare Ergebnisse liefern, um eine weitere Belastung des ohnehin zeitlich angespannten Unterrichtsalltags zu vermeiden.

Arbeit mit Feedbackverfahren einführen

Ein klares Konzept vorlegen und verständlich erklären

Die Einführung der Feedbackarbeit gelingt dort vergleichsweise gut, wo ein klares Konzept vorliegt, das den Schülern verständlich erläutert wird, und wo Schüler früh in die Gestaltung des Instruments einbezogen werden.

Die Initiative ergreifen und die Interessen der Schüler ansprechen

Die Einführung geschieht in der Regel auf Initiative der Lehrer und wird überwiegend von Neugier und Interesse der Schülerinnen und Schüler begleitet.

Skepsis der Schüler zulassen und in die Überlegungen einbeziehen

Die Einführung provoziert auch Skepsis; einige Schüler sehen darin kein »richtiges Lernen«, andere – gerade in der Oberstufe – haben sich längst darauf eingestellt, was Schule von ihnen will; sie wollen wissen, was zu tun ist, um gute Noten zu bekommen. In allen Fällen überwiegt allerdings das Interesse der Schülerinnen und Schüler an Feedback.

Die besonderen Herausforderungen und methodischen Konkretisierungen dieser Phase stellen sich in der Praxis wie folgt dar:

- Die Kunst der Einführung von Feedback besteht darin, Neugier und Skepsis der Schüler konstruktiv aufzunehmen. Insbesondere in den skeptischen Äußerungen liegen Potenziale für Beteiligung. Werden sie ernst genommen, dann signalisiert dies schon während der Einführung, dass der Lehrer Interesse an dem hat, was Schüler äußern.
- Wer Feedback einführt, der sollte wissen, dass damit eine Alltagstätigkeit besonders herausgehoben wird, deren Sinn für Schüler nicht sofort erfahrbar ist. Schüler äußern sich über Lehrer und Unterricht in der Regel spontan und haben oft genug erfahren, dass das »wenig bringt«. Warum sollen Schüler diese Alltagspraxis nun in eine neue, unbekannte und offizielle Form von Rückmeldung überführen?
- Wer bei der Einführung Einwände übergeht und Verfahren »durchzieht«, der handelt sich langfristig Probleme ein. Gleichzeitig aber haben sich Überzeugtheit von den Potenzialen systematischer Feedbackarbeit und eine konsequente Haltung auf Seiten der Lehrer als wichtige Voraussetzung für das Gelingen erwiesen.

Fünf Fragen, die bei der Ziel- und Methodenklärung und bei der Einführung von Feedback – möglichst gemeinsam mit den Schülerinnen und Schülern – geklärt werden sollten:

1. *Was wollen wir bearbeiten?* – Den Gegenstand des Feedbacks klären.

Der Gegenstand sollte so genau wie möglich und möglichst schriftlich bestimmt werden. Die Bestimmung kann unter drei Aspekten erfolgen: zeiträumlich, inhaltlich, methodisch.

2. *Was wollen wir erreichen?* – Den Zweck des Feedbacks klären.

Kontrollfragen zur Prüfung des Zwecks sind: Wer gewinnt dadurch was? Welchen Nutzen versprechen wir uns von Feedback? Das Ziel ist erreicht, wenn…

3. *Wie gehen wir vor?* – Die Methode und die konkreten Schritte festlegen. Die Auswahl kann mit den folgenden Fragen geprüft werden (vgl. Burkard/Eikenbusch 2000):

   – Passt das Instrument zum angestrebten Ziel und zu den Fähigkeiten der Schüler?
   – Können die Schüler das Instrument als sinnvoll erkennen?
   – Ist der Aufwand angemessen?

4. *Was geschieht mit den Ergebnissen?* – Sich verpflichten, Konsequenzen zu ziehen.

Schon in der Planungsphase soll bedacht werden: Nur ein Feedback, das Folgen hat, ist befriedigend. Die Frage an dieser Stelle lautet: Wer zieht wann nach welchem Verfahren Konsequenzen?

5. *Wie können wir Vertrauen erzeugen?* – Die Betroffenen informieren.

Hilfreich für das Erreichen von Vertrauen sind zwei Dinge: Bei der ersten Vorstellung den Sinn des Feedbacks erläutern. Die ersten Erfahrungen gemeinsam auswerten.

Feedbackaussagen mit geregelten Verfahren erheben

Mit Feedbackverfahren für eine genaue Erfassung der Rückmeldungen sorgen

Typisch für diese Phase ist die Formalisierung des Vorgehens. Ein methodengestütztes Verfahren zeigt sich meist in der Verschriftlichung von Feedbackäußerungen, z.B. durch das Beschreiben von Karten bei einem Brainstorming, das Ankreuzen oder Ausfüllen von Skalen auf einem Fragebogen oder das Kleben von Bewertungspunkten beispielsweise auf einer »Zielscheibe«.

*Mit Feedbackverfahren jeden zu Wort kommen lassen und
Anonymität sichern*

Die Formalisierung des Vorgehens ermöglicht es jedem – unabhängig vom Durchsetzungsvermögen – zu Wort zu kommen, sie bietet Schutz bei heiklen Äußerungen, weil gegenüber spontanen Äußerungen eine längere Verarbeitungszeit gewährt wird und sie sichert Anonymität, auch wenn die Äußerung veröffentlicht wird.

*Mit Feedbackverfahren die Bearbeitung der Rückmeldungen
sicherstellen*

Die Äußerungen »der anderen« stoßen bei aller Skepsis auf Interesse, verändern die Erwartungen und »zwingen« die Beteiligten, mit den Informationen konstruktiv umzugehen; denn einmal veröffentlichte und dokumentierte Rückmeldungen können nicht mehr rückgängig gemacht werden; sie haben ein anderes Gewicht als spontane Bemerkungen am Rande des Geschehens.

Eine Übersicht über Feedbackverfahren

Bei der Auswahl von Verfahren unterscheiden wir systematisch zwischen
– Methoden für Feedback zum Beginn von Lerneinheiten
– Methoden für Feedback zur Begleitung von Lernprozessen
– Methoden für Feedback am Ende von Lerneinheiten.

Im Folgenden werden wir einige Methoden zu jedem Bereich aufführen. Sie sind teilweise aus anderen Zusammenhängen bekannt und können so der Feedbackarbeit zugeordnet werden (alle Methoden ausführlich in Bastian et al. 2003/2005).
Eine Auswahl von Methoden zum Beginn von Lerneinheiten:
– Erlebnisse und Erwartungen aufschreiben
– Kopfstandmethode
– Kartenabfrage: Was ist guter Unterricht?
– Die Traumschule.

Alle genannten Methoden lassen sich themenunspezifisch einsetzen; sie können aber auch auf ein bestimmtes Thema/Problem bezogen werden.

Entscheiden Sie sich für die themenbezogene Variante, dann können Sie zu Beginn der Arbeit mit einer Lerngruppe beispielsweise fragen, welche Erfahrungen und Erwartungen die Schülerinnen und Schüler bezogen auf ein Fach, auf die Mitschüler oder die Lautstärke im Unterricht haben. Das gleiche Prinzip gilt für die Kartenabfrage zu gutem Unterricht; hier können Sie nach Erwartungen an guten Unterricht allgemein oder an Erwartungen zu Teilaspekten eines guten Unterrichts fragen.

Beispiel: Die Kopfstandmethode

Am Beginn einer Lerneinheit oder einer bestimmten Aktivität stellen Sie sich und der Lerngruppe die Frage: »Was müssen wir tun, um den Karren so richtig in den Dreck zu fahren?«

Zur Konkretisierung der Frage wählen Sie ein Thema aus, das für Sie oder die Schüler besonders wichtig sein könnte: die Gruppenarbeit, den Frontalunterricht, das Lehrer-Schüler-Verhältnis, die mündliche Mitarbeit im Oberstufenkurs oder die Vorbereitung einer Klassenarbeit oder Klassenfahrt.

Die Antworten (etwa drei pro Person) werden auf Karten geschrieben und ausgehängt. Die Karten werden von einer Delegiertengruppe oder im Plenum nach thematischen Aspekten geordnet.

In einem dritten Schritt »stellen« Sie gemeinsam mit den Schülern die Aussagen zu jedem Themenschwerpunkt nacheinander »auf den Kopf« und halten diese Positivaussagen schriftlich fest.

Zum Abschluss überlegen Sie gemeinsam, was Sie als Lehrende und als Lernende ändern wollen, halten die unterschiedlichen Verabredungen in einem kleinen Vertrag fest, hängen die Vereinbarungen ggf. für alle sichtbar aus und legen fest, wann und wie Sie den Erfolg überprüfen wollen.

Die hier beispielhaft genannten Methoden eignen sich gut zum Einstieg in die Feedbackarbeit; werden sie themenunspezifisch eingesetzt, können sie beispielsweise zur Identifizierung von Bereichen genutzt werden, auf die sich die weitere Feedbackarbeit beziehen soll.

Ist schon entschieden, welches Thema mit Feedbackarbeit bearbeitet werden soll (beispielsweise die Fähigkeit zur Reflexion des

Lernens), dann können Sie selbstverständlich auch gleich mit einer Methode beginnen, die den Lernprozess über ein halbes Jahr kontinuierlich begleiten kann; beispielsweise mit der Einführung eines Lerntagebuchs.

Eine Auswahl von Methoden zur Begleitung von Lernprozessen

Aus den voranstehenden Kommentaren folgt, dass Methoden zur Begleitung von Lernprozessen meist auch dazu geeignet sind, die Feedbackarbeit einzuleiten, wenn sie langfristig angelegt ist. Die folgenden Methoden lassen sich also zu Beginn und im Prozessverlauf einsetzen:

• Laufende Klassenevaluation mit Feedback-Journal
• Standbild
• Drei oder vier Ecken
• Problemdiagnose
• Typisch Unterricht
• Kräftefeldanalyse
• Lerntagebuch/Lernjournal
• Offene Fragen zur Beobachtung des Lernprozesses.

Beispiel: Die Problemdiagnose

Schüler und Lehrer bearbeiten gemeinsam ein immer wieder auftauchendes, typisches Problem. Das könnte sein: die Unzufriedenheit mit der Gruppenarbeit, mit der mündlichen Beteiligung, mit der Leistungsbeurteilung des Lehrers, mit der Dominanz von Jungen usw.

1. In Kleingruppen füllen die Teilnehmer das folgende Bearbeitungsraster aus: Was genau ist das Problem? Diese Gründe/Ursachen hat das Problem in unseren Augen. Mit diesen Verhaltensweisen haben wir keine guten Erfahrungen gemacht, diese Verhaltensweisen verstärken das Problem. Dies ist unser Vorschlag, das Problem zu lösen.
2. Die Kleingruppen stellen ihre Antworten einander vor.
3. In gemeinsamer moderierter Diskussion erstellen die Teilnehmenden einen Aktivitätenkatalog, in dem festgehalten wird, wer was macht, um zur Problemlösung beizutragen.

Aktivitätenkatalog

Was	Wer	Mit wem	Art des Ergebnisses	Bis wann

Jedes Instrument wird dadurch zum prozessbegleitenden Instrument, da es in nicht zu großen Abständen wieder eingesetzt wird, um die Entwicklung zu beobachten, den Stand des Problems neu zu beurteilen und ggf. neue Aktivitäten zu verabreden, von denen Besserung erwartet wird. Die Methode, die sich am dichtesten an den Prozess anlehnt, ist das Lerntagebuch. Verdeutlicht werden kann sie an einer knappen Version.

Beispiel: Das Spickzettel-Tagebuch

Die Mathematiklehrerin und die Klasse oder der Grundkurs vereinbaren zur Effektivierung des Mathematikunterrichts, dass sie genauer herausfinden wollen, wie der Unterricht noch besser gestaltet werden kann. Für dieses Gespräch brauchen sie Informationen, die möglichst detailliert von jedem Schüler kommen sollen. Sie vereinbaren deshalb, dass am Ende jeder Stunde in ein Tagebuch kurz und knapp wie auf einem Spickzettel zu gemeinsam vereinbarten Fragen etwas eingetragen werden soll. Das Muster für die Eintragungen sollte lerngruppenspezifisch entwickelt werden; ein fachunabhängiges Muster für Schreibimpulse könnte wie folgt aussehen:

• Welche Arbeitsschritte habe ich vollzogen?
• Bei welchen Arbeitsschritten hatte ich Schwierigkeiten?
• Woran könnte das gelegen haben?
• Was könnte ich anders machen?
• Sonstige Bemerkungen und Ideen

In einem Lerntagebuch werden Selbstreflexionen regelmäßig aufgezeichnet. Die Aufzeichnungen haben eine große Nähe zu den jeweils eigenen Lernerlebnissen. Werden diese regelmäßig ausgewertet, ermöglichen und fördern sie den Einblick in die eigenen Stärken und Schwächen als auch in die der anderen Schülerinnen und Schüler. Dadurch können Formen gegenseitiger Lernberatung vorbereitet werden.

Eine Auswahl von Methoden für Feedback am Ende von Lerneinheiten

Die Überschrift markiert zwar den Ort für die folgenden Methoden richtig. Wenn Feedback aber dadurch definiert ist, dass es Einfluss auf den weiteren Lernprozess haben soll, dann kann mit »Ende« hier nur eine Zäsur gemeint sein, ein Zeitpunkt, zu dem Konsequenzen für folgende Lernprozesse dieser Lerngruppe formuliert werden sollen. Wer Feedbackmethoden also (zunächst) nicht prozessbegleitend einsetzen will, der kann beispielsweise in der zweiten Hälfte einer Unterrichtseinheit ein Blitzlicht durchführen oder einen kleinen Fragebogen einsetzen. Wichtig ist, dass allen Beteiligten klar ist, wann die Konsequenzen zum Tragen kommen, ob noch in dieser Unterrichtseinheit oder in der kommenden. Entsprechend müssen die Konsequenzen formuliert werden.

Folgende Methoden bieten sich hierfür an:

- Blitzlicht/Gesprächsrunde
- Fragebogen – Evaluation
- Evaluationszielscheibe

Beispiel: Die Fragebogen-Evaluation

Dieses Verfahren funktioniert ähnlich wie ein Brainstorming, wird aber schriftlich durchgeführt. Ein kurzer Fragebogen – wie oben ausgeführt in der zweiten Hälfte einer Unterrichtseinheit oder an deren Ende eingesetzt, kann folgendermaßen aussehen.

1. Besonders interessant war für mich...
2. Folgende Dinge sind mir klar geworden...
3. Unklar geblieben ist mir...
4. Ich habe noch folgende Fragen zu diesem Thema...
5. Nicht gefallen hat mir...
6. Ich will versuchen Folgendes in der nächsten Zeit auszuprobieren...

Die Antworten werden nach Gemeinsamkeiten gruppiert und dann der Gruppe vorgestellt. Anschließend findet ein Gespräch zu den folgenden Punkten statt: (a) Das war gut, sollten wir wieder so machen/beibehalten; (b) Folgendes werden wir verändern/verbessern, und zwar indem wir... (nach: Hermann/Höfer 1999).

Feedbackaussagen zunächst in methodisch schwach strukturierten Gesprächen auswerten

Auswertungsgespräche nicht unterschätzen

Typisch für die Gespräche, die nach der Erhebung der Rückmeldungen geführt werden ist, dass sie unterschätzt werden: Die Gespräche werden oft »freihändig« geführt, zeigen die Vielfalt der Sichtweisen und enden nicht selten in Ratlosigkeit. Ein Grund für die regelmäßige Unterschätzung dieser Gespräche liegt möglicherweise in der äußerlichen Ähnlichkeit mit gewöhnlichen Klassengesprächen.

Roten Faden für Auswertung finden

Genauso wichtig wie methodengeleitete Erhebungen sind strukturierte Auswertungen. Oft fehlt es an Methoden zur Zielklärung, Priorisierung und Strukturierung der gesammelten Aussagen – und an Zeit. Am Ende steht dann oft ein Flickenteppich aus kurz angerissenen Themen und unterschiedlichen Standpunkten, in denen keiner einen roten Faden findet.

Wer zuviel erwartet, wird enttäuscht

Typisch für diese Phase ist das Dilemma der Anfangsphase: hohe Erwartungen von allen Seiten und noch keine Erfahrung damit, gemeinsam an der Gestaltung des Lernens zu arbeiten.

Die besonderen Herausforderungen und methodischen Konkretisierungen dieser Phase stellen sich in der Praxis wie folgt dar: Als Folgerung aus den voranstehenden Hinweisen lässt sich die zentrale Herausforderung dieser Phase mit dem Kernsatz formulieren:

Feedbackbasierte Unterrichtsentwicklung steht und fällt mit der Güte ihres Herzstücks – der Qualität der Feedbackgespräche.

Die Entwicklungsaufgabe dieser Phase ist eine verständigungsorientierte Gesprächsführung, um die Erwartungen, Anforderungen und Bedürfnisse zu unterstützen und in gemeinsame Ziele, Regeln und Vereinbarungen zu überführen.

Die methodische Konkretisierung erfordert an dieser Stelle des Auswertungsgesprächs drei Dinge:

- Ein Verfahren zur Auswahl der wichtigsten Aspekte – nicht jeder Aspekt der Rückmeldungen kann besprochen werden.
- Eine erste Bearbeitung der Teilaspekte in Kleingruppen, um die genauere Analyse der Daten vorzubereiten; dazu sollte es Leitfragen für die Gruppen geben. Für die Leitfragen können die oben unter der Problemanalyse formulierten Fragen als Muster dienen.
- Eine Bereitschaft, dem Gespräch über Feedback Zeit zu geben. Der Zeitfaktor wird zunächst unterschätzt; gelingen können solche Gespräche aber nur mit Zeit.

Beispiel: Priorisierung von Themen – Klebepunkte verteilen

Die einzelnen Aussagen der Rückmeldung werden zunächst in Themengruppen/Cluster zusammengefasst, dann in einen Themenspeicher übertragen und schließlich in eine Bedeutungsreihenfolge gebracht, d.h. priorisiert. Dazu erhält jeder Teilnehmer Klebepunkte, und zwar doppelt so viele, wie Themen im Themenspeicher stehen. Diese verteilt er frei auf die Themen – je nach individueller Dringlichkeit der Bearbeitung. Nach Anzahl der Punkte werden Rangplätze vergeben. Die nicht gewählten Themen können später bearbeitet werden.

Thema	Punkte	Rang

Rückmeldungen intensiver analysieren

Schwerpunkte setzen

Typisch für diese Phase ist die Intensivierung des Umgangs mit den Rückmeldedaten und damit eine Konzentration auf Schwerpunkte der Rückmeldungen und eine Bearbeitung der Rückmeldungen in Gruppen (dieses Entwicklungsstadium wird oft erst im zweiten Durchgang erreicht).

Regelgeleitete Gruppenarbeit fördern

Als hilfreich in dieser Phase haben sich erwiesen: Leitfragen für Gruppenarbeit, Beachten der Feedbackregeln, Verschriftlichung und Präsentation der Ergebnisse.

Einflussnahme erfahrbar machen

Alle Beteiligten erfahren in dieser Phase oft zum ersten Mal die Berechtigung unterschiedlicher Sichtweisen, die Wirkung von Aufmerksamkeit und Gesprächsbereitschaft und die Möglichkeit der Einflussnahme. Die Zusammenarbeit wird vertrauensvoller, konkrete Änderungen werden vereinbart und die Erfahrung der Einflussnahme auf den Unterricht macht beide Seiten zuweilen sogar stolz.

Die besonderen Herausforderungen und methodischen Konkretisierungen dieser Phase ähneln denen der Phase 4 (vgl. Kap. 3.3.2 Feedbackaussagen zunächst in methodisch schwach strukturierten Gesprächen auswerten). Die Zuspitzung der Herausforderung in dieser Phase lässt sich deshalb kurz fassen: Anspruch dieser Phase ist, von einer maximalen Vielfalt an Perspektiven zu einer maximalen Gemeinsamkeit der Veränderungswünsche zu gelangen.

Gerade offene Fragen ergeben in der Regel sehr heterogene Antworten. Aufgabe der Analysegespräche ist also, im Vergleich der Aussagen Gemeinsamkeiten und Zusammenhänge herauszufinden. Älteren Schülerinnen und Schülern, beispielsweise in der Oberstufe, können Sie diese Verfahrensschritte (ggf. vereinfacht formuliert) an die Hand geben und damit das Ergebnis erarbeiten lassen. Abstraktionsverfahren dieser Art schulen nicht nur die Rückmeldekompetenz.

Beispiel: Verfahren zur Suche nach Gemeinsamkeiten in fünf Schritten

1. Formulieren Sie alle Rückmeldungen in ganzen Sätzen und halten Sie diese schriftlich und für alle sichtbar fest.
2. Suchen Sie nach übergreifenden Kategorien oder Überschriften und ordnen Sie diesen die Aussagen zu; so bilden Sie Bereiche mit ähnlichen Aussagen.
3. Wenn die Kategorien oder Überschriften für diese Gemeinsamkeiten nicht sofort ins Auge springen, können Sie auch fragen: Auf welche Fragen oder Probleme geben diese Aussagen eine Antwort?
4. Wenn Sie die Aussagen den verschiedenen Kategorien oder Überschriften zugeordnet haben, dann fragen Sie nach Gemeinsamkeiten zwischen diesen inhaltlichen Bereichen. Mit diesem Abstraktionsschritt werden weitere Zusammenhänge sichtbar.
5. Als Ergebnis formulieren Sie schließlich einige wenige Kernaussagen. Wenn Sie prüfen wollen, ob diese Kernaussagen das Zentrum der Rückmeldungen treffen, dann versuchen Sie, diesen Kernaussagen die ursprünglichen Aussagen zuzuordnen, die Ihnen besonders wichtig erscheinen.

In einem solchen Prozess wird die maximale Variation der Perspektiven in eine Struktur von Aussagen überführt, die maximale Gemeinsamkeiten und Zusammenhänge repräsentieren. In einem solchen für alle transparenten Verfahren werden alle Rückmeldungen aufgenommen, ernst genommen und in das Endergebnis integriert.

Erste Erfolge und Krisen erfahren und bearbeiten

Vertrauen gewinnen und strukturelle Grenzen freilegen

Feedback kann gerade im fortgeschrittenen Stadium Zusammenarbeit vertrauensvoller machen und gleichzeitig strukturelle Grenzen freilegen, die sonst verborgen bleiben.

Grenzen als strukturelle bewusst machen

Die Erfahrung struktureller Grenzen kann zu Enttäuschungen und Personalisierungen von Problemen führen, bietet aber auch die Chance, sich dieser Grenzen bewusst zu werden.

Personalisierung der strukturellen Grenzen übergangsweise akzeptieren

Typisch für diese Phase ist auch, dass der Lehrer sowohl für die Probleme als auch für die Veränderungen allein verantwortlich gemacht wird. Dies ist allerdings erträglich, wenn es vor dem Hintergrund erster Erfolge und der Einsicht in eine Übergangssituation erfahren wird.

Die besonderen Herausforderungen dieser Phase und deren methodische Konkretisierung stellen sich in der Praxis wie folgt dar:

- Herausfordernd in dieser Phase ist vor allem, dass dann, wenn die Anfangsschwierigkeiten überwunden sind und die Fähigkeit zur gemeinsamen Reflexion von Lernen und Unterricht zunimmt, neue Schwierigkeiten auftreten – vermutlich, weil die Erwartungen steigen.
- Herausfordernd sind Reaktionen der Enttäuschung über die Grenzen der Veränderbarkeit; dies kann sich sowohl bei Lehrern als auch bei Schülern zeigen, wenn steigende Erwartungen nicht erfüllt werden können.
- Eine Herausforderung für die Schüler ist, dass Lehrer ein Mehr an Interesse, an Engagement für den Unterricht und an gestaltender Einflussnahme erwarten; dagegen stehen nicht selten auf Seiten der Schüler weiterhin Desinteresse und eine zensurenfixierte Haltung.
- Eine Herausforderung für die Lehrer ist, dass die Schüler einen offenen Dialog riskieren, mit den Auffassungen und Urteilen der Lehrer in Konflikt geraten, Forderungen entwickeln, die an die Grenzen der Institution stoßen; dabei werden nicht selten Lernbedingungen kritisiert, die dann gerade die Lehrer »treffen«, die sie vermutlich am wenigsten verursachen.

- Als hilfreich in dieser Phase hat sich herausgestellt,
  - als Lehrer kontinuierlich und geduldig dabei zu bleiben; dies gelingt dann, wenn aus eigenen oder anderen Erfahrungen bekannt ist, dass es in allen Feedbackprozessen solche krisenhaften Übergangsphasen gibt, die zur Klärung notwendig, aber auch überwindbar sind, wie in Phase 7 konkretisiert wird.
  - die gegensätzlichen Sichtweisen zu nutzen, um die unterschiedlichen Erwartungen an Arbeitspraktiken und -beziehungen zu klären; zu klären wäre beispielsweise: Was fordern Lehrer und welche Unterstützung sind sie bereit zu geben? Was erwarten Schüler und welche Ziele wollen sie erreichen? Dies wäre dann die Überleitung zur Phase 7. (Auf-)geklärt werden beispielsweise unterschiedliche Vorstellungen von gerechter Leistungsbewertung, angemessene Ansprüche an Betreuung der Arbeitsgruppen, unterschiedliche Erwartungen an Leistungen.

Zur Überwindung der Krise: Ziele, Gegenstände und Verfahren gemeinsam neu klären

Erfahrungen auswerten und auf einem neuen Niveau starten

Entscheidend für die Bewältigung solcher Krisen ist die erneute Klärung der Angemessenheit von Zielen, Gegenständen und Verfahren auf einem höheren Niveau.

Spätestens jetzt die Schüler einbeziehen

Entscheidend ist weiter die Einbeziehung der Schüler in die erneute Klärung der Rückmeldearbeit und damit in eine geteilte Verantwortung für das Gelingen von Unterricht.

Die Vertrauensbasis ausbauen

Führt die Auseinandersetzung mit strukturellen Problemen zu mehr Kooperation, dann wächst das Vertrauen in die Gesprächsbereitschaft und den Nutzen des Feedbacks auf beiden Seiten.

Die besonderen Herausforderungen dieser Phase und deren methodische Konkretisierung stellen sich in der Praxis wie folgt dar:

- Die Doppelerfahrung aus erfolgreichen Veränderungen des Unterrichts einerseits und Grenzen der Änderungsmöglichkeiten andererseits ist eine gute Basis zur Klärung dessen, was die Beteiligten mit Feedbackarbeit erreichen wollen und unter den Bedingungen von Schule erreichen können.
- Die Erfahrungen zeigen, dass erst die wiederholte praktische Erfahrung mit Feedbackarbeit die Beteiligten dazu in die Lage versetzt, im Prozess ein gemeinsames Verständnis von Sinn und Nutzen der Feedbackverfahren zu entwickeln.
- Wir haben die typischen Bedingungen dafür herausgearbeitet, dass Erfolge und Misserfolge in der Feedbackarbeit produktiv ausbalanciert werden können. Gefunden haben wir drei Faktoren:
  - Persönliche Überzeugtheit vom Nutzen der Schülerrückmeldung: Die Lehrer sehen darin ein notwendiges Instrument der Unterrichtsentwicklung, sie trauen es sich und den Schülern zu, sie sind in gewisser Weise »enttäuschungsfest« und sie wollen Rückmeldungen haben, um daraus Konsequenzen zu ziehen.
  - Systematische Zusammenarbeit mit Gleichgesinnten: Die Lehrer initiieren und nutzen die Feedbackgruppe an der Schule für den Austausch von Materialien, positiven Erfahrungen, aber auch Fehlschlägen bzw. Enttäuschungen.
  - Wechselseitiges Vertrauen von Schülern und Lehrern: Lehrer und Schüler unterstellen einander Interesse an einer Verbesserung der Unterrichtssituation, an sachlichen Urteilen und an Fairness und Selbstkritik.

Die Herausforderungen dieser Phase sollen abgerundet werden mit der Frage nach den Chancen einer schulweiten Einführung von Feedbackverfahren. In keiner der beteiligten Schulen ist die Initiative innerhalb von zwei Jahren einfach »durchgewachsen«, noch nicht einmal auf breites Interesse gestoßen. An einer Schule allerdings haben Schulleitung und Initiativgruppe den Prozess durch eine Mischung aus Fortbildung und Überzeugungsarbeit so weit vorangetrieben, dass nach vier Jahren eine schulweite Feedbackkultur zu beobachten ist (vgl. dazu Nietzschmann/Vieluf 2006). Für den Regelfall gilt die aus anderen Entwicklungsprojekten begründete Vermutung, dass es für die Implementation eines solchen Projekts der Entscheidung einer Mehrheit des Kollegiums sowie einer gezielten Fortbildung zur Unterrichtsentwicklung und zum Projektmanagement bedarf (vgl. Bastian/Rolff 2002).

Perspektive: Feedback als Instrument der Selbststeuerung von Lernprozessen

Das erfolgreiche Gespräch über Unterricht wird Routine

Mit regelgeleitetem Feedback wird ein öffentliches Nachdenken darüber befördert, wie Lehrer und Schüler arbeiten, was sie arbeiten und wie sie sich aufeinander beziehen.

Das Gespräch über Unterricht bezieht das Nachdenken über die Inhalte ein

Ein solches Aktivitätsmuster führt erstaunlich schnell in Grundfragen der Gestaltung von Unterrichtsarbeit – nicht nur zu den Methoden, sondern auch zu den Inhalten des Lernens.

Das Gespräch über Unterricht geht über in Mitgestaltung und kooperative Planung

Systematisches Feedback mündet deshalb in einem Verständnis von Unterrichtsgestaltung als Gemeinschaftsleistung von Lehrern und Schülern. Für Erfolg und Misslingen tragen beide Seiten Verantwortung, wenn auch in unterschiedlichen Rollen und Anteilen. Wer Unterricht so versteht, für den ist die Konsequenz aus Feedbackarbeit als kooperativer Nachbereitung von Unterricht die kooperative Planung und Gestaltung von Unterricht.

Die besonderen Herausforderungen dieser Phase und deren methodische Konkretisierung stellen sich in der Praxis wie folgt dar:

- Wer systematische Feedbackarbeit über eine längere Zeit so betreibt, dass aus einer nachträglichen Reflexion des Lernprozesses Konsequenzen gezogen werden, der kann sich nach unserer Beobachtung nicht der Logik entziehen, dass gemeinsam formulierte Konsequenzen und Vereinbarungen immer schon Elemente einer kooperativen Planung des zukünftigen Lernprozesses enthalten.
- Feedbackarbeit bereitet die Selbststeuerung des Lernprozesses zum einen dadurch vor, dass Kooperationsstrukturen bei Schülern und Lehrern geschaffen werden, um über die Gestaltung von Unterricht ins Gespräch zu kommen und zum anderen dadurch, dass die Beteiligten eine gemeinsame Sprache auch für Krisen und Widersprüche des Lernens entwickeln.
- Eine besondere Herausforderung dieser Phase liegt nun darin, den richtigen Zeitpunkt zu finden, zu dem die systematische Reflexion des Lernens in eine methodisch angeleitete und kooperative Planung und Gestaltung des Unterrichts überführt wird (ausführlich zu Methoden der kooperativen Planung vgl. Bastian 1990).

Beispiel: Schülerinnen und Schüler gestalten Unterricht und präsentieren Ergebnisse von Gruppenarbeiten

Eine Gruppe von Schülerinnen und Schülern gestaltet selbstständig eine Unterrichtseinheit: sie erarbeitet sich zu einem Thema genügend Sachkompetenz, gestaltet eine Unterrichtsphase oder Präsentation mit Aufgaben für die Mitschüler und verwendet dabei anregende Methoden.

Die Lehrperson unterstützt die Schülerinnen und Schüler bei Bedarf, hat allerdings keinen unmittelbaren Einfluss auf die Gestaltung der Lerneinheit.

Im Anschluss an die Einheit geben Lerngruppe und Lehrperson der Gestaltungsgruppe ein Feedback. Die gesamte Lerngruppe bekommt über dieses Verfahren ein Verständnis für die Sichtweise des Lehrenden auf Unterricht und absolviert darüber hinaus eine Lektion in »Schlüsselqualifikationen«.

Zu beachten sind drei Dinge:

1. Die in den von Schülerinnen und Schülern gestalteten Einheiten gehen, ebenso wie »Lehrerstunden«, in die Leistungsüberprüfung der Klasse ein.
2. Es handelt sich hier um ein indirektes Feedback über Unterricht – die Schülerinnen und Schüler machen Verbesserungsvorschläge und geben Anregungen, indem sie selbst vormachen, wie sie sich Unterricht vorstellen.
3. Die Aufgabe »Schüler als Lehrende« stellt hohe Ansprüche an die Fähigkeit der Lehrperson zur Begleitung – und an die Fähigkeit der Schüler zur Planung und Arbeitsorganisation.

Ein Oberstufenschüler zieht nach einer solchen Arbeit das folgende Fazit: »Unterrichtsgestaltung durch Schüler ist kein beispielloser Wunschtraum. Die Einführung einer ›Unterrichtsgestaltung durch Schüler‹ verbessert den Unterricht stetig. Präsentationsarbeiten fördern und fordern das selbständige Arbeiten und vor allem das Präsentieren, das Zusammenarbeiten, das miteinander Reden, aber auch die Moderation« (aus Sarazin 2000).

▶ **Fazit:** Als Fazit zur achten und letzten Phase sei noch einmal gesagt, dass dieses Phasenmodell in der Regel nicht im ersten Versuch vollständig durchlaufen wird. Einige Klassen haben die Entwicklung von Feedbackarbeit zu Ansätzen einer Selbststeuerung von Lernprozessen nach einem Jahr kontinuierlicher Feedbackarbeit erfahren, andere nicht. Ein Team beginnt nach gut zwei Jahren mit Versuchen einer kooperativen Planung im Fachunterricht. Aber auch für diejenigen, die diese Phase (noch) nicht erreicht haben, soll die Perspektive Anreiz sein, beharrlich und im Vertrauen auf die Schülerinnen und Schüler »am Ball zu bleiben«; denn dies ist eins der hervorstechenden Merkmale der Lehrerinnen und Lehrer, mit denen wir in diesem Projekt zur Unterrichtsentwicklung zusammengearbeitet haben: Beharrlichkeit und Zutrauen in die Fähigkeiten ihrer Schülerinnen und Schüler.

Reflexion

Sie haben das Phasenmodell mit konkreten methodischen Hinweisen durchgearbeitet. Dabei ist deutlich geworden: Feedbackmethode ist nicht gleich Feedbackmethode. Es bedarf eines phasenbezogenen Settings von Methoden vom Einstieg über das Feedbackgespräch bis hin zu einem Stadium, in dem Reflexion so weit entfaltet ist, dass kooperative Planung und Selbststeuerung sich als Konsequenz darauf aufbauen lassen.

Statt einer abschließenden Reflexion dieses Abschnitts ein Hinweis: Feedbackarbeit kann Motor von Unterrichtsentwicklung sein.

Aber steigen Sie nicht »irgendwie« in Feedbackarbeit ein. Verschaffen Sie sich einen Überblick über die Phasen und legen Sie sich dann eine Abfolge von Methoden zurecht, die aufeinander aufbauend ein Konzept ergeben. Und arbeiten Sie dabei in einem Team; denn Krisen gibt es in allen Fällen.

Weiterführende Literaturhinweise
zur Schülerrückmeldung als Instrument der Unterrichtsentwicklung.

Der Abschnitt dieses Studienbriefs basiert – wie schon im Text ausgeführt – auf der Evaluation eines Prozesses an mehreren Schulen. Ausführliche Informationen dazu und eine umfangreiche Methodensammlung finden Sie in:

Bastian, J./Combe, A./Langer, R. (2003, 2. erw. Aufl. 2005). Feedback-Methoden. Erprobte Konzepte, evaluierte Erfahrungen. Weinheim und Basel.
Eine weitere Publikation, die auf der Begleitung eines Schulentwicklungsprojekts basiert, ist der Band »Schülerkompetenz«. Hier werden die Ergebnisse einer zweijährigen Arbeit von Schulen an Möglichkeiten zur Selbstbeobachtung und Selbstbewertung vorgestellt:
Buschmann, R./Buhren, C.G. (2004). QuiSS. Schülerkompetenz. Ergebnisse aus dem schleswig-holsteinischen Modellprogramm von QuiSS. Flensburg/Dortmund.
Um Schülerrückmeldung im Zusammenhang mit der Entwicklung einer neuen Arbeitskultur geht es in:
Burkard, Ch./Eikenbusch, G./Ekholm, M. (2004). Starke Schüler – gute Schulen. Berlin.
Eine systematische Einführung sowie mehrere Erfahrungsberichte mit methodischen Hilfen zum Aufbau einer Rückmeldekultur finden sich in:
Bastian, J. (Hrsg.) (2001): Schülerrückmeldung über Unterricht. Themenheft der Zeitschrift PÄDAGOGIK. Heft 5/01. Weinheim und Basel.

3.3 Unterrichtszentrierte Schulentwicklung im regionalen Netzwerk

Reflexion

Zur Überbrückung des thematischen Sprungs von der Feedbackarbeit zur Schulentwicklung in regionalen Netzwerken zwei alternative Anregungen zum eigenständigen Brückenbau:

1. Unterrichtsentwicklung an der Einzelschule und Schulentwicklung im regionalen Verbund scheinen weit auseinander zu liegen. Auch hier gibt es die Brücke der Reformtradition. Es gab und gibt an vielen Schulen Kontakte zum schulischen Umfeld, mit denen Schule und Umfeld angeregt werden sollen und nicht selten einen Handlungsbezug bekommen. Wenn Sie noch keine genauen Vorstellungen von einer Schulentwicklung im regionalen Netzwerk haben, dann versuchen Sie zunächst einmal, die vorhandenen Elemente eines Stadtteil- bzw. Regionalbezugs gedanklich in ein systematisches Konzept zu überführen.
   - Wo könnte angeknüpft werden?
   - Was müsste ausgebaut werden?
   - Was müsste systematisiert werden?

2. Wenn Sie schon ein Bild von regionaler Schulentwicklung haben, dann versuchen Sie vor der Lektüre dieses Kapitels einmal einen Lehrer, der diese Variante von Schulentwicklung nicht kennt, von den Vorteilen eines solchen Konzepts zu überzeugen. Die Fragen des skeptischen Lehrenden könnten sein:
   - Was bringt eine Regionalisierung von Unterrichtsentwicklung für meinen Unterricht?
   - Was bringt eine Regionalisierung für die Entwicklung meiner Schule?
   - Was müsste es an Unterstützungsleistung geben, damit Regionalisierung machbar ist?

3.3.1 Warum in die Ferne schweifen...

... wenn Unterrichts- und Schulentwicklung an der eigenen Schule schon so viel Zeit und Aufmerksamkeit braucht. Wer von Schulentwicklung in der Region oder einer Regionalisierung von Schulentwicklungsarbeit spricht, der sieht sich solchen und anderen skeptischen Fragen gegenüber. Bei der Initiierung von Regionalprojekten müssen die Beteiligten also erst einmal vom Sinn und vom Nutzen einer Regionalisierung überzeugt werden, müssen vor allem Fragen nach den damit assoziierten zusätzlichen Anforderungen beantwortet werden: Reicht es nicht, wenn wir uns um die Verbesserung des Unterrichts in der eigenen Schule bemühen? Was hat das mit Vernetzung in der Region zu tun? Und vor allem: Welche Vorteile hat eine Regionalisierung für unsere Schule – was bringt sie konkret für meinen Unterrichtsalltag?

Nun gibt es seit etwa Mitte der 1990er Jahre Erfahrungen mit Initiativen zur koordinierten Entwicklung von Schulen in der Region. Eine der ersten war die angebotsorientierte und servicegestützte Pädagogische Schulentwicklung im kommunalen Schulsystem der Stadt München, das von Dietmar Gschrey und Heinz Klippert aufgebaut wurde (vgl. dazu Gschrey 1997). Das umfangreichste, abgeschlossene und evaluierte Projekt regionaler Schulentwicklung ist das Projekt »Schule & Co.«, dessen Projektstruktur und Ziele ausführlich in Kap. 2.1.3 vorgestellt wurden.

Heute gibt es zahlreiche Nachfolger dieses Konzepts und andere Netzwerke, die Schulentwicklung im regionalen Verbund betreiben. Dennoch ist es immer noch eher die Ausnahme, wenn die Einzelschulentwicklung im Zusammenhang mit der Entwicklung einer Schul- und Bildungslandschaft konzipiert wird, wie dies im Falle von »Schule & Co.« erprobt wurde.

Auch in diesem Bereich aber können Schulentwicklungsinitiativen an Traditionen anknüpfen, in denen die Idee einer Verbindung von Unterricht und regionalem Umfeld strukturbildend ist – und das ist für die Akzeptanz der Regionalisierungsidee nicht ohne Bedeutung. Schon in den 1980er Jahren gibt es Projekte, in denen der Unterricht durch eine gezielte regionale Einbindung der Schule verändert wird. Erprobt werden solche Konzepte bis heute unter den Begriffen: Schule und Nachbarschaft, Lernen im Stadtteil, Öffnung von Schule, Community Education etc. Und so gibt es auch schon in den 1980er Jahren Lehrerinnen und Lehrer, aber auch einzelne Schulen, die die Ressourcen ihres Umfeldes gezielt für den Unterricht nutzen, die aus dem Unterricht heraus in die Region gehen

und die Experten und Initiativen von dort in den Unterricht hinein-
holen. Versteht man Schulentwicklung auch im Sinne einer systematischen Weiterführung vorangegangener Reformbemühungen, dann
wäre es nur konsequent, die Erfahrungen einer regionalen Vernetzung der pädagogischen Arbeit als Potential zu nutzen, wenn es um
Überlegungen zur Regionalisierung von Schulentwicklung geht.

Ich beziehe mich in diesem Abschnitt zunächst auf Erfahrungen
des Projekts »Schule & Co.«, besonders auf die Anfangsphase der
Initiierung dieses Projekts, weil hier deutlich wird, wie die Potenziale der Region mit der Perspektive auf die Entwicklung des Unterrichts verbunden werden kann. Denn gerade in Regionalprojekten muss jede einzelne Schule gewonnen werden, der Teilnahme am
Projekt nach intensiven Diskussionen des Konzepts zustimmen und
dies mit einer Mehrheit des Kollegiums, wobei die Untergrenze der
Zustimmung im Kollegium bei 70 Prozent liegen sollte.

Die Antwort auf die Frage, wie die anfängliche Skepsis gegenüber Schulentwicklung – zumal einer mit regionaler Perspektive –
überwunden werden konnte, formuliert ein Teilnehmer von »Schule & Co.« wie folgt (vgl. Stork 2000): Überzeugend für die Kolleginnen und Kollegen war vor allem die Idee, dass Pädagogische
Schulentwicklung direkt im Klassenzimmer beginnen sollte. Es ist
also nicht die weite Perspektive von Schulentwicklung in der Region, die Interesse auslöst; es ist die Nähe zu den Alltagsfragen, die
vertrauensbildend wirkt und Interesse weckt. Hintergrund ist in
diesem Fall vermutlich die Übereinstimmung des Angebots zur Unterstützung einer methodischen Weiterentwicklung des Unterrichts
(das zu Anfang von Heinz Klippert durchgeführt wurde) mit dem
Eindruck vieler Lehrerinnen und Lehrer, den Unterricht verändern
zu müssen, weil er in der alten Form die Schülerinnen und Schüler
nicht mehr erreicht.

Kurz: Wer sich auf Entwicklungsprozesse im Rahmen dieses
Konzepts einlässt, dem wird im Gegenzug zugesagt, dass an den eigenen Fragen angeknüpft wird und dass er die Unterstützung bekommt, die für deren Bearbeitung notwendig ist. Gleichzeitig wird
deutlich, dass die Regionalisierung des Angebots vor allem in den
schulübergreifenden Fortbildungsangeboten Möglichkeiten eröffnet, die eine Einzelschule allein nicht organisieren könnte. Das

Konzept gibt also eine Antwort darauf, wie Schulentwicklung im Klassenzimmer beginnen kann und wie darüber hinaus die Chancen einer gemeinsamen Entwicklungsperspektive in der Region genutzt werden können.

3.3.2 Unterrichtsentwicklung als Gemeinschaftsleistung der Einzelschule

Unterstützt wurden die Schulen auf der einzelschulischen Ebene zunächst durch zwei Maßnahmen: Im Bereich der Unterrichtsentwicklung konzentrieren sich die Schulen zunächst auf verschiedene Bausteine eines Trainingsprogramms zur Förderung eigenverantwortlichen Arbeitens und Lernens, das zunächst von Heinz Klippert gestellt und durchgeführt und später eigenständig durch die Projektmitarbeiter ausdifferenziert und weiterentwickelt wird.

Mit diesem Trainingsprogramm zur Förderung des eigenständigen Arbeitens der Schüler verbunden ist das Training der Entwicklung einer Teamstruktur als Lernstruktur der Lehrenden an jeder Schule – eine notwendige Voraussetzung für eine gemeinsame Planung, Durchführung und Auswertung der Unterrichtsveränderungen auf Klassen- und Jahrgangsebene. Wichtig für den Anfang dieses Entwicklungsprozesses ist, dass die Schulen nach relativ kurzen innerschulischen Klärungsprozessen zügig mit dem Training und der Erprobung der Veränderungen im Unterricht beginnen können, dass die Bausteine für diese Arbeit vorliegen – kurz: dass die praktische Veränderungsarbeit zügig beginnen kann.

Als zweite Maßnahme neben den Bausteinen zur Unterrichtsentwicklung wird von Beginn an eine Fortbildung der Steuergruppen im Bereich des Schulmanagements angeboten und – da dies zu Beginn der Arbeit nicht von allen Schulen als sinnvoll erkannt wird – verpflichtend gemacht, damit die organisatorische Umsetzung der Veränderungen in den Schulen professioneller als bislang gestaltet werden kann (für die Ausbildung von Steuergruppen halten alle Fortbildungsinstitute entsprechende Angebote bereit).

Im Laufe des Prozesses hinzugefügt wird schließlich ein drittes Element: die Entwicklung und Implementation von Evaluationsverfahren zur Überprüfung der Unterrichtsentwicklung. Damit kann an den einzelnen Schulen und von jedem einzelnen Lehrer geprüft werden, ob sich der Aufwand gelohnt hat, ob die gewünschten Erfolge eintreten und wo ggf. Modifikationen nötig sind. Unterstützt wird dieser für alle Schulen sehr fremde Aspekt von Schulentwicklung durch die Ausbildung von Evaluationsberatern, die den Schulen zur Verfügung stehen. Konkrete Anregungen zur Evaluation von Unterrichtsentwicklung finden sich in Burkhard/Eikenbusch 2000 und in Bastian 2007.

Entscheidend für den Erfolg dieser Arbeit an den Einzelschulen ist, dass es sich bei den einzelnen Trainingsprogrammen nicht um Einzelmaßnahmen handelt, sondern um ein Gesamtkonzept, in dem die Konzentration auf Unterrichtsentwicklung durch Fortbildung für alle fundiert wird, durch ergänzende Trainings von Teilen des Kollegiums in Schulmanagement und Unterrichtsevaluation flankiert wird, und dass all dies von Aktivitäten zum Aufbau einer regionalen Schullandschaft gerahmt wird.

3.3.3 Unterrichtsentwicklung als Gemeinschaftsleistung der Region

Die Frage heißt: Welche Vorteile hat es für den einzelnen Lehrer und für die einzelne Schule, wenn eine unterrichtszentrierte Schulentwicklung in ein regionales Verbundsystems integriert ist? Dass Entwicklungsprozesse an den Einzelschulen von Beginn an von der Regionalisierung profitieren, ist – hat das Projekt einmal begonnen – für die Einzelschulen sehr schnell erkennbar. So bekommen alle Schulen, die sich zur Teilnahme bereit erklärt haben, von Beginn an eine regional organisierte schulübergreifende Unterstützung zur Weiterentwicklung von Unterricht und Schulmanagement in Form von schulübergreifenden Fortbildungen, die sich eine einzelne Schule so nur schwer hätte »leisten« können.

Ein Problem kann sich allerdings daraus ergeben, dass eine solche Regionalisierung des Unterstützungsangebots zu einer »Schulentwicklung von der Stange« führt; eine besondere Leistung eines solchen Regionalprojekts ist es deshalb, die Balance zu finden zwischen schulindividuellen Entwicklungsinteressen und -notwendig-keiten auf der einen Seite und schulübergreifenden Qualifizie-rungsangeboten auf der anderen Seite. Gelingt die Herstellung ei-ner solchen Balance, dann können sich Effekte einstellen, die ohne einen solchen Lernverbund nicht entstehen würden. Bei einer Ana-lyse von zentralen Erfahrungen dieses Projekts in den ersten beiden Jahren (zu Erfahrungsberichten vgl. PÄDAGOGIK 7–8/2000) fallen vor allem drei Effekte auf:

- Die schulübergreifende Durchführung von Veranstaltungen oder schulübergreifende Seminare für Trainer zur Unterrichts-entwicklung oder Mitglieder der Steuergruppen einschließlich der Schulleitungen ermöglichen einen Blick über den Rand der eigenen Schule, aber auch der eigenen Schulform hinaus. Dabei wird konkret erfahrbar: Stärken und Schwächen haben alle Schulen und an Lösungen kann schulübergreifend gearbeitet werden, wenn diese Lösungen dann wieder auf die jeweils be-sonderen Verhältnisse einer Schule übertragen werden.
- Arbeitet – wie in diesem Projekt – etwa ein Drittel aller Schulen in einer Region freiwillig an einer gemeinsamen Aufgabe (hier zum Beispiel an der Stärkung eigenverantwortlichen Arbeitens), so erzeugt dies mehr Aufmerksamkeit, als wenn jede Schule ein-zeln daran arbeitet. Eine solche Entwicklungsarbeit kann der Öffentlichkeit leichter – beispielsweise durch die Presse – ver-mittelt werden, als dies Einzelschulen tun können. Eine solche Öffentlichkeit verschafft die lange vermisste Aufmerksamkeit und Anerkennung für die Probleme und die Problemlösungen am Arbeitsplatz Schule. Gleichzeitig eröffnet sich damit eine kontinuierliche Anforderung zur öffentlichen Präsentation schulischer Arbeit und deren Resonanz wiederum bietet Rück-halt für die schwierige Veränderungsarbeit.
- Wichtig scheint vor allem, dass Lehrerinnen und Lehrer in die-sem Projekt die Erfahrung machen, dass unterrichtszentrierte Schulentwicklung ihnen dabei helfen kann, sich in Teams ein zeitgemäßes Methodenrepertoire und Formen einer schüler-zentrierten Unterrichtsgestaltung zu erarbeiten, dass sie durch das unterrichtsbezogene Unterstützungskonzept Erfolge bei der

Veränderung des Unterrichts sehen und dass sie auf diesem Wege schließlich Akzeptanz und Selbstwirksamkeit erfahren; deshalb können sie auch Anforderungen von außen annehmen, die zumindest auf den ersten Blick schulfremd erscheinen. So haben beispielsweise alle Schulen gerne auf die Unterstützung der Unterrichtsarbeit zurückgegriffen, das Angebot zur Qualifizierung der Steuergruppen aber z.T. nur angenommen, weil es zu diesem Unterstützungspaket verpflichtend dazugehörte.

Zusammenfassend kann festgehalten werden, dass gegenseitig sich verstärkende Effekte entstehen, wenn eine – auch öffentlich – wahrnehmbare Anzahl von Schulen einer Region auf der Grundlage eines unterrichtsbezogenen Unterstützungsprogramms einen gemeinsamen Aufbruch plant und umsetzt. Entscheidend ist, dass die Instanzen, die Akzeptanz für solche Veränderungen wecken wollen, ihre Unterstützungsangebote so konzipieren, dass Lehrer, Schüler und auch Eltern nicht nur etwas davon merken, sondern auch etwas davon haben. Denn die Erfahrung zeigt, dass Lehrerinnen und Lehrer für Schulentwicklung zu gewinnen sind, wenn sie im Kernbereich ihrer Arbeit so unterstützt werden, dass sich Erfolge einstellen. Ein typisches Zitat für die Einstellung zur Schulentwicklungsarbeit ist: »Wir wollen etwas für uns und unsere Schüler tun und nicht für die Behörde.«

Im Projekt »Schule und Co.« heißt der erste Schritt deshalb unterrichtsbezogene Unterstützung der Einzelschulen bei gleichzeitiger Hilfe für Teambildung und Schulmanagement innerhalb der Schulen und längerfristig eine Vernetzung der Schulen untereinander. Die Entwicklung einer solchen Schullandschaft ist schon deutlich mehr als die Entwicklung der Einzelschule, aber ohne eine Konzentration auf die Entwicklung der Lernkultur und der pädagogischen Arbeit an den Einzelschulen wären die Schulen in einer solchen Landschaft auf Treibsand gebaut.

Gleichzeitig braucht die Unterrichtsentwicklung an den Einzelschulen – also beispielsweise ein erfahrungsbezogener, handlungsorientierter und schließlich auch die Fächergrenzen übergreifender Unterricht – langfristig das Umfeld, die Region, wie der Fisch das Wasser. Mit welchen Erfahrungen soll denn sonst ein erfahrungsorientiertes Lernen in der Schule verbunden werden, wenn nicht mit den Erfahrungen, wie sie die umgebende Region beispielsweise in Form von Betrieben oder kulturellen Einrichtungen bereithält. Dass dafür die regionale Basis einer Bildungslandschaft vorteilhaft ist, das zeigen die Schwierigkeiten von Einzelschulen, sich alleine eine optimale Verbindung mit der sie umgebenden Region zu erschließen und auf Dauer zu stellen.

Insofern weisen die Fragen zu Beginn dieses Abschnitts auch auf Erfahrung hin, dass eine Ausweitung von Entwicklungsperspektiven in die Region nicht einfach alleine und nebenbei zu erledigen ist. Auch dabei geht es um die Entwicklung und Bereitstellung adäquater Unterstützungsformen, die Voraussetzungen dafür schaffen, dass Schulen den Anspruch an ein regionales Netzwerk umsetzen lernen.

In diesem Sinne ist die Frage also nicht, warum Schulentwicklung auf die Region ausgeweitet werden soll; es ist vielmehr die Frage, wie Schulentwicklung ohne die Region auskommen kann. – Genau diese Perspektive aber bedarf, wenn sie unterrichtsrelevant werden soll, eines die Schulen verbindenden Entwicklungskonzepts und einer Organisationsstruktur, die Schulen nutzen können, wenn sie auf die Ressourcen der Region zurückgreifen und sich selbst dort einbringen wollen.

3.3.4 Skizze einer regionalen Schul- und Bildungslandschaft

Um die Strategie einer regionalen Schulentwicklung abzusichern, bedarf es also einer Struktur, die die Entwicklung der Einzelschule stärkt, indem sie die Schulen untereinander und mit dem Umfeld in Beziehung bringt. Diese Struktur wird im Projekt »Schule & Co.« über die Realisierung einer regionalen Schullandschaft angestrebt, die wiederum in eine regional gestaltete Bildungslandschaft eingebettet ist.

Auf der Ebene der regionalen Schullandschaft wird vor allem über die schulübergreifenden Aktivitäten zur Unterrichtsentwicklung eine Verbindung zwischen den Schulen geschaffen. Auf der Ebene der Bildungslandschaft sind im Wesentlichen drei Elemente strukturbildend: die Förderung einer Kooperation von Schule und Wirtschaft, die Durchführung von Assessmentverfahren und die Einrichtung von regionalen Steuerungsstrukturen.

Als Steuerungsinstrument wird eine regionale Steuergruppe installiert. Um eine lebendige Vernetzung zu schaffen, erhält die Region ein »Regionales Bildungsbüro«. Mithilfe dieser Organisationsplattform ist es gelungen, die Entwicklungs- und Unterstützungsstrukturen nachhaltig sicherzustellen. Organisiert werden von hier aus vor allem:

- Unterrichtsentwicklung in Form von Trainings für die Lehrerinnen und Lehrer zur Verbesserung der Qualität des Unterrichts
- Schulentwicklungsmanagement in Form einer Ausbildung schulischer Steuergruppen zur Erhöhung der Selbststeuerungskompetenz in Schulen
- Kommunale Bildungsforen zur Aktivierung der Beteiligung von Städten und Gemeinden an der Bildungsplanung
- Schülerkongresse als Form der Beteiligung von Schülern an Schulentwicklung
- Verwaltung des regionalen Entwicklungsfonds.

Das Regionale Bildungsbüro ist damit die Plattform, die eine umfassende Entwicklung in allen Bereichen absichert und die regionale Steuergruppe nutzt das Regionale Bildungsbüro als Organisationsbasis. Angesiedelt ist das Bildungsbüro in einem Fall als Stabsabteilung beim Landrat. Parallel dazu wird im Laufe des Prozesses eine gemeinnützige GmbH gegründet.

3.3.5 Übergang Schule – Beruf. Entwicklung einer Bildungslandschaft

Die Gestaltung des Übergangs von der Schule in einen Beruf ist eine Entwicklungsaufgabe aller weiterführenden Schulen und Schulformen. »Schule & Co.« sieht im Konzept der Entwicklung von regionalen Bildungslandschaften vielfältige Ansatzpunkte für eine konkrete Gestaltung dieser Übergänge durch Kooperationen und Netzwerke.

Einen Einblick in das Gelingen und die Schwierigkeiten der Praxis einer solchen Kooperation geben die dazu gehörigen Passagen der Abschlussevaluation, die hier auszugsweise herangezogen werden sollen (vgl. ausführlich Bastian/Rolff 2002, S. 56f.).

Kooperation von Unternehmern der Region mit Schulen – KURS

Hinter dem Kürzel KURS verbirgt sich ein Beitrag zu der mit »Schule & Co.« angestrebten Entwicklung regionaler Bildungslandschaften: die Kooperation von Unternehmen der Region mit Schulen. Konkret handelt es sich um eine vertraglich vereinbarte Kooperation zwischen einer Schule und einem Betrieb, um den Unterricht praxis- und berufsnäher zu gestalten und zur Verbesserung insbesondere des Fachunterrichts beizutragen. In beiden Modellregionen existieren bisher 26 Partnerschaften dieser Art.

Obwohl die Öffnung der Schule zu außerschulischen Lernorten kein Spezifikum von »Schule & Co.« ist, wird KURS von Schulen und Betrieben als eine Besonderheit wahrgenommen, die sich von anderen Kontakten unterscheidet. Das Besondere an diesem Teilprojekt ist zuallererst darin zu sehen, dass die Kooperation Schule – Wirtschaft in den Zusammenhang mit der Unterrichtsentwicklung gestellt wurde, also auf Veränderungen im Unterricht abzielt. Eine weitere Besonderheit ist, dass diese Kooperation regional initiiert und vermittelt wird (im Unterschied zu den üblichen Kontakten zu Betrieben, die sich die Schulen immer wieder selbst gesucht haben). Die dritte Besonderheit besteht darin, dass ein fester Vertrag für einen begrenzten Zeitraum die Übernahme einer wechselseitigen Verantwortung durch Personen mit diesbezüglichen Funktionen regelt: den KURS-Berater der Schule und den KURS-Berater des Betriebs. Diese Personen planen und gestalten die gemeinsamen Aktivitäten und Projekte.

Die Arbeitskontakte zwischen Schulen und Betrieben sind vielfältig. Anknüpfungspunkt waren immer Unterrichtsfächer in bestimmten Jahrgangsstufen. Kleinere und größere Vorhaben wurden konzipiert und durchgeführt. Waren diese Vorhaben erfolgreich, dann wurden sie im nächsten Schuljahr erneut, unter vergleichbaren Bedingungen, durchgeführt. Waren sie nicht erfolgreich, weil der Aufwand beispielsweise zu groß war, wurden sie eingestellt und man entwickelte gemeinsam ein anderes Vorhaben.

Die Wirkungen dieser Kooperation zusammenfassend aus drei Perspektiven.

1. Aus der Sicht der Verantwortlichen aus den Betrieben:
   - Der Betrieb kann einen konstruktiven Beitrag zu einem praxisnäheren Unterricht leisten.
   - Das Vorstellungsbild von dem, was Schule sei, und damit auch die Einstellung gegenüber Schule hat sich deutlich verändert: »Also das hat mich schon beeindruckt, die Schule ist eben doch was anderes als vor 40 Jahren, als ich zur Schule ging. Ich sehe die Schule heute ganz anders, 180 Grad anders als vorher.«
2. Aus der Sicht der Lehrerinnen und Lehrer:
   - Man kann den Unterricht mit Lernmöglichkeiten in gesellschaftlicher und beruflicher Realität verbinden und versuchen, die Chancen der Schülerinnen und Schüler beim Übergang in das Berufsleben zu erhöhen – nicht zuletzt dadurch, dass der Einblick in die betrieblichen Anforderungen auch disziplinierend wirkt.
   - Es gibt Veränderungen der Unterrichtsvorbereitung und -gestaltung, zumindest bei solchen Vorhaben, die in Kooperation mit dem Partnerbetrieb laufen.
3. Aus der Sicht der Schülerinnen und Schüler:
   - Ein Leistungskursunterricht beispielsweise, der »zu fast jedem Themenbereich, der mit Wirtschaft zu tun hat, immer diese Schul-Firmen-Beziehung oder überhaupt die Firma an sich« einbezieht, stellt eine von Schülerinnen und Schülern gewünschte Verbindung von Theorie und Praxis her.
   - Die Schülerinnen und Schüler können erfahren, was der Betrieb von ihnen erwartet. Sie heben beispielsweise hervor, dass die Rückmeldungen der Betriebe ehrlich und deshalb ernst zu nehmen sind – und sie nehmen persönliche Defizite, die im Betrieb entdeckt werden, ebenso wie persönliche

Fähigkeiten, die im Betrieb anerkannt werden, dann auch besonders ernst. Stolz sind Hauptschüler etwa darauf, dass ihnen gesagt wurde, dass sie gut mitgearbeitet haben und dass man ihnen einen Ferienjob angeboten hat. In diesem Feld der glaubwürdigen Rückmeldung in relevanten Bereichen haben die Mitarbeiterinnen und Mitarbeiter von Betrieben offensichtlich eine Autorität, mit der Schule nicht konkurrieren kann. Äußerungen von Lehrkräften stehen offensichtlich unter einem generellen »Pädagogik-Verdacht«: Von ihnen wird angenommen, dass sie nicht frei ihre Meinung sagen, insbesondere nicht, wenn es sich um kritische Rückmeldung handelt.

– Die Rückmeldungen aller Beteiligten signalisieren eine hohe Übereinstimmung zwischen Erwartungen und Wirkungen. Dieses Element einer regionalen Bildungslandschaft wirkt direkt in den Unterricht hinein und aus dem Unterricht in die Region zurück. Die große Zahl der Kooperationen und die ihnen eigene Systematik sowie die regionale Anbahnung und Unterstützung führt dazu, dass die Vorteile der Vernetzung von den Beteiligten deutlicher beschrieben werden können als in allen anderen Bereichen der zu entwickelnden Bildungslandschaft.

Das Assessment-Verfahren

Als besonderes Verfahren, das den Übergang von Schule zum Beruf bzw. die Berufswahlorientierung erleichtern soll, wurden neben KURS sogenannte stärkenorientierte Assessment-Center eingerichtet. Deren Hauptzweck wird vom Regionalen Bildungsbüro und der regionalen Steuergruppe darin gesehen, den Schülerinnen und Schülern ihre Potenziale zu dokumentieren und ihre Sicht auf ihre eigenen Fähigkeiten und Qualitäten – eben die »Stärken« – zu schärfen. Das Konzept wird von dem Grundgedanken getragen, dass Schüler in Schule und Elternhaus vorwiegend defizitär wahrgenommen werden, und dass durch Stärkenfeedback eine intensive Gegenerfahrung möglich sei.

Ein Assessment dauert drei bis fünf Tage und findet außerhalb von Schule statt. Die Schülerinnen und Schüler bearbeiten während dieser Zeit in kleinen Gruppen verschiedene »Aufträge« und werden dabei jeweils von zwei Assessoren beobachtet. Zu Beginn des Verfahrens führen diese mit jeder Schülerin und jedem Schüler ein Einzelgespräch über ihre Interessen und Neigungen. Nach der Bearbeitung eines jeden Auftrags wird ein Feedbackgespräch geführt, in dem Selbst- und Fremdwahrnehmung abgeglichen werden. Die Aufträge führen zu konkreten Handlungen, bei denen die Schülerinnen und Schüler ihre Fähigkeiten entfalten können. Zum Abschluss des Verfahrens geben die Assessoren den Schülern wiederum in Einzelgesprächen das eigentliche Feedback. Dieses wird ihnen später als schriftliches Stärkenprofil zugeschickt und kann als Zeugnisergänzung bei Bewerbungen dienen. Aus der Sicht der Assessoren ist die Stärkenorientierung des Konzepts der richtige Ansatz und das gesamte Assessment-Verfahren ein voller Erfolg. Sie unterstreichen, wie zufrieden oder bisweilen sogar glücklich vor allem schwierige Schülerinnen und Schüler über die Rückmeldung sind.

Nachdem mittlerweile mehr als tausend Schülerinnen und Schüler unterschiedlicher Schulformen (vorzugsweise der Jahrgangsstufe 9) das potenzialanalytische Verfahren durchlaufen haben, bestätigt sich nach Aussagen des Regionalen Bildungsbüros die Annahme, dass positive Effekte im Übergang Schule – Beruf, in der Stärkung der Selbstkompetenz sowie im Selbstwertgefühl zu verzeichnen sind. Eine Überprüfung dieser Einschätzung ist auf der Basis der uns vorliegenden Informationen nicht möglich. Erkennbar sind jedoch zwei Effekte: die Bedeutung des individuellen Endberichts, der dem Zeugnis als Ergänzung des Leistungsprofils beigefügt wird und bei Bewerbungen eine Rolle spielen kann und die hohe Akzeptanz des Erfahrungsprozesses.

Insgesamt scheint vor allem die Aufmerksamkeits- und Feedbackerfahrung, die die Schülerinnen und Schüler im Assessment-Center machen können, tatsächlich ein positiver »Kontrapunkt« zu zahlreichen typischen Erfahrungen zu sein und den Weg für Weiterentwicklungen zu weisen. Systematische Rückwirkungen auf den Unterricht sind in diesem Zusammenhang nicht beabsichtigt.

Zusammenfassung

Zusammenfassend heißt es zur Entwicklung der Bildungslandschaft: »Ohne funktionierende und dem gemeinsamen Entwicklungsinteresse verpflichtete Steuergruppe und ohne entsprechende administrative und organisatorische Unterstützung durch das Regionale Bildungsbüro hätten die beschriebenen Leistungen nicht erbracht werden können« (ebd. S. 53/54). Und abschließend zu diesem Thema: »Jede künftige Bildungslandschaft wird ihr eigenes Profil haben. Von ›Schule & Co.‹ kann man lernen, wie man das Profil gestaltet und jeweils auf die Lerninteressen der Schülerinnen und Schüler bezieht« (ebd. S. 62).

Bezogen auf die Ausgangsfrage, wie die Potenziale der Region mit einer unterrichtszentrierten Schulentwicklung verbunden werden kann, lautet das Fazit: Wenn Schulentwicklung im Unterricht wirksam werden soll, dann muss sie »im Klassenzimmer« beginnen und den Bogen von der Gestaltung der Einzelschule über eine Vernetzung der Schulen bis hin zur Entwicklung einer regionalen Bildungslandschaft spannen. Werden solche Erweiterungen auf der Basis von Unterrichtsentwicklung in Angriff genommen, dann können sie auch auf den Unterricht zurückwirken.

Ähnliche Konzepte einer regionalen Schulentwicklung gibt es unter dem Titel »Kommunale Schulentwicklung«. In einer Bilanz nach fünf Jahren kommunaler Schulentwicklung der Stadt Dortmund skizziert Claus Buhren (2006) Rahmenbedingungen einer Schulentwicklung, die von Seiten der Bildungsverwaltung als Teil von Stadtentwicklung aktiv mitgestaltet wird. Auch hier gibt es ein Regionales Bildungsbüro, das Einzelschulen vernetzt und in ihrer Entwicklung unterstützt; auch hier wird schulformübergreifend beraten, werden Absprachen getroffen und Entwicklungsschwerpunkte bearbeitet; auch hier werden Partnerschaften vor allem im Bereich Schule – Wirtschaft koordiniert und gefördert; auch hier werden in einem Qualifizierungsservice Fortbildungsangebote bereitgestellt, Entwicklungsprozesse beraten und besondere Projekte durch den Schulentwicklungsfond unterstützt. Insgesamt – so Buhren – ein Konzept, das Schulentwicklung stützt, wenn die einzelne Schule bereit ist und von der kommunalen Seite förderliche Rahmenbedingungen geschaffen werden.

4. Unterrichtszentrierte Schulentwicklung: Ein integriertes Gesamtkonzept

In diesem Kapitel wird ein Gesamtkonzept einer unterrichtszentrierten Schulentwicklung vorgestellt. Zur Darstellung wird die Form eines Prozessmodells gewählt, dem ein idealtypischer Verlauf eines unterrichtszentrierten Schulentwicklungsprozesses unterliegt, in den die derzeit vorhandenen Erkenntnisse zu diesem Thema eingearbeitet werden. Damit wird manches, was in den Kapiteln zum Rahmen und zu den Merkmalen von Unterrichtsentwicklung vorgestellt wurde in einen Prozesskontext gebracht, der dabei helfen soll, eigene Prozesse und Ergebnisse einer unterrichtszentrierten Schulentwicklung fallbezogen zu reflektieren und so zu vertiefen, dass daraus ein Muster für Planung und Reflexion der eigenen Praxis werden kann.

Dazu ein kurzer Überblick:

In Abschnitt 4.1 skizzieren wir noch einmal die wesentlichen Aspekte des in Kapitel 1 entwickelten konzeptionellen Rahmens unterrichtszentrierter Schulentwicklung.

In den Abschnitten 4.2 bis 4.4 folgen wir einem virtuellen Prozess von den Widersprüchen des Anfangs bis zur zweidimensionalen Entwicklungsstruktur von Lern- und Fachkultur. Hier finden sich vor allem Bezüge zu den Kapiteln 2 und 3.

In den Abschnitten 4.5 und 4.6 fragen wir abschließend nach Wirkungen im Sinne der engeren und weiteren Zielperspektiven von unterrichtszentrierter Schulentwicklung.

Das Prozessmodell wird da durch Exkurse unterbrochen, wo eine fallorientierte Anschauung die jeweilige Phase noch weiter konkretisieren kann. Empirische Grundlage des Modells sind zahlreiche Begleitungen und Evaluationen von Prozessen systematischer Unterrichtsentwicklung seit Beginn der 1990er Jahre durch den Autor. Zentral bei der Entwicklung dieses Prozessmodells war die Evaluation des in diesem Buch schon mehrfach genannten und bis heute herausragenden Schulentwicklungsprojekts unter dem Namen »Schule & Co.«, das »konsequent und systematisch zur Unterrichtsverbesserung beigetragen hat, indem es Unterrichtsentwicklung mit Schulentwicklungsmanagement verbunden und durch den Aufbau regionaler Schullandschaften nachhaltig unterstützt hat« – so ein Kernsatz im Resümee der Abschlussevaluation (Bastian/Rolff 2002, S. 62; zur Projektstruktur vgl. Kap. 2.1.3; zur Netzwerkstruktur vgl. Kap. 3.3).

Im Rahmen des Prozessmodells sollen sechs für Unterrichtsentwicklung nicht hintergehbare Fragen diskutiert werden:

- Was wissen wir über Entwicklungsinteressen von Lehrerinnen und Lehrern (Kap. 4.1)?
- Was wissen wir über Gelingensbedingungen unterrichtszentrierter Schulentwicklungsprozesse (Kap. 4.2)?
- Was wissen wir über die Veränderungen der Lehrerarbeit in unterrichtszentrierten Schulentwicklungsprozessen (Kap. 4.3)?
- Was wissen wir über Muster der Professionalisierung in unterrichtszentrierten Schulentwicklungsprozessen (Kap. 4.4)?
- Was wissen wir über den Zusammenhang von unterrichtszentrierter Schulentwicklung und der Entwicklung von Lernkultur und Fachkultur (Kap. 4.5)?
- Was wissen wir über den Zusammenhang von unterrichtszentrierter Schulentwicklung, Lernkulturentwicklung und Leistungsentwicklung (Kap. 4.6)?

4.1 Was wissen wir über Entwicklungsinteressen?

4.1.1 Kultusminister fordern Autonomie – Lehrer reagieren mit Ablehnung

Seit Anfang der 1990er Jahre gibt es Widersprüche zwischen der bildungspolitischen Rede von Autonomie oder Selbstständigkeit von Schule auf der einen Seite und den Entwicklungsaufgaben, die

Schulen und Lehrerinnen und Lehrer ins Zentrum der Erwartungen stellen, auf der anderen Seite (vgl. dazu Kap. 1 dieses Buches und Bastian 1995/1996). Die ersten Initiativen in Hessen, Bremen und Hamburg zu Beginn der 1990er Jahre waren Initiativen zur Erweiterung der Eigenständigkeit von Schulen, die unter den Stichworten Autonomie, Profilbildung und Ausweitung der gesetzlichen Rahmungen durch neue Schulgesetze liefen. Nicht selten lief die Diskussion schon damals nach dem Muster: »Kultusminister fordern Autonomie – Lehrer reagieren mit Ablehnung«.

Diesen – im Rückblick wichtigen – Initiativen folgten immer wieder Anläufe in einer Richtung, die Initiativen von oben oder von außen auf die Unterstützung von mehr Selbstständigkeit im Sinne einer »qualitätsorientierten Selbststeuerung der Schulen« zielten. So auch die ursprüngliche Initiative der Initiatoren von »Schule & Co.« Mitte der 1990er Jahre (vgl. Lohre 1998). Auch hier wurde also zunächst ein Interesse von Lehrerinnen und Lehrern an der Erweiterung ihrer Entscheidungs- und Gestaltungsspielräume unterstellt bzw. von außen entschieden, dass dieses Entwicklungsziel für Lehrer und Schulen bedeutsam sei.

Auf diese Priorisierung setzen – zumindest in der von der Administration favorisierten Namensgebung von modernen Schulentwicklungsprojekten – viele politisch initiierte Projekte bis in die Gegenwart, heute gerne unter dem Stichwort »Selbstständige Schule«. Eingeweihte wissen allerdings, dass diese Hüllen in der Regel andere Dinge beinhalten, weil diejenigen, die politische Verpackungen mit Konzepten und Inhalten füllen, einschlägige Erfahrungen mit den Interessen der Beteiligten haben.

Bis heute gilt die Erfahrung: Wer Lehrerinnen und Lehrer fragt, was zur Entwicklung ihrer Schule notwendig sei, der wird nur selten die Forderung nach mehr Selbstständigkeit oder nach erweiterten Entscheidungs- und Gestaltungsspielräumen hören. Selbstständigkeit von Schule steht nicht auf der Prioritätenliste der für Lehrer bedeutsamen Entwicklungsaufgaben, was nicht heißt, dass sie unbedeutend wäre.

Gegen eine Priorisierung dieser Entwicklungsaufgabe steht aus Sicht von Lehrerinnen und Lehrern unter anderem, dass der Handlungsspielraum des Einzelnen in der Regel als hinreichend für die

Gestaltung der eigenen Arbeit in Unterricht und Schule wahrgenommen wird. Hinzu kommt, dass in vielen Kollegien die Unverbindlichkeit kritisiert und deshalb eher die Stärkung von Verbindlichkeit eingeklagt wird, was einer Ausweitung von Selbstständigkeit auf den ersten Blick entgegenzustehen scheint.

Die Reserviertheit gegenüber der Forderung nach einer Erweiterung der Selbstständigkeit von Schule wird dadurch bestärkt, dass diese Forderung in der Wahrnehmung von Lehrerinnen und Lehrern vor allem dem bildungspolitischen Denken und Reden entstammt und dass damit nicht selten die Vermutung verbunden wird, die politische Seite entledige sich so eines gewichtigen Teils ihrer Verantwortung.

4.1.2 Was setzen Lehrer auf die Tagesordnung der Schulentwicklung?

Was aber setzen Lehrerinnen und Lehrer auf die Tagesordnung, wenn sie gefragt werden, was für ihre professionelle Entwicklung und die Entwicklung ihrer Schule bedeutsam sei? Auf diese Frage sind wir schon in Kapitel 2 mit dem Hinweis auf die Untersuchung von Kanders und die Veränderung der Zielformulierung in der Anfangsphase von »Schule & Co.« eingegangen. Fassen wir noch einmal zusammen, was Lehrerinnen und Lehrer im konkreten Kontext von »Schule & Co.« in der Anfangsphase an Interessen formuliert haben.

In der ersten Projektskizze wird zum einen das Ziel einer qualitätorientierten Selbststeuerung genannt, gleichzeitig aber der Anspruch formuliert, die Entwicklungsinteressen der Lehrerinnen und Lehrer zum Ausgangspunkt der Arbeit zu machen. Dies führt schließlich auf Grund einer Befragung der Schulen und intensiver Gespräche der Projektleitung mit den Schulen dazu, dass die Zielrichtung des Projekts neu formuliert wird: Da die Lehrerinnen und Lehrer als Zentrum der Veränderungs- und Unterstützungswünsche mehrheitlich das Interesse an einer Weiterentwicklung der pädagogischen Arbeit mit Schülerinnen und Schülern nennen, wird dieses Ziel auch in das Zentrum des Projekts gestellt.

Auf Grundlage dieser neu akzentuierten Zielsetzung des Entwicklungskonzepts entsteht schließlich ein besonderes Verständnis von Schulentwicklung, das konsequent die Idee verfolgte, den Unterricht und das eigenverantwortliche Lernen von Schülerinnen und Schülern zum ultimativen Bezugspunkt zu machen. Diese Idee prägt die Entwicklungsarbeit über den ganzen Prozess und wird im Laufe der Erprobung schrittweise ausdifferenziert und lässt im Zuge der Abschlussevaluation sechs Bestimmungsmerkmale erkennen (vgl. 4.1.3).

Mit dieser Bestimmung wird allerdings auch deutlich, in welchen Aspekten eine unterrichtszentrierte Schulentwicklung über das hinausgeht, was die Einstiegsmotivation der Teilnehmer ist. Sehr weitsichtig war nämlich die Entscheidung der Projektleitung von »Schule & Co.«, das gewünschte Angebot zur Entwicklung der Lernkultur durch Bausteine zum Schulmanagement zu ergänzen, deren Wahrnehmung verpflichtend gemacht wurde. Hinter diese Konzeption sollte derzeit kein Konzept der unterrichtszentrierten Schulentwicklung – unabhängig von den Wünschen der Teilnehmenden – zurückfallen.

4.1.3 Sechs Bestimmungsmerkmale von unterrichtszentrierter Schulentwicklung

1. Unterrichtszentrierte Schulentwicklung ist eine systematische Tätigkeit, für die Lehrer und Schüler gezielt qualifiziert werden müssen.
2. Unterrichtszentrierte Schulentwicklung konzentriert sich auf das Ziel, Schülerinnen und Schüler zu eigenverantwortlichem Arbeiten zu befähigen und gestaltet das Management und die Fortbildung so, dass dieses Ziel optimal unterstützt wird.
3. Unterrichtszentrierte Schulentwicklung setzt an diesem Ziel orientierte Arbeits- und Sozialformen ein, führt sie durch aufeinander aufbauende Grundlagentrainings in den Unterrichtsalltag der ganzen Schule ein und »pflegt« die erworbenen Fähigkeiten kontinuierlich.

4. Unterrichtszentrierte Schulentwicklung unterstützt die Veränderung der Arbeitsbeziehungen der Lehrerinnen und Lehrer von der Einzelarbeit zur Teamarbeit, und zwar zunächst in klassen- und jahrgangsbezogenen Teams und später auch in fachbezogenen Teams.

5. Unterrichtszentrierte Schulentwicklung braucht die Ausbildung einer Steuergruppe, deren Schulentwicklungsmanagement die Teams dabei unterstützt, Unterrichtsentwicklung zu einem Gemeinschaftsprojekt der ganzen Schule zu machen.

6. Unterrichtszentrierte Schulentwicklung ist gehaltvoller, wenn die Entwicklungen an Einzelschulen in Angebote einer regionalen Schul- und Bildungslandschaft eingebettet sind, für deren Gestaltung Regionale Bildungsbüros verantwortlich sind.

▶ **Fazit:** Die besonderen Kennzeichen einer so verstandenen Unterrichtsentwicklung sind also die gezielte Qualifizierung der Beteiligten, die Systematik des Vorgehens, das konsequente Arbeiten in Teams, das Trainieren und »Pflegen« von Fähigkeitsprofilen, die Verknüpfung von grundlegender Lernkultur und spezifischer Fachkultur, ein Entwicklungsmanagement, das den schulweiten Prozess der Unterrichtsentwicklung koordiniert und unterstützt, sowie die Einbettung der Einzelschulen in eine regionale Schul- und Bildungslandschaft.

Dieses Verständnis soll im Folgenden prozessbezogen ausdifferenziert werden.

4.2 Was wissen wir über Gelingensbedingungen?

4.2.1 Unterstützungswünsche erfragen und unterrichtsrelevante Unterstützungsangebote machen

Gibt es – wie bei »Schule & Co.« – ein externes Angebot auf der einen Seite und Entwicklungsvorstellungen der Schule auf der anderen Seite, dann empfiehlt es sich, von Beginn an nach dem »Kontraktmuster« zu arbeiten. Es sollte zunächst eine Verständigung über die Entwicklungs- und Unterstützungsvorstellungen der Schulen sowie das Konzept des Anbieters geben. Voraussetzung zur Teilnahme ist dann ein eindeutiger Mehrheitsbeschluss des Kollegiums. Auf dieser Grundlage wird den Schulen ein Unterstützungsangebot zur Verfügung gestellt und die Schulen werden gleichzeitig zu Gegenleistungen verpflichtet.

Das Kernangebot besteht in unterrichtszentrierten Schulentwicklungsprogrammen aus schulübergreifenden Fortbildungen zur Unterrichtsentwicklung und zum Schulentwicklungsmanagement; wichtig ist, dass die Beteiligten in zentralen Teilen des Angebots ihre Veränderungs- und Unterstützungsinteressen erkennen. Die Gegenleistung der Schulen besteht in der Verpflichtung, die Fortbildungen zu besuchen sowie Steuergruppen und Teamstrukturen aufzubauen. Dabei hat sich die Mischung von Unterstützung und Forderung als günstig für den Beginn von Entwicklungsprozessen erwiesen.

Für das Gelingen des Einstiegs in einen Entwicklungsprozess hat sich als wichtig erwiesen, dass die Unterstützungsangebote praktikabel, also möglichst schnell umsetzbar und in ihrer Wirkung auf den Unterrichtsalltag erfahrbar sind. Das einzige zu Beginn von »Schule & Co.« verfügbare Gesamtkonzept, das diesem Anspruch genügte, war das Konzept der »Pädagogischen Schulentwicklung« nach Klippert. Heute gibt es innerhalb der unterrichtszentrierten Schulentwicklungsprojekte insbesondere schulformspezifisch weiterentwickelte Bausteine.

Der Rückgriff auf ein praktikables, sofort anwendbares und in seinen Wirkungen im Alltag schnell spürbares Konzept ist vor allem deshalb notwendig, weil der Anspruch – insbesondere der Anspruch an den Start des Entwicklungsprozesses sehr hoch ist. Unterrichtsentwicklung erfordert ein unterrichtsnahes Fortbildungsprogramm für Lehrer und Trainingsbausteine für Schüler; die Durchführung der Trainings bei Lehrern und Schülern erfordert die Ausbildung von Teamstrukturen; die Teams brauchen bei der Erprobung der Unterrichtsentwicklung organisatorische Unterstützung durch das Management der Steuergruppen; die Steuergruppen brauchen, um diese Aufgabe leisten zu können, Fortbildung und einen klaren Bezugspunkt der organisatorischen Unterstützung: gute Entwicklungsbedingungen für die Erprobung der Unterrichtsentwicklung. Es gibt also viele Baustellen, aber alles ist zentriert auf eine Entwicklungsaufgabe: die Arbeit an der Verbesserung von Unterricht und Lernkultur.

4.2.2 Konzentration auf eine gemeinsame Entwicklungsaufgabe und Spielraum für eine schulspezifische Bearbeitung

Das Dilemma der Anfangsphase ist, dass alles gleichzeitig vorhanden sein müsste, was erst allmählich aufgebaut werden kann. Der Aufbau der unterrichtspraktischen Fähigkeiten und der dafür erforderlichen Teamstrukturen, die Einführung einer neuartigen Koordination des Entwicklungsprozesses und die für diesen Aufbau notwendigen Fortbildungen müssen also möglichst gleichzeitig beginnen. Dies kann nicht in allen Fällen erreicht werden.

Für den erfolgreichen Umgang mit der Komplexität der Anfangsphase ist entscheidend, dass die Lehrerinnen und Lehrer sich bei ihrer Entwicklungsarbeit auf einen einheitlichen Gegenstand konzentrieren konnten und dafür auf ein einheitliches Angebot zurückgreifen konnten: auf die Einführung und das Training von fertigen Modulen zur Förderung von Methodenkompetenz, Teamfähigkeit und Kommunikationsfähigkeit, die als Basis einer Unterrichtsentwicklung unverzichtbar sind.

Wichtig für die Akzeptanz dieses zentralen und einheitlichen Angebots ist, dass jede Schule neben der Verpflichtung zur Übernahme fester Programmteile individuelle Spielräume bei der Ausgestaltung ihrer Unterrichtsentwicklung hat. Genutzt werden können diese beim »Zuschneiden« der neuen Methoden auf die eigene Situation, bei der Geschwindigkeit und Form der Ausbildung von Teamstrukturen und bei der weiteren Bearbeitung schulindividueller Entwicklungsaufgaben. Die Entwicklungssouveränität der Schulen blieb so innerhalb vereinbarter Grenzen erhalten.

Wichtig ist die Konzentration auf einen einheitlichen Entwicklungsgegenstand auch deshalb, weil so zunächst einmal innerhalb einer Schule das gesamte Kollegium und potenziell alle Schulmitglieder an derselben Sache arbeiten, über dieselbe Sache sprechen und dadurch eine gemeinsame »Unterrichtsentwicklungs-Sprache« generieren, die eine Verständigung innerhalb des Kollegiums erleichtert und beschleunigt.

Indem die Fortbildungen sofort schulübergreifend stattfinden und von den dort trainierten Lehrern in die Schulen hineingetragen werden, gelingt es schon in der Anfangsphase, den Boden für eine langfristig geplante regionale Bildungslandschaft zu bereiten, in der Schulen miteinander und mit anderen für Schule relevanten Einrichtungen kooperieren.

Diese erste Erfahrung mit der Unterstützung durch die Region wird insbesondere dadurch möglich, dass die Mitglieder der regionalen Steuergruppe bzw. des Bildungsbüros in der Anfangsphase des Projekts sehr intensiv mit den Schulen kommunizieren. Durch zahlreiche beratende und werbende Gespräche, Tagungen und Informationsveranstaltungen gelingt es den Projektinitiatoren, die Schulen bei ihrer Entscheidungsfindung so zu begleiten, dass die Bedeutung des Projekts für die je eigene Entwicklungsarbeit erschlossen werden kann.

▶ **Fazit:** Unterrichtsentwicklung und damit die Verbesserung der pädagogischen Arbeit auf diese Weise in den Mittelpunkt der Schulentwicklung zu stellen, ist nach den Erkenntnissen der Evaluation von »Schule & Co.« die entscheidende Gelingensbedingung der Einstiegsphase.

4.3 Was wissen wir über Veränderungen der Lehrerarbeit?

4.3.1 Professionelle Kooperation als nicht hintergehbare Voraussetzung

Für die Gestaltung systematischer Unterrichtsentwicklung ist es erforderlich, dass Lehrerinnen und Lehrer ihre Arbeitsbeziehungen in Richtung auf professionelle Kooperation verändern. Dies verändert die Lehrerarbeit in ihrem Kern; denn kein anderes Muster der Lehrerarbeit ist so resistent gegen Veränderung wie das des Einzelkämpfers. Der Unterschied zu herkömmlichen und fruchtlosen Appellen zu Kooperation und Teamarbeit ist der, dass unterrichtszentrierte Schulentwicklung einen aus der Sache resultierenden Zwang zur professionellen Kooperation entstehen lässt. Woraus resultiert dieser Zwang?

Verantwortlich dafür sind zunächst das Ziel und dann die Form seiner Realisierung. Unterrichtsentwicklung, wie sie hier verstanden wird, zielt auf eine Erweiterung der Lernpotenziale. Es geht den Lehrern darum, die Schüler in eigenverantwortliches Arbeiten einzuführen und die dazu notwendigen Fähigkeiten auszubilden; das sind methodisches und selbstreflexives Arbeiten, regelgeleitetes Kommunizieren und die Fähigkeit zur Teamarbeit.

Die Realisierung dieser Entwicklung erfordert mindestens drei Arbeitsschritte, die eine Arbeit im Team notwendig machen: Die Aneignung und Erprobung der Trainingsangebote gemeinsam mit anderen Lehrenden, die Transformation auf die Situation der Klasse und damit das Klassen- und Jahrgangslehrerteam und schließlich drittens die Integration in den jeweiligen Fachunterricht und damit die Gruppe der Fachlehrer. All dies macht Teamarbeit unumgänglich.

Ein weiterer aus der Sache resultierender Grund: Wenn Lehrer ihren Schülern gezielt beim Lernen helfen wollen, dann brauchen sie in besonderer Weise die Fähigkeit zur genauen Beobachtung. Eine gute Diagnose aber gelingt besser, wenn unterschiedliche Perspektiven und Erfahrungen im Team zusammengetragen und auf dieser Basis Entwicklungsschritte konzipiert werden. Auch hier gibt es also einen sachlich begründeten »Zwang« zur Teamarbeit.

Und nicht zuletzt besteht eine besondere Herausforderung der Unterrichtsentwicklung in der Anwendung der arbeitsmethodischen und sozial-kommunikativen Fähigkeiten auf das Erarbeiten von Fachinhalten. Auch diese Entwicklungsarbeit – etwa das Erarbeiten von fachbezogenen Trainingsbausteinen oder von jahrgangsübergreifenden Lernspiralen – ist nur in Teams auf Klassen- oder Jahrgangsebene oder in Fach- oder Fächergruppen und in Fachkonferenzen möglich.

Durch diese in der Sache liegende Kooperationsnotwendigkeit kommen Erfahrungen mit den Vorteilen von Teamarbeit ins Spiel, die in Schule bislang kaum möglich waren. Das gemeinsame Erarbeiten einer Sache sorgt beispielsweise für Anerkennung der geleisteten Arbeit; Kollegen können einander aufmuntern und an verabredete Entwicklungsaufgaben erinnern, Arbeit aufteilen sowie gemeinsam auf Schwierigkeiten reagieren.

▶ **Fazit:** Auf diesem Wege entkommt der Einzelne dem Muster des »Alles-allein-machen-müssen«. Stattdessen wird in der Entwicklungsarbeit erfahrbar, wie ein Team Rückhalt geben kann und systematische Entwicklungsarbeit erst ermöglicht. Die Lehrer erfahren die Veränderung in Richtung kooperative Arbeitsorganisation deshalb als unhintergehbare Voraussetzung und gleichzeitig als hilfreiches Moment von Unterrichtsentwicklung (vgl. auch Bastian et al. 2000).

4.3.2 Klassen- und Jahrgangsentwicklung mit Fachentwicklung verbinden

In Schulen, in denen Teamarbeit nicht existiert, besteht ein erster Schritt zur systematischen Unterrichtsentwicklung darin, Teams auf Klassen- und Jahrgangsebene zu etablieren. Bei der Umstellung von Einzel- auf Teamarbeit handelt es sich um eine tief greifende Veränderung eingeführter Arbeitsbeziehungen. Deshalb ist in diesem Prozess der Einführung von Teamstrukturen die Unterstützung durch Fortbildung in Teamarbeit unverzichtbar. Gelingt es einer Schule, die Hürde von der Einzel- zur Teamarbeit zu nehmen, dann lässt sich etwa folgender Entwicklungsstand erkennen:

- Eine erste Gruppe von Lehrern ist in den Bausteinen zur Unterrichtsentwicklung ausgebildet und setzt das Gelernte sowohl in der eigenen Klasse als auch in der schulinternen Fortbildung um. Das heißt, die Schule arbeitet erstmals in Klassen- oder Jahrgangsteams mit den neuen Arbeits- und Kommunikationsformen. Erste Trainings werden gleichzeitig in mehreren Parallelklassen mit den Schülern durchgeführt, Erfahrungen werden im Klassen- und Jahrgangsteam ausgetauscht und die schulweite Umsetzung ist dabei schon angestrebt.

- Die sogenannte »Pflege«, d.h. eine bewusste und gezielt die Kontexte wechselnde Anwendung der neuen Arbeits- und Kommunikationsformen, findet in geringem Umfang bereits systematisch statt. Angesichts der bis dahin täglich erfahrenen Schwierigkeiten mit den herkömmlichen Lernformen beginnen die Lehrer – auch über die ausgebildete Gruppe hinaus, die Vorteile arbeitsmethodischer und sozialer Schlüsselqualifikationen konkret zu erfahren und zu akzeptieren.

Ist dieser Entwicklungsstand erreicht, steht die Bewältigung eines zweiten Schritts bevor. Neben den »horizontalen« Klassen- oder Jahrgangsteams werden nun »vertikale« Fachentwicklungsteams gebildet. Ist dies gelungen, dann ist etwa folgender Entwicklungsstand zu beobachten:

- Zur Weiterentwicklung der Teamstrukturen von der horizontalen zu einer vertikalen Struktur haben die Schulen ihre Fachkonferenzen aktiviert, allerdings jetzt als inhaltlich-pädagogische Konferenzen zur Weiterentwicklung der Lernkultur im Fach. Dieser Schritt ist Voraussetzung für eine schulinterne Curriculumentwicklung. Dabei sorgen die Fachentwicklungsteams für die Erarbeitung fachbezogener und perspektivisch auch fachübergreifender Lernspiralen und stellen entsprechende Unterrichtsmaterialien zu Verfügung.
- Mit diesem Entwicklungsschritt werden die klassenbezogenen Entwicklungsarbeiten zu einem systematischen, schulweiten Curriculum weiter entwickelt. Dieses integriert fachspezifische und fachübergreifende Entwicklungsperspektiven und wird als »rollender« Schulentwicklungsplan angelegt, der arbeitsmethodische, soziale und inhaltlich-fachliche Anforderungen aufeinander bezieht.

▶ Fazit: Unterrichtszentrierte Schulentwicklung erfordert auf der Basis einer kooperativen Arbeitsstruktur weiterführend die Ausdifferenzierung und Verzahnung einer vertikalen mit einer horizontalen Entwicklungsstruktur. Die Arbeit auf der Ebene der horizontal angesiedelten Klassen- und Jahrgangsteams wird also verzahnt mit der Arbeit der vertikal – also jahrgangsübergreifend – angesiedelten Fachentwicklungsteams.

4.3.3 Professionelle Koordination durch Schulentwicklungs-management

Schon vom ersten Schritt des Entwicklungsprozesses an hat die Steuergruppe jeder einzelnen Schule eine unverzichtbare Funktion für die Koordination der Unterrichtsentwicklung. Darüber hinaus stellt sie den Teams Methoden zur Strukturierung der Arbeit zur Verfügung, mit denen die Umsetzung von Zielen effektiver betrieben werden kann.

Die Steuergruppe sorgt dafür, dass die Klassen- und Fachteams Koordinationszeiten bekommen; sie organisiert pädagogische Konferenzen so, dass sie zu Gelenkstellen des Entwicklungsprozesses werden, an denen gemeinsam geplant und evaluiert wird und Aufgaben verbindlich verteilt werden. Zugleich entwickelt sie Modelle für die regelmäßige Durchführung und curriculare Verankerung von Trainingszeiten und Maßnahmen zur Pflege des Erreichten.

Die Steuergruppe ist damit das koordinierende Zentrum, das den Überblick über den gesamten Schulentwicklungsprozess behält, transparent macht, ihn nachhaltig organisiert und vorantreibt. Sie entlastet damit die Kolleginnen und Kollegen sowie die Schulleitung. Für das Gelingen dieser Steuerungsaufgabe sind zwei Konzeptelemente entscheidend.

- Zum einen ist es wichtig, dass sich die Steuergruppenarbeit bei der Unterrichtsentwicklung und deren Koordination und Implementation auf ein konkretes Entwicklungsfeld konzentriert, das innerhalb der einzelnen Schule bedeutsam und – im Falle eines Netzwerks – an allen Projektschulen ähnlich ist.
- Zum anderen ist wichtig, dass die Steuergruppenarbeit durch Fortbildung professionalisiert wird; denn die zielgerichtete Koordination und Moderation von Entwicklungsarbeit ist ein neues Element von Lehrerarbeit, für das die methodischen Voraussetzungen zunächst fehlen.

Schulen, die diese zweite Hürde der Unterrichtsentwicklung genommen haben – also Fachentwicklung betreiben – und deren Steuergruppen gut funktionieren, betreiben Unterrichtsentwicklung auf hohem Niveau. Dies zeichnet sich durch die folgenden Komponenten aus:

- Die Sockeltrainings in den Bereichen des eigenverantwortlichen Arbeitens sind fest in der schulischen Arbeitsstruktur verankert und werden über alle Jahrgänge praktiziert.
- Teams existieren auf Klassen- bzw. Jahrgangsebene sowie auf der Ebene der Fachkonferenzen.
- Die Anwendung der neuen Arbeitsformen wird verbindlich in den Fachunterricht der gesamten Schule integriert und systematische Material- und Curriculumentwicklung setzen ein.
- Durch die Verbindung der neuen Lernkultur mit fachlichem Lernen wird einer Fachkultur der Weg bereitet, die sich an den Potenzialen zum eigenständigen Lernen orientiert.

▶ Fazit: Diese Veränderung der pädagogischen Arbeit lässt sich als Professionalisierungsprozess beschreiben, als Wandel der Lehrerarbeit hin zu einem ausdifferenzierten Tätigkeitsprofil, das die folgenden Aspekte der Arbeit unterscheidbar macht: den Schülern beim Lernen helfen, den Unterricht und die Schule entwickeln, die Wirkungen der Arbeit evaluieren und den Prozess dokumentieren.

4.4 Was wissen wir über Möglichkeiten der Professionalisierung?

4.4.1 Unterrichtsentwicklung als kreatives Experiment und Wiederentdeckung des Übens

Bedeutsam für die Professionalisierung von Lehrerinnen und Lehrern im Kontext von Unterrichtsentwicklung ist, dass sie die vorgegebenen Trainingsmaterialien und Bausteine nicht übernehmen, sondern weiterentwickeln. Im Zuge der Weiterentwicklung vorgefertigter Materialien haben die Lehrerinnen und Lehrer das Entwicklungsmuster der »Unterrichtsentwicklung als kreatives Experiment« entdeckt.

Für die Ausbildung eines gewünschten Fähigkeitsprofils können die Lehrerinnen und Lehrer nun spezifische neue Trainingsprogramme zuschneiden. So erproben sie das Muster der Unterrichtsentwicklung als kreatives Experiment und reagieren damit konstruktiv auf Lernprobleme statt – wie vorher nicht selten – über Defizite im Lernen zu klagen und darunter eher passiv zu leiden.

Als wichtig erkannte und erwünschte Lernfähigkeiten und Kompetenzen bei den Schülern werden nun in einer neuen pragmatisch-experimentellen Weise bearbeitet. Mit der Weiterentwicklung von Trainingsbausteinen und der Erfahrung mit kreativ experimenteller Neukonstruktion von erforderlichen Bausteinen haben sich die Lehrerinnen und Lehrer selbst soweit professionalisiert, dass sie erwünschte Verbesserungen der pädagogischen Arbeit gezielt in die eigenen Hände nehmen können.

Bedeutsam für die Professionalisierung ist darüber hinaus ein zweiter Effekt, der dem aktiv-entwickelnden Umgang mit den Trainingsmaterialien zugeschrieben werden kann. Die Lehrerinnen und Lehrer machen durch die Anwendung und die Beobachtung des Erfolgs von Trainingseinheiten Erfahrungen mit der dem Training eigenen und in der Schule wenig entwickelten Arbeitsform: dem Üben. Wenn man – wie in Kapitel 1.2.2 ausgeführt – davon ausgehen kann, dass professionelle Lehre auf drei Großformen des Unterrichts basiert, von denen das Training und damit die Sozialform des Übens eine ist, dann lässt sich abschätzen, welche Bedeutung dieser zweite Effekt für die Professionalisierung hat (zur Vernachlässigung und zur Bedeutung des Übens vgl. Heymann 1998 und 2005.)

Für die Professionalisierung im Bereich von Schulentwicklungskompetenz sind zusammenfassend zwei Erfahrungen mit einem veränderten Unterricht wichtig:

- Zum einen erfahren die Lehrer, dass die unterrichtszentrierte Entwicklungsarbeit den Schülerinnen und Schülern in der Ernstsituation des Unterrichts wirklich hilft, Schwierigkeiten beim Lernen zu bearbeiten.

- Zum anderen erfahren die Lehrer, dass eine flüssige Beherrschung von metakognitiven Grundfertigkeiten eines selbstregulierten, kooperativen und effektiven Lernens erst Raum für hö-
here kognitive Leistungen schafft.

Diese Erfahrungen haben in allen Fällen dazu geführt, Vertrauen in
diese Form der Unterrichtsentwicklung zu finden und darüber hinaus in einigen Fällen erkennen lassen, dass die Sozialform des systematischen Übens häufiger genutzt und auf Bereiche ausgedehnt
wird, die bislang davon nicht erfasst waren.

4.4.2 Ergänzung der Entwicklungen auf der horizontalen Ebene durch Entwicklungen auf der vertikalen Ebene

Unterrichtsentwicklung beginnt – wie wir gesehen haben – zunächst auf der horizontalen Ebene von Klassenteams und Jahrgangsteams, die diese innerschulischen Veränderungen der Arbeitskultur, der Lernkultur und der Teamkultur erproben. Sowohl die
Lehrer als auch die Schüler lernen und beide Seiten entwickeln sich
auf der Ebene von selbstregulierten und teamorientierten Arbeits-
und Sozialformen.

Das unter 4.4.1 geschilderte aktiv-entwickelnde Aneignen der
Trainingseinheiten entfaltet ein kreatives Potenzial, mit dem in Ergänzung zur horizontalen Entwicklungslinie Schritt für Schritt
auch eine vertikale Linie der Veränderung gestaltet werden kann –
eine an den Fächern orientierte Entwicklungsstruktur. Dieses Pro-
zessmuster der allmählichen Verzahnung der horizontalen Ebene
von Klassen- und Jahrgangsentwicklung mit der vertikalen Ebene
der Fachentwicklung zu einer zweidimensionalen Entwicklungsstruktur ist von der Schulentwicklungsforschung zum ersten Mal
im Projekt »Schule und Co.« beobachtet und untersucht worden.

Wir können deshalb auf der Basis der Analyse von schriftlichen
Schulberichten Angaben darüber machen, wie die quantitative Ver-
teilung der Entwicklungsstadien von Teams und der davon ausge-
henden Unterrichtsentwicklung nach fünf Jahren Entwicklungsarbeit aussehen kann:

- 12 von 52 Schulen haben zwar z.T. Teams auf Klassen- und Jahrgangsebene gebildet, machen aber keine Angaben zu Unterrichtsentwicklung; sie nennen andere Entwicklungsprojekte.
- 19 Schulen berichten von Teams auf der horizontalen Ebene und von Ansätzen zur Unterrichtsentwicklung auf Klassen- und Jahrgangsebene.
- 10 weitere Schulen berichten ebenfalls von Teams auf der Ebene von Klassen und Jahrgängen und berichten darüber hinaus über Formen der gezielten Sicherung der Unterrichtsentwicklung über die horizontale Ebene hinaus.
- 7 Schulen berichten von horizontalen und vertikalen Teams – also einer zweidimensionalen Teamstruktur und ersten Ansätzen zur Entwicklung einer Zuordnung von Lernkultur und Fachkultur in fachbezogenen Lernspiralen.
- 4 Schulen haben eine entwickelte zweidimensionale Teamstruktur, in der schulinterne Curricula und Lernspiralen systematisch erprobt werden (vgl. Bastian/Rolff 2002, S.10).

Die Auswertung der Selbstbeschreibungen der Entwicklungsprozesse zeigt, dass ca. 40 Prozent der Schulen nach fünf Jahren Entwicklungszeit die Entwicklungsmuster 3,4 und 5 erreicht haben. Dies ist als Erfolg zu werten. Dabei ist daran zu erinnern, dass dieser Entwicklungsstand bei etwa 40 Prozent von ersten Ansätzen einer zweidimensionalen Entwicklungsstruktur bis hin zu einer voll entwickelten Zweidimensionalität vor dem Hintergrund eines aufwändigen Unterstützungsangebots erarbeitet werden konnte.

Interessant ist aber auch, dass sich trotz der Unterstützungsangebote etwas mehr als 20 Prozent nicht auf den Weg einer Unterrichtsentwicklung, wie sie hier konzipiert ist, begeben hat. Diese Schulen haben andere Projekte verfolgt, beispielsweise zur Streitschlichtung, zur Jungen- und Mädchenbildung oder zur äußeren Gestaltung der Schule. Gemeinsam ist diesen Aktivitäten, dass sie nicht in einen systematischen Entwicklungsprozess integriert sind, dass die Aktivitäten verinselt und isoliert bleiben und damit auch nicht den Merkmalen einer unterrichtszentrierten Schulentwicklung entsprechen.

4.4.3 Die zweidimensionale Entwicklungsstruktur von Lern- und Fachkultur als Perspektive

Das fortgeschrittene Muster einer zweidimensionalen Entwicklungsstruktur und der darauf basierenden Arbeit an schulinternen Curricula soll hier ausführlicher dargestellt werden, weil es eine Entwicklungsperspektive aufzeigt, die für alle Schulen strukturbildend sein kann.

Ist der systematische Aufbau der gewünschten Fähigkeiten auf der Ebene der Klassenteams und der Jahrgangsteams Teil der alltäglichen Arbeit geworden, dann sind damit Voraussetzungen geschaffen, unter denen die Arbeits- und Kommunikationsformen fachspezifisch weiterentwickelt werden können. Für die Bearbeitung dieser Aufgabe bieten sich Fachteams auf Basis der Fachkonferenzen an bzw. Teams von Lehrern, die ein Fach oder eine Gruppe von Fächern vertreten (vgl. dazu die Beispiele in Kap. 3.1).

Diese in der vertikalen Struktur arbeitenden Teams entwickeln Konzepte für die Entwicklung von aufeinander aufbauenden Fähigkeiten in fachbezogenen (und später sicher auch fachübergreifenden) Lernspiralen. Sie müssen die Lernspiralen nicht völlig neu erfinden, sondern können Erfahrungen nutzen, die Klassenteams beim vertikalen Aufbau der Lernkultur über mehrere aufeinander folgende Jahrgänge gemacht haben. Vertikal denkende und über Fächer definierte Teams können diese Konzepte jedoch präzisieren, indem sie die jeweiligen Trainingseinheiten genauer auf die besonderen Bedürfnisse der Fächer beziehen.

Eine solche Erarbeitung von Lernspiralen ist zentral für Unterrichtsentwicklung, weil dies augenscheinlich dazu führt, bestimmte Fachinhalte und eine Lernkultur des eigenverantwortlichen Arbeitens systematisch miteinander zu verbinden.

Dass eine Weiterentwicklung fachspezifischer Lernspiralen zu fächerübergreifenden Lernarrangements eine realistische Perspektive ist, zeigt die Evaluation von Aufbau- und Entwicklungsprozessen in sogenannten Profiloberstufen, in denen Fächerverbünde in der Sekundarstufe II strukturbildend sind (vgl. Bastian et al. 2000).

Zusammenfassend kann mit Blick auf diese Schulen und deren Entwicklungsarbeit festgehalten werden, dass damit Beiträge zur

Entwicklung des Fachunterrichts geleistet werden, die viele Fachdidaktiken selbst seit langem vermissen lassen.

Zusammenfassung

Unterrichtszentrierte Schulentwicklung ist der zentrale Ort einer systematischen Professionalisierung von Lehrerinnen und Lehrern. Das Muster des »aktiv-entwickelnden Aneignens im kreativen Experiment« fordert die Entwicklung eines forschenden Habitus. Das Muster der »zweidimensionalen Entwicklungsstruktur« setzt professionelle Kooperation als unhintergehbar voraus und verbindet damit eine auf Dauer gestellte fachdidaktische Entwicklungsarbeit. Unterrichtszentrierte Schulentwicklung erfordert die Verbindung beider Professionalisierungsmuster und ermöglicht bzw. fordert systematische Entwicklungen in zentralen Feldern von Lehrerprofessionalität.

4.5 Was wissen wir über Möglichkeiten einer Entwicklung von Lernkultur und Fachkultur?

Der Erfolg von unterrichtszentrierter Schulentwicklung bemisst sich daran, wieweit es den Beteiligten gelingt, eine veränderte Lern- und Fachkultur zu entwickeln.

Auf der Grundlage einer repräsentativen Befragung der Schülerinnen und Schüler im Rahmen der Abschlussevaluation des Projekts »Schule & Co.« kann festgehalten werden, dass die Trainings eine Veränderung der Lernkultur in einem erheblichen Ausmaß – nämlich zu über 80% – erreicht haben. Die Schüler bestätigen darüber hinaus, dass sie die meisten der neuen Methoden im Unterricht praktizieren, dass sie in den trainierten Bereichen besser geworden sind und dass ihnen die neuen Fähigkeiten beim Lernen helfen. Und schließlich lässt sich nachweisen, dass die gemeinsame Arbeit an einer Verbesserung der Lernkultur auch zu einem deutlich höheren Einsatz von Lernstrategien geführt hat (vgl. dazu ausführlich Holtappels/Leffelsend 2002).

Will man etwas über die Prozessstruktur erfahren, in der sich Auswirkungen der Unterrichtsentwicklung auf die Lern- und Fachkultur beobachten lassen, dann lassen sich hier nach einer Untersuchung von Herrmann drei Phasen eines zunehmenden Wirkungsgrades skizzieren (vgl. Herrmann 2002):

1. Phase: Neue Lern- und Arbeitstechniken werden routiniert angewendet

Eine erste Wirkung von Unterrichtsentwicklung auf die Lernkultur ist erreicht, wenn die Schülerinnen und Schüler die neu erworbenen Lern- und Arbeitstechniken routiniert anzuwenden wissen. Zu beobachten ist dies daran, dass sie methodisch bewusst und in Teams arbeiten können; d.h. bei entsprechenden Arbeitsaufträgen wenden sie sich zügig den inhaltlichen Aufgaben zu und benötigen nur wenig Zeit, um sich etwa über Kooperationsformen zu verständigen oder sich über mögliche methodische Herangehensweisen Gedanken zu machen. Die Lehrerinnen und Lehrer erfahren diese Wirkung sehr bald als Entlastung, weil sie in vielen Klassen auf annähernd gleiche Voraussetzungen zurückgreifen können und dabei Zeit und Energie sparen, die sie sonst dazu aufwenden müssen, um eine Arbeitsbasis immer wieder neu herzustellen.

2. Phase: Neue Arbeits- und Kommunikationsformen werden auf den Fachunterricht übertragen

Eine zweite Wirkung von Unterrichtsentwicklung auf die Lern- und Fachkultur ist erreicht, wenn die Schülerinnen und Schüler die neu erworbenen Arbeits- und Kommunikationsformen auf Aufgaben im Fachunterricht übertragen können. Die Befragung zeigt, dass die Wirkung des Trainings im Unterricht angekommen ist, dass unterschiedliche Lernmethoden in ebenso unterschiedlichen Sozial- und Kommunikationsformen Verwendung finden, wobei lehrerzentrierte Formen immer noch überwiegen. Durch die bessere Kooperation ist aber bereits eine harmonischere Klassenatmosphäre zu beobachten. Die Schülerinnen und Schüler arbeiten merklich selbstständiger und können sich und ihre Arbeitsergebnisse sehr viel besser als vorher präsentieren.

3. Phase: Neue Arbeitsformen werden zur Reflexion und Selbstregulation eigener Lernprozesse verwendet

Eine dritte Wirkung von Unterrichtsentwicklung auf die Lern- und Fachkultur zeichnet sich in den Fällen ab, wenn Schülerinnen und Schüler auch komplexere Arbeitsmethoden zur Reflexion und Selbstregulation eigener Lernprozesse verwenden. Dabei kann es sich um Formen der Gesprächsführung, um die

Arbeit mit Feedbackinstrumenten und Arbeitsplänen und/oder die Präsentation von Arbeitsergebnissen in spezifischen Präsentationsphasen handeln. Schülerinnen und Schüler sind auf dieser Stufe in der Lage, ihre Lernprozesse und -strategien zu reflektieren und zu verändern, den Wechsel von Team- und Einzelarbeit selbstständig zu planen und die Angemessenheit von Arbeitsformen zu bewerten. In dieser Phase ist auch zu beobachten, dass sie Konflikte besser regeln, weil sie regelgeleiteter kommunizieren.

▶ **Fazit:** Lernkultur und Fachkultur – also der Bereich, der bislang in der Schule nur sehr schwer und meist auch nur auf kleinen Reforminseln erreichbar ist – ist über unterrichtszentrierte Schulentwicklung klassen- und jahrgangsübergreifend sowie fachbezogen erreichbar und veränderbar.

4.6 Was wissen wir über den Zusammenhang von Lernkulturentwicklung und Leistungsentwicklung?

Entwicklungen und Wirkungen in den bislang genannten Feldern sind Entwicklungen von Leistungen im Sinne eines erweiterten Leistungsbegriffs, der nicht nur die Fachleistungen berücksichtigt, sondern u.a. auch metakognitive und kommunikative Fähigkeiten einbezieht, da diese eine Beziehung zu Fachleistungen vermuten lassen. Dass metakognitive Fähigkeiten – also beispielsweise die Selbstregulationskompetenz – ein relevanter Anteil der Lernkompetenz ist, haben wir in Kapitel 2 ausführlich dargelegt. Es gibt allerdings in diesem Projekt keine direkten Belege dafür, dass durch die Fortschritte im Bereich der Lernkompetenz eine Steigerung der Fachleistungen erreicht wird, weil sie nicht gemessen wurden. Dies ist nicht verwunderlich, weil das Projekt vor der Diskussion über die Ergebnisse internationaler Leistungsstudien begonnen hat, noch nicht auf eine Evaluation von Fachleistungen ausgelegt war und dafür erforderliche Instrumente noch nicht zur Verfügung stellen konnte. Dass es unter bestimmten Bedingungen einen positiven Zusammenhang zwischen unterrichtszentrierten Entwicklungsprozessen und Fachleistungen in den Kernfächern geben kann, das haben wir erst 2006 in einem Projekt nachweisen können. Voraussetzung für diesen Zusammenhang war die systematische Förderung von Selbstregulation und Selbstwirksamkeit in einer langfristig angelegten und systematisch unterstützten Lernortkooperation zwischen dem Lernort Schule und dem Lernort Betrieb (vgl. Bastian/ Combe et al. 2006).

Was kann dennoch auf dem Stand der Evaluation von »Schule und Co.« zum Zusammenhang von Lernkulturentwicklung und Fachleistung gesagt werden? Auf der Basis der Evaluation dieses Projekts existieren Erfahrungen, die es zumindest plausibel erscheinen lassen, dass es nicht ohne Auswirkungen auf Fachleistung bleibt, wenn Schülerinnen und Schüler gelernt haben methodisch reflektiert, effektiv im Team und in guten Kommunikationsformen zu lernen.

Beobachtungen der Lehrerinnen und Lehrer zeigen: Wer etwa Fähigkeiten zum produktiven und reflexiven Umgang mit Texten erworben hat, der liest schneller und versteht besser, sodass er einen »direkteren« Zugriff auf Informationen hat und sie souverän verarbeiten kann – etwa indem er sie in anderen Kontexten verwendet. Textverständnis und Präsentationsvermögen sind grundlegende Fähigkeiten, die in allen Unterrichtsfächern von Bedeutung sind. Ebenso grundlegend sind sozial-kommunikative Fähigkeiten, weil sie das Arbeitsklima und die Effektivität des miteinander Lernens beeinflussen können. Und so wirkt es sich positiv aus, wenn Schülerinnen und Schüler, die Schritte und Verfahren der Gruppenarbeit beherrschen und so die Lernzeit intensiver nutzen können als nicht trainierte Schüler.

Es wird immer wieder nach Zusammenhängen zwischen den in den Projektschulen entwickelten und den in der PISA-Studie untersuchten Fähigkeiten gefragt. Aus der PISA-Studie lassen sich keine Hinweise auf unterrichtliche Voraussetzungen für gute Leistungen in den getesteten Fähigkeiten ablesen. Insofern lassen sich auch keine Belege dafür finden, dass die Steigerung der Fähigkeiten in den Lernfeldern dieses Projekts eine Steigerung der Leistungen im Sinne der PISA-Studie mit sich bringen würde.

Allerdings lassen sich Ähnlichkeiten finden zwischen Arbeitsformen, wie sie in erfolgreichen Ländern, beispielsweise in finnischen und schwedischen Schulen oder im kanadischen Durham board of education auszumachen sind und den Bemühungen um eine veränderte Lernkultur in den regionalen Netzwerken der beiden Regionen dieses Projekts. Die Förderung von eigenständigem Arbeiten und Arbeiten in Gruppen, die Unterstützung der Individualisierung des Lernens über Kontrakte und der Fähigkeiten zur Administration des eigenen Lernprozesses lässt sich in diesen Ländern von der Vorschule bis in die Oberstufe beobachten.

Eine Studie des Deutschen Instituts für Internationale Pädagogische Forschung (DIPF) zur Frage, was bei PISA erfolgreiche Schulsysteme kennzeichnet, kann als Bestätigung der hier vermuteten Zusammenhänge gelesen werden (vgl. Döbert 2003). Demnach sind es primär drei Faktoren, die erfolgreiche Schulsysteme auszeichnen:

- Professioneller Umgang mit Heterogenität
- Intensive externe Unterstützung der Lehrkräfte durch Fortbildung
- Hoher Stellenwert von Bildung in der Gesellschaft.

Zu allen drei Faktoren lassen sich Bezüge zwischen der in diesem Projekt praktizierten unterrichtszentrierten Schulentwicklung und der Arbeit der in PISA erfolgreichen Länder herstellen.

- Der professionelle Umgang mit Heterogenität basiert im Alltag der erfolgreichen Länder und in diesem Projekt auf einem individualisierenden Unterricht und Formen des eigenständigen Arbeitens. Wichtig ist auch, dass in den erfolgreichen Ländern bei zentralen Überprüfungen nicht nur kognitive Leistungen, sondern auch Prozessleistungen wie soziale und arbeitsmethodische Kompetenzen einbezogen werden.
- Die Fortbildung der Lehrkräfte basiert im Alltag der erfolgreichen Länder und in diesem Projekt auf schulbezogener Fortbildung in Verbindung mit Beratung, auf der Akzeptanz von Fortbildungspflicht, auf Evaluation der Erfahrungen und Entwick-

lungen und auf einer gezielten Qualifizierung der Schulleitung und des Schulentwicklungsmanagements.

- Das hohe gesellschaftliche Ansehen von Bildung basiert in den bei PISA erfolgreichen Ländern auf einer Kompetenzverlagerung an die Schulen, sowie einer stärkeren Beteiligung der Kommunen und der Eltern. Ansätze zu einer solchen Kooperation aller an Bildung Beteiligten finden sich in diesem Projekt in der Ausgestaltung von Schul- und Bildungslandschaften.

Die Reformansätze und Steuerungsstrategien erfolgreicher Bildungssysteme lassen sich inzwischen recht gut beschreiben. Die Evaluation von »Schule & Co.« hat wichtige Parallelen dazu aufzeigen können. Es gibt von daher Grund zu der Annahme, dass Schulen, die in diesem Sinne an einer unterrichtszentrierten Schulentwicklung arbeiten, einen Leistungsvergleich auch in den Fachleistungen nicht scheuen müssen.

Zum Abschluss

Wenn Sie dieses Buch durchgearbeitet haben, dann haben Sie sich Anwendungsformen und theoretische Bezüge eines Konzepts erarbeitet, das Unterrichtsentwicklung als Zentrum von Schulentwicklung versteht.

Das Konzept der unterrichtszentrierten Schulentwicklung hat – wie Sie gesehen haben – einen klaren Bezugspunkt im Unterricht, zum einen im Lernen der Schülerinnen und Schüler und zum anderen in der Professionalisierung der Lehrerinnen und Lehrer; dabei wird Unterrichtsentwicklung eingebettet in ein Konzept unterrichtszentrierter Schulentwicklung.

Bei der Erarbeitung dieses Konzepts haben Sie einen Bogen geschlagen von der Klärung des begrifflichen Rahmens über die Potenziale von Unterrichtsentwicklung für die Entwicklung der Akteure, über zentrale Strategien und Methoden der Unterrichtsentwicklung bis hin zu einem integrierten Gesamtkonzept.

Bei der Diskussion des begrifflichen Rahmens war mir wichtig, Unterrichtsentwicklung in der Tradition Innerer Schulreform erfahrbar zu machen, sie dann vor dem Hintergrund der aktuellen Diskussion von Unterrichtsqualität und Standards zu reflektieren und schließlich in den Kontext der Diskussion über Standards pädagogischen Handelns zu integrieren.

Mit dieser begrifflichen Rahmung wird eine schulpädagogisch fundierte Basis gelegt, die ohne modernistischen Entwicklungsjargon auskommt und damit etwas vermeidet, was nicht selten gerade die befremdet, die Unterrichtsentwicklung voranbringen: reforminteressierte, entwicklungsbereite Lehrerinnen und Lehrer und die, die es werden wollen.

Bei der Diskussion von Potenzialen für die Akteure der Unterrichtsentwicklung war mir wichtig, die Entwicklungsmöglichkeiten von Schülerinnen und Schülern sowie die Professionalisierungspotenziale von Lehrerinnen und Lehrern im Kontext aktueller Erkenntnisse der Forschung zu diskutieren und zu legitimieren. Denn viele Projekte haben intuitiv den eigenverantwortlich lernenden Schüler und den gemeinsam mit anderen lernenden Lehrer als Zielperspektive angestrebt. Hier haben Sie lerntheoretische und professionstheoretische Fundierungen dieser Entwicklungspotenziale erarbeitet und gleichzeitig in einen Theorierahmen von Entwicklungspraxis gestellt.

Bei den im dritten Kapitel vorgestellten Strategien und Methoden der Unterrichtsentwicklung war mir wichtig, dass hier die zentralen Strategien der Unterrichtsentwicklung methodisch konkretisiert und gleichzeitig in den Möglichkeitsrahmen von regionalen Netzwerken einer unterrichtszentrierten Schulentwicklung gestellt werden. Dabei haben Sie Möglichkeiten erfahren, ein schulinternes Methodencurriculum mit der Entwicklung des fachlichen Lernens zu verbinden, Schülerrückmeldestrategien zur Reflexion und zum methodisch gelenkten Verstehen des Lernens einzusetzen sowie Strategien der Unterrichtsentwicklung im Netzwerk einer gestalteten Bildungslandschaft zu verstehen.

Im abschließenden Kapitel 4 zum Zusammenspiel von Gelingensbedingungen, Umsetzung und Wirkungen von Unterrichtsentwicklung habe ich ein Gesamtkonzept vorgestellt, das die vorher erarbeiteten konzeptionellen Überlegungen, die Potenziale und die Strategien und Methoden in ein Prozessmodell einer unterrichtszentrierten Schulentwicklung integriert. Dabei haben Sie Möglichkeiten erfahren, Vorstellungen von und Erfahrungen mit unterrichtszentrierter Schulentwicklung so weit zu konkretisieren, dass eigene Erfahrungen sowie die Planung, Durchführung und Evaluation von Entwicklungsprozessen vor dem Hintergrund eines Gesamtkonzepts diskutierbar werden.

Dass dieses Gesamtkonzept nicht am grünen Tisch entwickelt wurde, das haben Sie durch vielfache Bezüge auf die wissenschaftliche Begleitung verschiedener Entwicklungsprojekte, insbesondere auf Konzept, Erfahrungen und die Evaluation des Modellprojekts mit dem Namen »Schule & Co.« erfahren.

Zusammenfassend ein Versuch, voraussetzungsreiche und komplexe, aber auch spannende und immer wieder überraschende Prozesse von Menschen in der Institution Schule so darzustellen, dass sie Studierenden Voraussetzungen und anschauliche Erfahrungen vermitteln, alle Beteiligten zu eigenen Experimenten anregen sowie bei der Begleitung und Moderation solcher Experimente helfen.

Literaturverzeichnis

Altrichter, H./Posch, P. (1996, 3. Aufl. 1998): Lehrer erforschen ihren Unterricht. Eine Einführung in die Methoden der Aktionsforschung. Bad Heilbrunn.

Altrichter, H. (1998): Reflexion und Evaluation in Schulentwicklungsprozessen. In: Altrichter, H./Schley, W./Schratz, M. (Hrsg.): Handbuch zur Schulentwicklung. Innsbruck, S. 263–335.

Altrichter, H./Schley, W./Schratz, M. (Hrsg.) (1998): Handbuch zur Schulentwicklung. Innsbruck.

Altrichter, H. (2000): Schulentwicklung und Professionalität. Bildungspolitische Entwicklungen und neue Anforderungen an Lehrer. In: Bastian, J./Helsper, W./Reh, S./Schelle, C. (Hrsg.): Professionalisierung im Lehrerberuf. Opladen, S. 145–163.

Altrichter, H./Messner, E./Posch, P. (2004): Schulen evaluieren sich selbst. Seelze.

Altrichter, H./Fichten, W. (2005): Lehrerbildung und praxisnahe Forschung. Konzepte – Erfahrungen – Effekte. In: Bastian, J. u.a.: Lehrerbildung in der Entwicklung. Weinheim und Basel, S. 94–105.

Altrichter, H. (2006): Schulentwicklung. Widersprüche unter neuen Bedingungen. Bilanz und Perspektive nach 15 Jahren Entwicklung von Einzelschulen. In: PÄDAGOGIK, 58 (3), S. 6ff.

Ammonn, A./Wendt, H. (2001): Feedback-Kultur braucht Zeit. In: PÄDAGOGIK, 53 (5), S. 34–35.

Arnold, E./Bastian, J./Combe, A./Leue-Schack, K./Reh, S./Schelle, C. (1999): Schulentwicklung und Wandel der pädagogischen Arbeit. Arbeitssituation, Belastung und Professionalisierung von Lehrerinnen und Lehrern in Schulentwicklungsprozessen. In: Carle, U./Buchen, S. (Hrsg.): Jahrbuch für Lehrerforschung, Bd. 2. Weinheim, S. 97–122.

Arnold, E./Bastian, J./Combe, A./Schelle, C./Reh, S. (2000): Schulentwicklung und Wandel der pädagogischen Arbeit. Arbeitssituation, Belastung und Professionalisierung von Lehrern und Lehrerinnen in Schulentwicklungsprozessen. Hamburg.

Bandura, A. (Hrsg.) (1995): Sel-efficacy in Changing Societies. Cambridge.

Bandura, A. (1997): Self-efficacy: The Exercise of Control. New York.

Bastian, J./Bastian, H. (1978): Schüler planen ein Projekt – Ein kooperativer Planungsprozess im Deutsch- und Politikunterricht einer 9. Realschulklasse. In: Westermanns Pädagogische Beiträge, 30 (5), S. 198–204.

Bastian, J. (1980): Projekte – ein Weg aus der Routine. Themenheft der Zeitschrift Westermanns Pädagogische Beiträge, 32 (3).

Bastian, J./Gudjons, H. (Hrsg.) (1986): Das Projektbuch. Hamburg.

Bastian, J. (1990): Projektunterricht planen. In: Bastian, J./Gudjons, H. (Hrsg.): Das Projektbuch II. Hamburg, S. 240ff.

Bastian, J./Gudjons, H. (Hrsg.) (1990, 4. Aufl. 2006): Das Projektbuch II. Projektlernen im Fachunterricht. Hamburg.

Bastian, J. (1997): Pädagogische Schulentwicklung. Von der Unterrichtsreform zur Entwicklung der Einzelschule. In: PÄDAGOGIK, 49 (2), S. 6f. Auch in: Bastian, J. (Hrsg.) (1998), S. 29ff.

Bastian, J./Gudjons, H. u.a. (Hrsg.) (1997): Theorie des Projektunterrichts. Hamburg.

Bastian, J. (1997): Projektunterricht und Leistung. In: Bastian, J. u.a. (Hrsg.): Theorie des Projektunterrichts. Hamburg, S. 231–244.

Bastian, J./Combe, A. (1997): Lehrer und Schüler im Projektunterricht. Zur Theorie einer neuen Balance zwischen der Verantwortung des Lehrenden und der Selbstverantwortung der Lernenden. In: Bastian, J. u.a. (Hrsg.): Theorie des Projektunterrichts. Hamburg, S. 245ff.

Bastian, J. (Hrsg.) (1998): Pädagogische Schulentwicklung, Schulprogramm und Evaluation. Hamburg.

Bastian, J. (1998): Autonomie und Schulentwicklung. Zur Entwicklungsgeschichte einer neuen Balance von Schulreform und Bildungspolitik. In: Bastian, J. (Hrsg.), S. 13–26.

Bastian, J./Combe, A. (1998): Pädagogische Schulentwicklung. Gemeinsam an der Entwicklung der Lernkultur arbeiten. In: PÄDAGOGIK, 50 (11), S. 6ff.

Bastian, J. (Hrsg.) (2000): Schulentwicklung in der Region. Themenheft der PÄDAGOGIK, 52 (7–8).

Bastian, J. (2000): Schulentwicklung in der Region. In: PÄDAGOGIK, 52 (7–8), S. 6f.

Bastian, J./Combe, A./Gudjons, H./Herzmann, P./Rabenstein, K. (2000): Profile in der Oberstufe. Fächerübergreifender Projektunterricht in der Max-Brauer-Schule. Hamburg.

Bastian, J./Helsper, W./Reh, S./Schelle, C. (Hrsg.) (2000): Professionalisierung im Lehrerberuf. Opladen.

Bastian, J. u.a. (2000): Schulprogrammarbeit und Strukturierung von Schulentwicklungsprozessen. In: Arnold, E. u.a. (2000), S. 101–142.

Bastian, J. (Hrsg.) (2001): Schülerrückmeldung über Unterricht. Themenheft der PÄDAGOGIK, 53 (5).

Bastian, J./Combe, A./Langer, R. (2001): Durch Schülerrückmeldung den Unterricht verbessern. In: PÄDAGOGIK, 53 (5), S. 6–9.

Bastian, J./Combe, A. (2001): Fallorientierte Schulentwicklungsforschung: Der Schulversuch »Profiloberstufe« an der Max-Brauer-Schule. In: Tillmann, K.-J./Vollstädt, W. (Hrsg.): Politikberatung durch Bildungsforschung. Opladen, S. 171–190.

Bastian, J./Rolff, H.-G. (2001): Vorabevaluation des Projektes »Schule & Co.«. Gütersloh.

Bastian, J./Combe, A./Hellmer, J./Hellrung, M./Roggatz, C. (2002): Forschungswerkstatt Schulentwicklung. In: Dirks, U./Hansmann, W. (Hrsg.): Forschendes Lernen in der Lehrerbildung. Auf dem Weg zu einer professionellen Unterrichts- und Schulentwicklung. Bad Heilbrunn, S. 129–141.

Bastian, J./Combe, A. (2002): Unterrichtsentwicklung als Kunst der Trennungen und Rekontextualisierung des Gewohnten. In: Breidenstein, G./Combe, A./ Helsper, W./Stelmaszyk, B. (Hrsg.): Forum qualitative Schulforschung 2. Interpretative Unterrichts- und Schulbegleitforschung. Opladen.

Bastian, J./Rolff H.-G. (2002): Abschlussevaluation des Projekts »Schule & Co.«. Gütersloh. Im Netz unter www.schule-und-co.de (Langfassung!).

Bastian, J./Combe, A./Hellmer, J./Hellrung, M./Merziger, P. (2003): Forschungswerkstatt Schulentwicklung. Das Hamburger Modell. In: Obulenski, A./ Meyer, H.: Forschendes Lernen. Theorie und Praxis einer professionellen LehrerInnenausbildung. Bad Heilbrunn, S. 151–164.

Bastian, J./Combe, A./Langer, R. (2003; 2. Aufl. 2005): Feedback-Methoden. Erprobte Konzepte, evaluierte Erfahrungen. Weinheim und Basel.

Bastian, J. (2004): Unterrichtsentwicklung – Lernkultur – Fachkultur. Eine Untersuchung von Zusammenhängen. In: Popp, U./Reh, S. (Hrsg.): Schule forschend entwickeln. Weinheim und München, S. 89ff.

Bastian, J./Keuffer, J./Lehberger, R. (Hrsg.) (2005): Lehrerbildung in der Entwicklung. Weinheim und Basel.

Bastian, J. (Hrsg.) (2006): Schulentwicklung. Widersprüche, Problemzonen, Perspektiven. Themenheft der PÄDAGOGIK, 58 (3).

Bastian, J./Combe, A./Hellmer, J./Wazinski, E. (2007): Zwei Tage Betrieb. Drei Tage Schule. Kompetenzentwicklung in der Lernortkooperation an Allgemeinbildenden Schulen. Bad Heilbrunn.

Bastian, J. (Hrsg.) (2007): Unterricht entwickeln und evaluieren. Themenheft der PÄDAGOGIK, 59 (2).

Bauer, K.-O./Kopka, A./Brindt, S. (1996): Pädagogische Professionalität und Lehrerarbeit. Eine qualitativ empirische Studie über professionelles Handeln und Bewusstsein. Weinheim.

Bauer, K.-O./Kanders, M. (1998): Burnout und Belastung von Lehrkräften. In: Rolff, H.-G./Bauer, K.-O./Klemm, K./Pfeiffer, H. (Hrsg.): Jahrbuch der Schulentwicklung. Bd. 10. Weinheim, S. 201–233.

Bauer, K.-O./Kanders, M. (2000): Unterrichtsentwicklung und professionelles Selbst der Lehrerinnen und Lehrer. In: Rolff, H.-G./Bos, W./Klemm, K./ Pfeiffer, H./Schulz-Zander, R. (Hrsg.): Jahrbuch der Schulentwicklung. Bd. 11. Weinheim, S. 297–325.

Baumert, J. (2003): Transparenz und Verantwortung. In: Killius, N./Kluge, J./ Reisch, L. (Hrsg.): Die Bildung der Zukunft. Frankfurt am Main, S. 213–228.

Bildungskommission NRW (1995): Zukunft der Bildung – Schule der Zukunft. Neuwied.

Blick über den Zaun: Aufruf für einen Verbund reformpädagogisch engagierter Schulen. In: www.blickueberdenzaun.de.

Boekaerts, M. (1999): Self-regulated learning: where we are today. In: International Journal of Educational Research, 31 (6), S. 445–457.

Boekaerts, M./Niemivirta, M. (2000): Self-regulated learning. Finding a balance between learning goals and ego-protective goals. In: Boekaerts, M./ Pintrich, P.R./Zeidner, M. (Hrsg.): Handbook of self-regulated learning. San Diego, S. 417–450.

Bonz, G./Ilsemann, C./Klafki, W. u.a. (1993): Innovationen und Kontinuität. Empfehlungen zur Schulentwicklung in Bremen. Bremen.

Borsutzky, H. u.a. (2005): Fachjahrgangskonferenzen fördern die Zusammenarbeit. In: Hamburg macht Schule, 17 (1), S. 22f.

Breuer, B. u.a. (2000): Leistungsbeurteilung in offenen Unterrichtsphasen: Grundlagen, Erlasse, Methoden, Materialien. Reader für alle Schulformen und Unterrichtsfächer. Essen.

Brocket, R.G./Hiemstra, R. (1991): Self-direction in adult-learning: Perspectives on theory, research and practice. New York.

Bromme, R. (1992): Der Lehrer als Experte. Bern.

Brügelmann, H./Heymann, H.W. (2002): PISA 2000. Befunde, Deutungen, Folgerungen. In: PÄDAGOGIK, 54 (3), S. 40–43.

Brügelmann, H. (2004): Standards vorgeben? Contra. In: PÄDAGOGIK, 56 (3), S. 51f.

Brüsemeister, T./Eubel, K.D. (Hrsg.) (2003): Zur Modernisierung der Schule. Bielefeld.

Burkard, C./Eikenbusch, G. (2000): Praxishandbuch Evaluation in der Schule. Berlin.

Burkard, C./Eikenbusch, G./Ekholm, M. (2003): Starke Schüler – gute Schulen. Wege zu einer neuen Arbeitskultur im Unterricht. Berlin.

Buhren, C. (2006): Kommunale Schulentwicklung. Ein Weg aus der Sackgasse? In: PÄDAGOGIK, 58 (3) 2006, S. 36–39.

Buhren, C. (1999): Lehrerbeurteilung – und was Schülerinnen und Schüler dazu beitragen können. In: Journal für Schulentwicklung, 3 (1), S. 29–36.

Buschmann, R. (2005): Wie lässt sich pädagogisches Handeln evaluieren? In: PÄDAGOGIK, 57 (9), S. 31f.

Carle, U. (1995): Mein Lehrplan sind die Kinder. Eine Analyse der Planungstätigkeit von Lehrerinnen und Lehrern an Förderschulen. Weinheim.

Carle, U. (2000): Was bewegt die Schule? Internationale – praktische Erfahrungen. Neue systemische Möglichkeiten für Schulreform, Lehrerbildung, Schulentwicklung und Qualitätssteigerung. Hohengehren.

Christmann, U./Groeben, N. (1999): Psychologie des Lesens. In: Franzmann, B. (Hrsg.): Handbuch Lesen. München, S. 145–223.

Combe, A./Buchen, S. (1996): Belastung von Lehrerinnen und Lehrern. Fall-studien zur Bedeutung alltäglicher Handlungsabläufe an unterschiedlichen Schulformen. Weinheim.

Combe, A./Helsper, W. (Hrsg.) (1996): Pädagogische Professionalität. Untersu-chungen zum Typus pädagogischen Handelns. Frankfurt a. M..

Combe, A. (1999): Belastung, Entlastung und Professionalisierung. LehrerInnen in Schulentwicklungsprozessen. In: Combe, A./Helsper, W./Stelmaszyk, B. (Hrsg.): Forum qualitative Schulforschung 1. Schulentwicklung – Partizipa-tion – Biographie. Weinheim, S. 111–137.

Combe, A./Helsper, W. (2001): Pädagogische Professionalität. In: Otto, H.-U./ Rauschenbach, T./Vogel, P. (Hrsg.): Erziehungswissenschaft in Studium und Beruf. Bd. 3. Opladen, S. 206–220.

Combe, A. (2002): Interpretative Ansätze in der Schulbegleitforschung. In: Combe, A./Helsper, W./Breidenstein, G. (Hrsg.): Forum qualitative Schul-forschung 2. Opladen (im Druck).

Combe, A./Kolbe, F.U. (2002): Lehrerprofessionalität: Wissen, Können, Han-deln. In: Helsper, W./Böhme, J. (Hrsg.): Handbuch der Schulforschung. Opladen (im Druck).

Czerwanski, A./Solzbacher, C./Vollstädt, W. (2002): Förderung von Lernkom-petenz in der Schule. Bd. 1. Recherche und Empfehlungen. Gütersloh.

Dalin, P./Rolff, H.-G. (1990): Institutionelles Schulentwicklungsprogramm. Eine Perspektive für Schulleiter, Kollegium und Schulaufsicht. Soest.

Dalin, P./Rolff, H.-G./Buchen, H. (1990, 2. Aufl. 1995): Institutioneller Schul-entwicklungsprozess. Bönen.

Dalin, P. (1999): Theorie und Praxis der Schulentwicklung. Neuwied.

Dewe, B./Ferchhoff, W./Radtke, F.-O. (Hrsg.) (1992): Erziehen als Profession. Opladen.

Dewey, J.: Erfahrung und Erziehung (1938). In: Dewey, J./Handling, O./Corell, W. (1963): Reform des Erziehungsdenkens. Weinheim, S. 27–99.

Dirks, U. (2000): Wie werden EnglischlehrerInnen professionell? Eine berufs-biographische Untersuchung in den neuen Bundesländern. Münster.

Ditton, H. (2000): Elemente eines Systems der Qualitätssicherung im schuli-schen Bereich. In: Weishaupt, H. (Hrsg.): Qualitätssicherung im Bildungs-wesen. Erfurt (Erfurter Studien zur Entwicklung des Bildungswesens Bd. 13).

Döbert, H. (2003): Merkmale der bei PISA erfolgreichen Schulsysteme. Ein vertiefender Vergleich der Schulsysteme ausgewählter PISA-Teilnehmer-staaten. In: PÄDAGOGIK, 55 (11), S. 47f.

Eikenbusch, G./Lagergren, T. (2004): Keine Elchtests für die Schule... Erfah-rungen mit Tests und zentralen Prüfungen in Schweden. In: PÄDAGOGIK, 56 (6), S. 28ff.

Elliot, J. (1991): Action Research for Educational Change. Buckingham.

Feindt, A./Meyer, H. (Hrsg.) (2000): Professionalisierung und Forschung. Stu-dien und Skizzen zur Reflexivität in der LehrerInnenbildung. Oldenburg.

Fend, H. (1977): Schulklima: Soziale Einflussprozesse in der Schule. Weinheim und Basel.

Fleischer-Bickmann, W. (1993): Projekt Autonomie. Schule und Schulverwaltung – Erfahrungen aus Bremen. In: PÄDAGOGIK, 45 (11), S. 21ff.

Foucault, M. (1984): Freiheit und Selbstsorge. Frankfurt a.M.

Foucault, M. (1991): Die Sorge um sich. Frankfurt a.M.

Frey, K. (1982): Die Projektmethode. Weinheim und Basel.

Friedrich, H.F./Mandl, H. (1990): Psychologische Aspekte autodidaktischen Lernens. In: Unterrichtswissenschaft, 18 (3), S. 197–218.

Fullan, M. (1999): Die Schule als lernendes Unternehmen. Konzepte für eine neue Kultur in der Pädagogik. Stuttgart.

Gallin, P./Ruf, U. (1999a): Dialogisches Lernen in Sprache und Mathematik. Bd. 1. Austausch unter Ungleichen: Grundzüge einer interaktiven und fächerübergreifenden Didaktik. Seelze.

Gallin, P./Ruf, U. (1999b): Dialogisches Lernen in Sprache und Mathematik. Bd. 2. Spuren legen – Spuren lesen: Unterricht mit Kernideen und Reisetagebüchern. Seelze.

V. d. Groeben, A. (2005): Sich selbst vergewissern und Rechenschaft geben. Reformpädagogische Schulen entwickeln ihre eigenen Standards. In: PÄDAGOGIK, 56 (9), S. 26ff.

V.d. Groeben, A./Horstkemper, M. (Hrsg.) (2005): Standards für pädagogisches Handeln. Themenheft der Zeitschrift PÄDAGOGIK, 57 (9).

Grüne-Rosenbohm, R./Müller, S. (2006): Schulprogrammarbeit. Stolpersteine und Praxishilfen. In: PÄDAGOGIK, 58 (3), S. 20ff.

Gschrey, D. (1998): Pädagogische Schulentwicklung in München. In: PÄDAGOGIK, 49 (2), S. 28f. Auch in: Bastian (1998): Pädagogische Schulentwicklung, Schulprogramm und Evaluation. Hamburg.

Gudjons, H. (1986): Was ist Projektunterricht? In: Bastian, J./Gudjons, H. (Hrsg.): Das Projektbuch. Hamburg, S. 14ff.

Gudjons, H. (2003): Frontalunterricht – neu entdeckt. Integration in offene Unterrichtsformen. Bad Heilbrunn.

Gudjons, H./ Pieper, M./Wagner, B. (2003): Auf meinen Spuren. Das Entdecken der eigenen Lebensgeschichte. Hamburg.

Haenisch, H. (1995): Curriculare Innovationen in der Schule. Bedingungen für eine erfolgreiche Umsetzung. In: Holtappels, H.-G. (Hrsg.): Entwicklung von Schulkultur. Ansätze und Wege schulischer Erneuerung. Neuwied, S. 187–199.

Hänsel, D./Müller, H. (Hrsg.) (1998): Das Projektbuch Sekundarstufe. Weinheim und Basel.

Hameyer, U. (1995): Innovation in Schritten – Ergebnisse zur Selbsterneuerungsfähigkeit von Grundschulen in vier Nationen. In: Holtappels, H.-G. (Hrsg.): Entwicklung von Schulkultur. Ansätze und Wege schulischer Erneuerung. Neuwied, S. 146–164.

Hargreaves, A./Liebermann, A./Fullan, M./Hopkins, D. (Hrsg.) (1998): International Handbook of Educational Change. Dordrecht.

Hasselhorn, M. (1998): Metakognition. In: Rost, D.H. (Hrsg.): Handwörterbuch Pädagogische Psychologie. Weinheim, S. 348–351.

Hattie, J. u.a. (1996): Effects of learning skills interventions on student learning. A meta analysis. Review of Educational Research, S. 99–136.

Helmke, A./Weinert, F.E. (1997): Unterrichtsqualität und Leistungsentwicklung. In: Weinert, F.E./Helmke, A. (Hrsg.): Entwicklung im Grundschulalter. Weinheim und Basel.

Helmke, A. (2006): Was wissen wir über guten Unterricht? Über die Notwendigkeit einer Rückbesinnung auf den Unterricht als »Kerngeschäft« der Schule. Teil 2 der Serie: Bildungsforschung und Schule. In: PÄDAGOGIK, 58 (2), S. 42–45.

Helsper, W. (1996): Antinomien des Lehrerhandelns in modernisierten pädagogischen Kulturen. Paradoxe Verwendungsweisen von Autonomie und Selbstverantwortlichkeit. In: Combe, A./Helsper, W. (Hrsg.): Pädagogische Professionalität. Untersuchungen zum Typus pädagogischen Handelns. Frankfurt a.M., S. 521–569.

Helsper, W./Böhme, J./Kramer, R.-T./Lingkost, A. (2001): Schulkultur und Schulmythos. Opladen.

V. Hentig, H. (1996): Bildung. Ein Essay. München und Wien.

Hericks, U. (2006): Professionalisierung als Entwicklungsaufgabe. Opladen.

Hericks, U./Keuffer, J./Kräft, N./Kunze, I. (Hrsg.) (2001): Bildungsgangdidaktik. Perspektiven für den Fachunterricht und die Lehrerbildung. Opladen.

Hericks, U./Meyer, M. (2004): Unterricht/Didaktik. In: Krüger, H.H./Grunert, C. (Hrsg.): Wörterbuch Erziehungswissenschaft, S. 479–485.

Hermann, J./Höfer, C. (1999): Evaluation in der Schule – Unterrichtsevaluation. Gütersloh.

Herrmann, J. (2002): Unterrichtsentwicklung im Projekt »Schule & Co.«. Bertelsmann Stiftung. Gütersloh.

Hertramph, H./Herrmann, U. (1999): »Lehrer« – eine Selbstdefinition. Ein Ansatz zur Analyse von »Lehrerpersönlichkeit« und Kompetenzgenese durch das sozial-kognitive Modell der Selbstwirksamkeitsüberzeugung. In: Carle, U./Buchen, S. (Hrsg.): Jahrbuch für Lehrerforschung. Bd. 2. Weinheim, S. 49–71.

Herzmann, P. (2001): Professionalisierung und Schulentwicklung. Eine Fallstudie über veränderte Handlungsanforderungen und deren kooperative Bearbeitung. Opladen.

Heymann, H.W. (1998): Üben und Wiederholen – Neu Betrachtet. In: PÄDAGOGIK, 50 (10), S. 7f.

Heymann, H.W. (2004): Besserer Unterricht durch Sicherung von Standards? In: PÄDAGOGIK, 56 (6), S. 6ff.

Heymann, H.W. (2005): Intelligentes Üben. Themenheft der PÄDAGOGIK, 57 (5).

Hiller, G. (1981): Ebenen der Unterrichtsvorbereitung. In: Adl-Amini, B./ Künzli, R. (Hrsg.): Didaktische Modelle und Unterrichtsplanung. 2. Aufl. München, S. 119–141.

Holtappels, H.-G. (1997): Grundschule bis mittags. Innovationsstudie über Zeitgestaltung und Lernkultur. Weinheim.

Holtappels, H.G./Leffelsend, S. (2002): Unterrichtsevaluation über eine Schülerbefragung als Teil der Abschlussevaluation des Projektes »Schule & Co.«. Bertelsmann Stiftung. Gütersloh.

Holtappels, H.G./Leffelsend, S. (2002): Entwicklung von Methodenkompetenzen durch Schülertrainings und Unterrichtsentwicklung. Ergebnisse einer Schülerbefragung als Teil der Abschlussevaluation des Projekts »Schule & Co.«. Bertelsmann Stiftung. Gütersloh.

Holzapfel, H. (1993): Ist die Staatsschule am Ende? Ein Gespräch von H. Dichanz mit dem hessischen Kultusminister. In: PÄDAGOGIK, 45 (11), S. 26ff.

Hoppe, C./Weisker, K. (2002): Zum Professionalisierungsprozess der Schulleiterinnen und Schulleiter im Projekt »Schule & Co.«. Vorläufige Fassung. Bertelsmann Stiftung. Gütersloh.

Horster, L./Rolff, H.-G. (2001): Unterrichtsentwicklung. Grundlagen, Praxis, Steuerungsprozesse. Weinheim.

Horstkemper, M. (2005): Standards. Vermessungspädagogik oder Antrieb zur Verbesserung der Bildungsqualität. In: PÄDAGOGIK, 57 (9), S. 6ff.

Huber, L. (2000): Selbstständiges Lernen als Weg und Ziel. In: Landesinstitut für Schule und Weiterbildung NRW (Hrsg.): Förderung selbstständigen Lernens in der gymnasialen Oberstufe. Soest, S. 9–37.

Huber, L. (2001): Stichwort: Fachliches Lernen. Das Fachprinzip in der Kritik. In: Zeitschrift für Erziehungswissenschaft, Jg. 4, S. 307–331.

Hubermann, M. (1991): Der berufliche Lebenszyklus von Lehrern: Ergebnisse einer empirischen Untersuchung. In: Terhart, E. (Hrsg.): Unterrichten als Beruf. Neuere amerikanische und englische Arbeiten zur Berufskultur und Berufsbiographie von Lehrern und Lehrerinnen. Köln, S. 249–266.

Kahl, R. (2004): Treibhäuser der Zukunft. Wie in Deutschland Schulen gelingen. Weinheim.

Kaiser, A./Kaiser, R. (1999): Metakognition. Denken und Problemlösen optimieren. Neuwied.

Kalthoff, H. (1997): Wohlerzogenheit. Eine Ethnographie deutscher Internatsschulen. Frankfurt a.M.

Kanders, M./Rösner, E./Rolff, H.-G. (1997): Das Bild der Schule aus der Sicht von Schülern und Lehrern. Bonn.

Kanders, M. (2000): Das Bild der Schule aus der Sicht der Schüler und Lehrer II. Dortmund.

Kessler, E. (2005): Schön wäre es, wenn einmal alle da wären. Der Teamtag öffnet Kooperationsräume. In: Hamburg macht Schule, 17 (1), S. 14f.

Kinzie, M.B. (1990): Requirements and benefits of effective interactive instruction: Learner control, self-regulation, and continuing motivation. In: Educational Technology Research and Development, 38 (1), S. 5–21.

Klafki, W. (1985): Neue Studien zur Bildungstheorie und Didaktik. Weinheim.

Klafki, W. (1996): Neue Studien zur Bildungstheorie und Didaktik. Zeitgemäße Allgemeinbildung und kritisch-konstruktive Didaktik. Weinheim und München.

Klieme, E. u.a. (2003): Zur Entwicklung nationaler Bildungsstandards. Berlin (BMBF). auch unter www.dipf.de.

Klingberg, L. (1990): Lehrende und Lernende im Unterricht. Zu didaktischen Aspekten ihrer Positionen im Unterrichtsprozess. Berlin.

Klippert, H. (2000): Pädagogische Schulentwicklung. Weinheim und Basel.

Klippert, H. (2004): Kommunikations-Training. Weinheim und Basel.

Klippert, H. (2004): Eigenverantwortliches Arbeiten und Lernen. Weinheim und Basel.

Klippert, H./Müller, F. (2004): Methodenlernen in der Grundschule. Weinheim und Basel.

Klippert, H. (2005): Methodentraining. Weinheim und Basel.

Klippert, H. (1997): Schule entwickeln – Unterricht gestalten. Plädoyer für ein konzertiertes Innovationsmanagement. In: PÄDAGOGIK, 49 (2), S. 12f. Auch in: Bastian, J. (Hrsg.) (1998), S. 45ff.

Köller, O./Baumert, J./Neubrand, J. (2000): Epistemologische Überzeugungen und Fachverständnis im Mathematik- und Physikunterricht. In: Baumert, J./Bos, W./Lehmann, R. (Hrsg.): TIMSS/III. Dritte Internationale Mathematik- und Naturwissenschaftsstudie. Mathematische und naturwissenschaftliche Bildung am Ende der Schullaufbahn. Bd. 2: Mathematische und physikalische Kompetenzen am Ende der gymnasialen Oberstufe. Opladen, S. 229–269.

Kolbe, F.-U. (1998): Handlungsstruktur und Reflexivität. Heidelberg (Habilitationsschrift).

Konrad, K./Traub, S. (1999): Selbstgesteuertes Lernen in Theorie und Praxis. München.

Kossen, W. (2007): Lehren und Lernen im Unterricht – die kommunikative Gestaltung und Nutzung von Lerngelegenheiten. Dissertation. Universität Hamburg.

Kurz, D./Jördens, K./Albrecht, Ch. (2005): Das Methodencurriculum als gemeinsamer Fokus. Wie Fachkonferenzen mit der Schulprogrammarbeit verknüpft werden können. In: Hamburg macht Schule 17 (1), S. 18f.

Lave, J./Wenger, E. (1991): Situated Learning. Legitimate Periphal Participation. Cambridge.

Leopold, C./Leutner, D. (2003): Selbstreguliertes Lernen: Lehr-/lerntheoretische Grundlagen. In: Witthaus, U./Wittwer, W./Espe, C. (Hrsg.): Selbst gesteuertes Lernen. Theoretische und praktische Zugänge. Bielefeld, S. 43–67.

Lohre, W. (Hrsg.) (1998): Schule & Co. Projektreport 1. Gütersloh. Bertelsmann Stiftung.

Mauthe, A./Pfeiffer, H. (1996): Schülerinnen und Schüler gestalten mit – Entwicklungslinien schulischer Partizipation und Vorstellung eines Modellversuchs. In: Rolff, H.-G. u.a.: Jahrbuch der Schulentwicklung, Bd. 9. Weinheim und München, S. 221–260.

McHoul, A.W. (1978): The Organization of Turns at Formal Talk in the Classroom. In: Language in Society. Vol. 7. S. 182–213.

McHoul, A.W. (1990): The Organisation of Repair in Classroom Talk. In: Language in Society. Vol. 19. S. 349–377.

Merziger, P./Schnack, J. (2005): Feedback-Methoden zur Förderung der Leistungsentwicklung: Kompetenzraster. In: Bastian, J. u.a. (Hrsg.) (2005, 2. Aufl.): Feedback-Methoden. Weinheim, S. 145–154.

Merziger, P. (2007): Entwicklung Selbstregulierten Lernens im Fachunterricht. Lerntagebücher und Kompetenzraster in der gymnasialen Oberstufe. Wiesbaden.

Müller, A. (2003): Jeder Schritt ein Fort-Schritt. http://www.learningfactory.ch/downloads/dateien/artikel_referenzieren.pdf.

Meyer, H. (1987):Unterrichtsmethoden. Band I: Theorieband. Frankfurt a.M.

Meyer, H. (1999): Unterrichtsentwicklung als Kern der Schulentwicklung. Schulverwaltung spezial. Heft 1, S. 23–27.

Meyer, H. (2004): Was ist guter Unterricht? Berlin.

Meyer, M.A./Schmidt, R. (Hrsg.) (2000): Schülermitbeteiligung im Fachunterricht. Englisch, Geschichte, Physik und Chemie im Blickfeld von Lehrern, Schülern und Unterrichtsforschern. Opladen.

Negt, O. (1997): Kindheit und Schule in einer Welt der Umbrüche. Göttingen.

Nietzschmann, R./Vieluf, U. (2006): Evaluation. Schulentwicklungsdaten zur Sprache bringen. In: PÄDAGOGIK, 58 (3), S. 30–35.

Oevermann, U. (1996): Theoretische Skizze einer revidierten Theorie professionalisierten Handelns. In: Combe, A./Helsper, W. (Hrsg.): Pädagogische Professionalität. Untersuchungen zum Typus pädagogischen Handelns, Frankfurt a.M. S. 70–182.

Opwis, K. (1998): Reflexionen über eigenes und fremdes Wissen. In: Klix, F./Spada, H. (Hrsg.): Enzyklopädie der Psychologie. Kognition. Bd. 6: Wissen. Göttingen/Bern/Toronto/Seattle, S. 369–401.

Otto, H.-U./Rauschenbach, T./Vogel, P. (Hrsg.) (2002): Erziehungswissenschaft in Studium und Beruf. Bd. 3. Opladen.

Pehkonen, E. (1993): Schülervorstellungen über Mathematik als verborgener Faktor für das Lernen. In: Beiträge zum Mathematikunterricht, S. 303–306.

Pintrich, P.R. (2000): The role of goal orientation in self-regulated learning. In: Boekaerts, M./Pintrich, P.R./Zeidner, M. (Hrsg.): Handbook of self-regulated learning. San Diego, S. 451–502.

Reh, S./Schelle, C. (2000): Biographie und Professionalität. Die Reflexivität berufsbiographischer Erzählungen. In: Bastian, J./Helsper, W./Reh, S./Schelle, C. (Hrsg.): Professionalisierung im Lehrerberuf. Opladen, S. 107–124.

Reh, S. (2001): Bilder über Schule und Unterricht. Berufsbiographische Texte ostdeutscher Lehrerinnen und Lehrer als »Bekenntnisse«. Hamburg (Habilit.).

Reh, S./Schelle, C. (2001): »Lehr-Forschungs-Projekte« als Projektlernen in der LehrerInnenausbildung. In: Journal für Lehrerinnen- und Lehrerbildung. Jg. 3, S. 55–61.

Reischmann, J. (1999): Selbstgesteuertes Lernen – Verlauf, Ergebnisse und Kritik der amerikanischen Diskussion. In: Dietrich, S. u.a. (Hrsg.): Selbstgesteuertes Lernen – auf dem Weg zu einer neuen Lernkultur. Frankfurt am Main, S. 40–56.

Rolff, H.-G. (1995): Schulentwicklung als Entwicklung von Einzelschulen? In: Rolff, H.-G.: Wandel durch Selbstorganisation. Weinheim, S. 105–120 (zuerst erschienen in: Zeitschrift für Pädagogik, 1991 (6).

Rolff, H.-G. (1995): Autonomie als Gestaltungs-Aufgabe. Organisationspädagogische Perspektiven. In: Daschner, P. et al. (Hrsg.): Schulautonomie – Chancen und Grenzen. Weinheim und München.

Rolff, H.-G. (1998): Entwicklung von Einzelschulen: Viel Praxis, aber wenig Theorie und kaum Forschung. Ein Versuch, Schulentwicklung zu systematisieren. In: Rolff, H.-G./Bauer, K.-O./Klemm, K./Pfeiffer, H. (Hrsg.): Jahrbuch der Schulentwicklung. Bd. 10. Weinheim, S. 295–326.

Rolff, H.-G./Buhren, C.G./Lindau-Bank, D./Müller, S. (1998): Manual Schulentwicklung. Weinheim.

Rolff, H.-G. (1999): Schulentwicklung in der Auseinandersetzung. In: PÄDAGOGIK, 51 (4), S. 37ff.

Rolff, H.-G. (2006): Was wissen wir über die Entwicklung von Schule. In: PÄDAGOGIK, 58 (6), S. 42–47.

Roth, G. (2003): Warum sind Lehren und Lernen so schwierig? In: Report 3/2003. Literatur und Forschungsreport Weiterbildung. Gehirn und Lernen, S. 20–28.

Rumpf, H. (1988): Schulen wie Finanzämter? Vom Nutzen der Arbeit an einem Schulprofil für Schüler und Lehrer. In: PÄDAGOGIK, 40 (11), S. 8ff.

Rutter, M. (1980): Fünfzehntausend Stunden – Schulen und ihre Wirkungen auf die Kinder. Weinheim und Basel.

Sarazin, M. (2000): Schüler gestalten Unterricht – Präsentationsarbeiten. In: Hamburg macht Schule. 12 (3), S. 18f.

Schenk, B. (Hrsg.) (2005): Bausteine einer Bildungsgangtheorie. Wiesbaden.

Schiefele, U./Pekrun, R. (1996): Psychologische Modelle des fremdgesteuerten und selbstgesteuerten Lernens. In: Enzyklopädie der Psychologie: Themenbereich D, Praxisgebiete: Ser. 1, Pädagogische Psychologie. Bd. 2. Weinert, F.E. (Hrsg.): Psychologie des Lernens und der Instruktion. Göttingen/Bern/Toronto/Seattle/Hogrefe, S. 279–317.

Schley, W. (1998): Teamkooperation und Teamentwicklung in der Schule. In: Altrichter, H./Schley, W./Schratz, M. (Hrsg.): Handbuch zur Schulentwicklung. Innsbruck, S. 111–159.

Schnack, J. (Hrsg.) (2005): Fachkonferenzen. Themenheft der Zeitschrift Hamburg macht Schule. 17 (1). Hamburg.

Schnack, J. (2005): Die Fachkonferenz als Motor der Schulentwicklung. In: Schnack, J. (Hrsg.): Fachkonferenzen. Themenheft der Zeitschrift Hamburg macht Schule. 17 (1). Hamburg, S. 10f.

Schneider, G. (2005): Schulentwicklung durch Fachkonferenzen. In: Hamburg macht Schule. 17 (1), S. 16f.

Schönknecht, G. (1997): Innovative Lehrerinnen und Lehrer. Berufliche Entwicklung und Berufsalltag. Weinheim.

Schreiber, B. (1998): Selbstreguliertes Lernen. Münster/New York/München/Berlin.

Schütze, F./Bräu, K./Liermann, H./Prokopp, K./Speth, M./Wiesemann, J. (1996): Überlegungen zu Paradoxien des professionellen Lehrerhandelns in den Dimensionen der Schulorganisation. In: Helsper, W./Krüger, H.-H./Wenzel, H. (Hrsg.): Schule und Gesellschaft im Umbruch. Weinheim, S. 333–377.

Schulz, W. (1980): Unterrichtsplanung. München.

Seydel, O. (2005): »Hilfe! Der Inspektor kommt.« Oder: Sind Schulen Kunstwerke? In: PÄDAGOGIK, 57 (9), S. 10f.

Sievers, Th. (2004): Entwicklung eines schulinternen Methodencurriculums. In: Bastian, J. (Hrsg.): Unterricht gemeinsam entwickeln. Themenschwerpunkt der Zeitschrift Hamburg macht Schule. 16 (2), S. 16f.

Simons, P.R.-J. (1992): Lernen, selbständig zu lernen – ein Rahmenmodell. In: Mandl, H./Friedrich, H.F. (Hrsg.): Lern- und Denkstrategien. Analyse und Intervention. Göttingen/Toronto/Zürich, S. 251–264.

Sjuts, J. (2003): Metakognition per didaktisch-sozialem Vertrag. In: Journal für Mathematikdidaktik, 24 (1), S. 18–40.

Stichweh, R. (1994): Wissenschaft, Universität, Profession. Soziologische Analysen. Frankfurt a.M.

Stichweh, R. (1996): Professionen in einer funktional differenzierten Gesellschaft. In: Combe, A./Helsper, W. (Hrsg.): Pädagogische Professionalität. Untersuchungen zum Typus pädagogischen Handelns. Frankfurt a.M., S. 49–69.

Stork, A. (2000): Lehrer lernen Unterrichtsentwicklung. In: PÄDAGOGIK, 5 (7–8), S. 15f.

Strittmatter, A. (2001): Langzeiterfahrungen mit SchülerInnenfeedback. In: PÄDAGOGIK, 53 (5), S. 36–39.

Tenorth, H.-E. (1999): Unterrichtsfächer – Möglichkeit, Rahmen und Grenze. In: Goodson, I./Hopmann, F./Riquarts, K. (Hrsg.): Das Schulfach als Handlungsrahmen. Vergleichende Untersuchung zur Geschichte und Funktion der Schulfächer. Köln, S. 191–207.

Terhart, E. (1992): Lehrerberuf und Professionalität. In: Dewe, B./Ferchhoff, W./ Radtke, F.-O. (Hrsg.): Erziehen als Profession. Zur Logik professionellen Handelns in pädagogischen Feldern. Opladen, S. 103–131.

Terhart, E./Czerwenka, K./Ehrich, K./Jordan, F./Schmidt, H.J. (1993): Berufsbiographien von Lehrern und Lehrerinnen. Abschlußbericht an die DFG. Lüneburg.

Terhart, E. (1997): Lehr-Lern-Methoden. Eine Einführung in Probleme der methodischen Organisation von Lehrern und Lernen. 2. überarb. Aufl. Weinheim.

Terhart, E. (1998): Lehrerberuf. Arbeitsplatz, Biographie, Profession. In: Altrichter, H./Schley, W./Schratz, M. (Hrsg.): Handbuch zur Schulentwicklung. Innsbruck, S. 560–585.

Terhart, E. (1999): Konstruktivismus und Unterricht. In: Zeitschrift für Pädagogik, (45) 5.

Terhart, E. (2000): Perspektiven der Lehrerbildung in Deutschland. Abschlussbericht der von der Kultusministerkonferenz eingesetzten Kommission. Weinheim und Basel.

Terhart, E. (2001): Lehrerberuf und Lehrerbildung. Forschungsbefunde, Problemanalysen, Reformkonzepte. Weinheim.

Tillmann, K.-J. (Hrsg.) (1994): Was ist eine gute Schule? 2. Aufl. Hamburg.

Tillmann, K.-J. (1995): Autonomie in der Schule. Illusion oder realistische Perspektive. In: Tillmann, K.-J.: Lehrerarbeit und Schulentwicklung. Hamburg.

Vermunt, J./Van Rijswijk, F. (1988): Analysis and development in students' skill in selfregulated learning. In: Higher Education 17, S. 647–682.

Volkholz, S. (1990): Gestalten statt Verwalten. Grundlinien der Berliner Schulpolitik. In: PÄDAGOGIK, 42 (3), S. 49ff.

Vollstädt, W. (1995): Rahmenlehrpläne und Schulcurriculum. In Rolff, H.G. (Hrsg.): Zukunftsfelder der Schulforschung. Weinheim, S. 297ff.

Wallrabenstein, W. (1991, 8. Aufl. 2000): Offene Schule – Offener Unterricht. Ratgeber für Eltern und Lehrer. Reinbek bei Hamburg.

Warnken, G. (2001): Theorien zur Schulentwicklung – eine Landschaftsskizze. Oldenburg.

Watermann, R./Thurn, S./Tillman, K.-J./Stanat, P. (Hrsg.) (2005): Die Laborschule im Spiegel ihrer PISA-Ergebnisse. Weinheim.

Weinert, F.E. (1982): Selbstgesteuertes Lernen als Voraussetzung, Methode und Ziel des Unterrichts. In: Unterrichtswissenschaft, 10 (2), S. 99–110.

Winter, F. (2004): Leistungsbewertung. Eine neue Lernkultur braucht einen anderen Umgang mit den Schülerleistungen. Baltmannsweiler.

Zimmermann, B.J. (1989): Models of self-regulated learning and academic achievement. In: Zimmermann, B.J./Schunk, D.H. (Hrsg.): Self-regulated learning and academic achievement: Theory, research and practice. New York, S. 1–25.

Zimmermann, B.J. (2000): Attaining self-regulation: A social cognitive perspective. In: Boekaerts, M./Pintrich, P.R./Zeidner, M. (Hrsg.): Handbook of self-regulated learning. San Diego, S. 13–39.

Zinnecker, J. (2000): Pädagogische Ethnographie. In: Zeitschrift für Erziehungswissenschaft, Jg. 3, S. 381–400.